Tuella

# IN ERDEN-MISSION

**Dedikation**

*Dieses Buch ist allen Adlern Gottes gewidmet,*
*wo auch immer sie sich befinden mögen*
*auf ihrem Weg zurück zu den Sternen.*

*Es wird eigens zu ihrer Unterrichtung*
*auf den Weg geschickt.*

*Indem wir die Aufmerksamkeit auf die Gleichartigkeit*
*unserer spirituellen Erlebnisse richten,*
*untermauern wir die majestätische Wahrheit,*
*daß WIR EINS SIND.*

TUELLA

# IN ERDEN-MISSION

VENTLA-VERLAG
Karl Veit Wiesbaden, Nachfolger
2. Auflage 1994

Titel der amerikanischen Original-Ausgabe:
"ON EARTH ASSIGNMENT"
von Tuella



Deutsche Übersetzung: Reinhard Neher
Bearbeitung/Lektorat der Erstauflage: Anny Veit, A. Sievers

**Einband-Gestaltung von Ron Bement**

Das Thema des Bucheinbandes wurde Tuella von Höheren Dimensionen für die Wiedergabe von einem Künstler gegeben. Die Palette der Sonnenuntergangsfarben stellt Sonnenuntergang und Abendstimmung vor Anbruch des Neuen Tages dar. Der sich zusammenziehende Sturm, der sich der Erde nähert, ist durch die niedrigen dunklen Wolken angedeutet. Die durchbrechenden Lichtstrahlen reflektieren die Neuen Strahlen und Energien, die zum Planeten kommen. Der Aufstieg der Freiwilligen ist durch den Aufwärtsflug des großen Adlers zum Goldenen Licht symbolisiert.

ISBN 3-929380-16-1


Herstellung: TURMALIN Verlags- und Vertriebs GmbH.
33330 Gütersloh
Druck: Paderborner Druck Centrum, Paderborn

*Tuella*

**INHALT**


| | Seite |
|---|---|
| Widmung | |
| Zur deutschen Herausgabe | 9 |
| Einleitung von Tuella | 10 |
| Danksagung | 12 |
| Vorwort Lord Kuthumi | 13 |

**I. Des Lebens höchste Loyalität** - ***Göttliche Prioritäten***

| | |
|---|---|
| *Missionare aus dem Weitraum* | *18* |
| *Die Krise der Verpflichtung* | *20* |
| *Umgestürzte Throne* | *21* |
| *Die Explosion der Gedächtniszellen* | *23* |
| *Untersuchung in Hypnose* | *28* |
| *Die Berufung der sterngeborenen Repräsentanten* | *33* |
| *Das Siegel auf der Stirn* | *39* |
| *Sagen, wie es ist* | *41* |
| *Die Straße der Glorie* | *43* |
| *Das abgesonderte Leben* | *47* |

**II. Des Lebens höchste Führerschaft** - ***Göttliche Führung***

| | |
|---|---|
| *Führung ist wirklich* | *50* |
| *Die Unsichtbaren* | *51* |
| *Allmähliches Erkennen* | *54* |
| *Kriterien der Führung* | *57* |
| *Die Gruppen-Dynamik* | *60* |
| *Das Erreichen des Gruppen-Bewußtseins* | *65* |

**III. Des Lebens höchste Verpflichtung** - ***Das Göttliche Programm***

| | |
|---|---|
| *Das Konzil des kosmischen Verursachers* | *73* |
| *Die interdimensionale Föderation freier Welten* | *75* |
| *Die galaktische Konföderation* | *76* |
| *Das Sonnensystem* | *77* |
| *UFO-Forschung* | *78* |
| *Die Erziehung zum Warten* | *80* |

*Eine Prophetin und ihr Gefolge* 81
*Ich bekomme mein Werk zusammen* 89
*Die Entschlüsselung VEGANs* 99

**IV. Des Lebens höchster Sinn - *Göttlicher Wille***

*Ergebung* 106
*Wirbelpunkte und der Gedächtnisschleier* 110
*Ich war dort* 115
*Die Grundlinie* 120
*Menschlichkeit gegen Meisterschaft* 123

**V. Des Lebens höchstes Rüstzeug - *Göttliche Kraft***

*Die Lebenszyklen* 129
*Der Läufer und seine Bahn* 133
*Der Zyklus der Seele* 134
*Komm, flieg mit mir* 137
*Fremde in der Ferne* 139
*Parallele Wege* 140
*Eines Adlers Beglaubigung* 144
*Der große Computer im Himmel* 145
*Nahbegegnungen der feinen Art* 147

**VI. Des Lebens höchster Standard - *Göttliche Führung in unserem Leben***

*Das Land des Entzückens* 154
*Vier Ecken* 160
*Shiprock* 162
*Der Sonnen-Tempel* 166
*DieRocky Mountains* 169
*DieWasatch-Front* 175
*Das neue Haus des Hauptquartiers* 182
*Planetare Lektionen* 185
*Die hierarchische Kontrolle der Weltwirtschaft* 185
*Der Domino-Effekt* 186
*Der Investmentmarkt* 188
*Wenn Gott seine Hand zurückzieht* 189
*Die Gefallenen enthüllt* 190

*Der neue Plan* 192
*Der Zweck - Gottesbewußtsein* 194
*Lektionen von Mutter Erde* 196
*Der Treibhaus-Effekt* 199
*Gedanken über die Evakuierung* 200
*Lektionen der Weltregierungen* 201
*Das planetarische Konzil der Zwölf* 203
*Der Weltfriedensplan* 204
*Verschiedene politische Informationen* 206
*Die Schluß-Episode* 209
*Die dreieinhalb Jahre der Enthüllungen* 210
*Hermagedon und der Kollektive Messias* 212

VIII. Des Lebens höchster Komfort - *Göttliche Gegenwart*

*Keine zweiten Ursachen* 215
*Entwicklung zur Perfektion* 217
*Sieh' hier dein Gepäck durch* 219
*Das Verhaltenssyndrom* 222
*Der Strom der Wahrheit* 225
*Des Menschen Antwort auf die Offenbarung* 228
*Wir sind eins* 232
*Der Stein der Intoleranz* 232
*Der Gott im Inneren* 235

IX Des Lebens höchster Lohn - *Das göttliche "Wohlgetan"!*

*Die Größe der Mission* 238
*Diese letzte Stunde* 242
*Die Gastgeber der Galaxis* 246
*Siehe, der Tabernakel Gottes ist bei den Menschen* 253

Anhang 261

## *Zur deutschen Herausgabe*

*Jeder, der dieses außergewöhnliche Werk studiert, kann nicht anders, als sich für die so notwendige A ulklärung allerbevölkerungskreise einzusetzen.*

*Da es um Untergang, Fortbestand und Neugestaltung der Erdenverhältnisse geht, sind Aufklärung und Tatwille wie in noch keinem vergangenen Jahrhundert erforderlich. Das vorliegende Buch „IN ERDEN-MISSION" gibt Einblick in alles Erforderliche, was die biblische Endzeit und das "Neue Zeitalter" zur Wiederkunft JESU CHRISTI betrifft.*

*Möge es mit dem Segen des Himmels seine hohe, globale Aufgabe erfüllen.*

*Karl und Anny Veit, 2. Mai 1989*

## Vorwort zur 2. Auflage

Der VENTLA-Verlag befindet sich seit Mitte des Jahres 1994 in neuer Obhut. Der Verlag wird unter dem Namen "VENTLA-Verlag Karl Veit Wiesbaden, Nachfolger" fortgeführt. Der neue Sitz ist Gütersloh.
An dieser Stelle möchten wir den ehemaligen Verlagsinhabern Karl L. Veit und seiner Frau Anny unseren Dank aussprechen. Über vierzig Jahre ihres Lebens haben diese beiden lieben Seelen sich in unermüdlicher Arbeit und selbstloser Liebe um die UFOlogie verdient gemacht. Wissend um ihre Aufgabe haben sie mit dieser Verlagstätigkeit fast ihr ganzes Leben der Verbreitung dieser Thematik in Wort und Schrift gewidmet. Dabei haben sie immer mit der Unterstützung der geistigen Welt und unter besonderer Führung unseres Herrn Jesus Christus gestanden, der immer wieder dafür gesorgt hat, daß es Mittel und Wege gab, den suchenden Seelen auf ihrem Weg zu helfen und zur Erweiterung des individuellen sowie des kollektiven Bewußtseins beizutragen.
Ganz besonderen Dank möchten wir Karl und Anny Veit aussprechen, daß wir das von Ihnen begonnene große Lebenswerk im Sinne des Alleinen und unserer Raumgeschwister fortführen dürfen.
Durch die Neuauflage dieses Buches geht auch ein Wunsch der Familie Veit in Erfüllung, dieses Wissensgut der Menschheit wieder zur Verfügung zu stellen.
Besonders freuen wir uns, daß es mit unserem Freund Werner Forster und seinem Team einen kompetenten Partner gibt, der es auf sich genommen hat, die weltweit bekannten "UFO-Nachrichten" wieder zu verlegen. Mit der Neuauflage dieses Buches werden auch die UFO-Nachrichten wieder regelmäßig erscheinen.

VENTLA-Verlag Karl Veit Wiesbaden, Nachfolger
in der Gemeinschaft TURMALIN

J. Gottsleben

# Einleitung

Alle Freiwilligen der Erde haben erhöhte Augenblicke, die sie in den geheimen Orten des Allerhöchsten bewahren. Diese wertvollen Perlen sind für jeden persönlich zu tiefgründig und zu heilig, um sie mit anderen zu teilen. Diese geheiligten Augenblicke setzen den Demütigen oft in Erstaunen. Er fühlt sich dann mit gemischten Gefühlen allein gelassen, ist hin- und hergerissen zwischen dem Bestreben, diese Zeiten der Offenbarung tief in seinem Herzen zu bewahren oder sie, ganz im Gegensatz dazu, laut von den Dächern herab zu verkünden.

Diese ganz persönlichen Begegnungen mit den Erinnerungen unserer Seele schaffen in uns lebendiges Selbstvertrauen und innere Stärke, die wir später bei unserer Mission brauchen. Es ist uns bewußt, daß sie für uns allein bestimmt sind, zu heilig, um mit anderen geteilt zu werden.

Ich war nicht anders als Du. Es war nicht meine Absicht, von den seelischen Erinnerungen Tuellas oder über ihre sonstigen Manifestationen auf diesem oder einem anderen Planeten zu sprechen. Doch nun, da ich mich vorbereite, in die höheren Oktaven der Heimat zurückzukehren, sehe ich mich dazu bewogen, meine Freude mit Dir zu teilen. Die Gründe sind dreifach:

1. Diese ersten Enthüllungen werden von einer Aura des Nicht-Glaubens umfangen. Wir neigen dazu, uns über uns selbst zu wundern, oder denken, wir seien geistig weggetreten oder wir würden fanatisch. Wir zweifeln, wir fragen, wir lehnen ab. Wenn wir aber vielleicht sehen, wie es bei anderen war, werden wir unsere eigenen Erfahrungen anerkennen.

2. Alles, was Du bist, woher Du kamst und warum du hier bist, kannst Du Deinem menschlichen Bewußtsein in dieser Verkörperung entnehmen, wenn Du es wünschst. Vieles davon ist nötig, damit Du Deine Mission vollständig erfüllen kannst. Und die Antworten findest Du selber in Deinem tiefsten Inneren. Sowie ein geeignetes Meditationsprogramm in Gang gesetzt wird, werden sich die Einzelheiten aus der "Stimme des Schweigens" herauskristallisieren. Führe schriftlich Buch über diese Zeiten, und schrittweise werden sich die reinen Körner der Wahrheit herausschälen aus dem Wust des Unwichtigen, und Du, das menschliche Gegenstück, wirst wissen, daß Du weißt - daß Du w e i ß t.

3. Wir sind eine große Gemeinschaft. Wir sind von einer großen Wolke von Zeugen umgeben. Es bringt einen warmen Schein in unsere Seelen, in die Erfahrungen anderer hineinzublicken, das Echtheitszeichen der Göttlichkeit, die in uns selbst ruht. Ein weltlicher Ausdruck kommt mir in den Sinn, "es packt einen, jemand zu kennen" ("it takes one to know one"). Es ist erhebend zu wissen, Du bist nicht allein innerhalb der gesamten Menschheit.

Tuella

## *Danksagung*

*Die Verfasserin drückt Verna Kelley, der assistierenden Sekretärin, gegenüber ihre tiefe Dankbarkeit für all die endlosen Stunden aus, die sie in ihre speziellen Talente investiert hat, um diese Seiten für den Druck vorzubereiten. Ihre Fähigkeiten für dieses Projekt bis zuletzt zur Verfügung gehabt zu haben, war in der Tat ein Geschenk Gottes.*

## Vorwort

Freiwillige Verkörperung
von
Lord Kuthumi

*Im Programm der Meister für die Erleuchtung der Terra hat es durch viele Zeitalter und Äonen und verschiedene Kulturen hindurch immer die Anwesenheit jener besonderen Persönlichkeiten gegeben, deren Aufgabe es war, einen direkten seelischen Kontakt auf telepathischem Weg mit dem Universellen Bewußtsein zu pflegen. Auf diese Weise sollten der Menschheit Botschaften zu ihrer Hilfe und Führung überbracht werden. Diese Personen hatten verschiedene Bezeichnungen: Seher, Propheten, Patriarchen, Medien, Kanäle, Botschafter und Stimmen, Orakel und sofort. Es spielt keine Rolle, welche Bezeichnungen in den verschiedenen Kulturen oder Zivilisationen gebraucht wurden. Dieses Instrument Gottes, deren Mission und oft auch die Botschaft waren immer die gleichen. Ein Individuum, das für diese Mittlerrolle ausersehen wurde, steht immer zwischen dem himmlischen Tribunal und der existierenden Menschheit um ihrer willen und ist der Sender und Empfänger von Botschaften zwischen Himmel und Erde.*

*Es war keine schwierige Angelegenheit für diese Instrumente, denn sie selbst halfen dem Planeten in einer freiwilligen Verkörperung, um mit ihren Fähigkeiten der Bruderschaft des Lichtes zu dienen.*

*In euren Tagen sprecht ihr von Kommandeuren, die auf Erden ihre Stützpunkte haben. So eindrucksvoll dieser Titel klingen mag, so ist es doch keineswegs etwas Neues unter der Sonne. Denn euer Planet hatte von seinen ersten Anfängen an spirituelle Patriarchen, die auf Erden ihren Sitz hatten. Diese Orakel waren durch alle Zeiten hindurch, einfacher ausgedrückt, nur Botschafter der Götter. Hinter jeder großen Religion, die den Planeten durch Herausforderung und Tiefe berührt hat, findet man diese auf der Erde basierenden freiwilligen Mitglieder der inneren Hierarchie, in Ruhe und Überlegung dienend und oft unbekannt bis nach ihrem Übergang. Wir könnten voranschreiten, wenn wir ihnen allen zuhören, von den ältesten Zeiten an durch alle Jahrhunderte. Die himmlische Regierung war niemals ohne menschliche Vertretung auf dem Planeten Erde! Jede neue Bewegung oder Enthüllung, die sich in ein Programm der Unterrichtung und der Entwicklung entfaltet hat, hatte ihren Ursprung im Herzen einer individuellen Seele, die in Motiv und Zweck völlig auf Gott ausgerichtet war.*

*Als sich das Licht auf Erden ausbreitete, waren es oft mehrere, die gleichzeitig in dieser Richtung arbeiteten und neue Bewegungen ins Leben riefen, die eventuell zu großen Weltreligionen wurden. Es waren die, welche nach jenen folgten, die die Botschaft der Liebe, der Vision der Einigkeit verloren und mit Nachdruck durch Teilung die Zerstörung der Erde betrieben. Kehrt man zurückzum ursprünglichen Glaubensbekenntnis der großen spirituellen Pioniere der Erde, findet man immer Liebe in seinem innersten Kern. Denn alle diese Gründer waren Verkörperungen der Hierarchie, die wiederholt erschienen, um die Menschen bei ihrer spirituellen Suche auf einer Spirale, die nach oben führt, zu halten.*

*Aufgrund mangelnder Entwicklung zu manchen Zeiten und in vielen Bereichen der menschlichen Geschichte waren die Botschaften im Hinblick auf das eingeengte Verständnis notwendigerweise begrenzt. Das Licht kam stufenweise, und es war STETS VORHANDEN. Es schien manchmal sich zu einem bloßen Flackern zu verkleinern, aber fast an jedem Punkt der menschlichen Geschichte wurde die Wahrheit stets einem Individuum, einer Gruppe oder einem Land in die Wiege gelegt, mit der Bestimmung, der Wächter der Wahrheit für diese Zeit zu sein.*

*Nun ist dieser Tag über den Planeten gekommen, wo sich eine große Flut von Repräsentanten der Hierarchie über die Erde ergießt, ihre Verordnungen publik zu machen und die Massen zu lehren. Da sich viel Licht über das Land ergossen hat, können nun die Weltlehrer, inkarnierte und nicht inkarnierte, die tiefsten Tiefen der lange zurückgehaltenen Wahrheit frei und ohne Begrenzungen offenbaren, wenigstens durch einige wenige, die fähig sind, sie zu begreifen und zu verstehen.*

*Dies ist ein besonderes Jahrzehnt für die geistige Entfaltung der Menschheit. Dies ist der Tag, wo die Wahrheit fließen soll wie ein Strom und wo die falschen Lehren, die in der Vergangenheit zu Irrungen führten, untergehen werden. Falsche Religionen werden von der allgemeinen Bevölkerung in ihrer Unrichtigkeit erkannt, ohne daß ein Wort gesprochen werden muß. Die Beschleunigung, mit der dies nun in den Herzen der Menschen durch das Licht, das in ihnen leuchtet, vor sich geht, liegt jenseits der größten Erwartungen der Wächter der Menschheit.*

*Hinzu kommt die Tatsache, daß sich nun fast die Hälfte der Hierarchie dieser Galaxis in eurer Mitte verkörpert hat, in Ruhe die aurische Umgebung von*

*Millionen von Menschen durchdringt, indem sie ihr Licht einfließen läßt in die astralen Welten und in die physischen Schichten dieser Welt. Nicht mehr länger brauchen die erleuchteten Seelen zu schweigen, noch ihr Wissen zu verbergen. Eine mächtige Ausstrahlung Göttlicher Schwingungen durchflutet die Erde und bewirkt, daß sich die Menschenherzen nach ihren innewohnenden spirituellen Instinkten und Antworten sehnen.*

*Viel wurde gesagt über die Prüfungen und die Trübsal, die euch in diesem Jahrzehnt begegnen werden, doch diese Prüfungen sind nichts, verglichen mit der überwältigenden Kraft des Geistes, der die Erde überfluten wird.*

*So nehmt euch ein Herz, geliebte Sternenkinder. Dies ist euer Tag, dies ist eure Stunde, wo eure Worte und Taten die Erde in Strahlung und Licht tauchen werden und ihr kaum fähig sein werdet, eure Freude zurückzuhalten. Wir, die Geistige Hierarchie dieses Sonnensystems, haben unsere eigenen Energien zusammengefaßt, um eurer Welt einen mächtigen spirituellen Erguß zu senden, der eure Herzen vor Freude wird zerspringen lassen.*

*Trotz der Werke der Finsternis, die vorhanden sind, versprechen wir euch, die Vertreter des Lichts, in diesen Tagen und Stunden, eine große Rechtfertigung, einen großen Sieg der Macht Gottes in eurer Mitte. Ich bin Kuthumi, und ich verspreche euch dies im Namen des Konzils der aufgestiegenen Meister der himmlischen Regierung. Je stärker die Finsternis, desto heller wird das Große Licht unseres Strahlenden sein. So wird es sein.*

*

# DES LEBENS HÖCHSTE LOYALITÄT

*Göttliche Prioritäten*

# Kapitel 1

## Missionare aus dem Weltraum

Der Planet Erde ist zu dieser Zeit stark bevölkert von Gesandten aus den fernsten Gebieten unseres Universums, einer großen Schar Freiwilliger. Diese Abgeordneten sind in einer himmlischen Mission hier, um das Kommen des Lichts und des Verständnisses der Menschenheit zu unterstützen, und sie erdulden die Begrenzungen ihrer fleischlichen Existenz, um dieses Ideal zu verwirklichen. Bis Du einer von ihnen?

Es sind die "ausgesäten Seelen", durch die hohe Ideale überbracht werden können, die in schöpferischen Persönlichkeiten verkörpert sind, durch die Vergangenheit und Zukunft miteinander verschmelzen. Francie Steiger hat es so ausgedrückt:

> *"Ein Sternenwesen zu sein bedeutet, ein universelles Bewußtsein zu haben, die nächste Evolutionsstufe des Seins der Menschheit. Es ist die Fähigkeit, die Perspektive dessen zu haben, der den Planeten von einem universellen Standpunkt aus sieht, der versteht, daß alles Leben auf seiner Oberfläche EINS ist, wo wechselseitig und symbiotisch einer vom ändern abhängt, als ein sinnvoller Teil eines göttlichen Plans existiert."*

Die Freiwilligen auf der Erde sind durch ihre Gedächtniszellen ausgestattet mit allen Antworten und Richtlinien, um ihre Sendung erfolgreich durchzuführen. Wie sie diese Möglichkeit nutzen, liegt in ihren eigenen Händen. Nur indem wir beständig eingekörpert sind, können wir lange genug bleiben, um eine wichtige Mission zu erfüllen. Deshalb haben wir die Glorie anderer Dimensionen und den Glanz des Lebens, wie er war, beiseite gelegt, bevor die Schleier über das Inkognito dieser Existenz gelegt wurden.

Zur gegenwärtigen Zeit drängt diese Einkörperung durch das menschliche Bewußtsein in sich steigernder Geschwindigkeit vorwärts. In dem Maße, wie die Gedächtniszellen inneres Wissen freigeben, setzt ein gewaltiges planetarisches Erwachen ein. Dein lebhaftes Interesse an diesem Buch ist der Beweis dafür, daß es auch Dir gilt. Die New-Age Bewegung hilft Tausenden und Abertausenden von irdischen Freiwilligen bei ihrer Bewußtwerdung. Die Mannschaft der universellen Freiwilligen fühlt sich unwiderstehlich zu diesen Programmen hingezogen, und nichts kann sie davon abhalten, wenn die Rückerinnerung beginnt.

In dem Buch "Cosmic Countdown" von Lucy Colson hat Andromeda Rex das folgende gesagt:

> *"Die 144.000 haben sich schon als Freiwillige für Erdenmissionen zur Verfügung gestellt zu der Zeit, als sich die Kinder Gottes mit den Kindern der Erde vermischt haben und eine Mutantenrasse mit destruktiven Charakteristiken erzeugten. Große Schritte wurden unternommen, um diese destruktiven Charakteristiken zu entfernen, und von euren großen spirituellen Zentren waren viele fähig, ihren letztendlichen Aufstieg hinweg von der irdischen Ebene zu bewerkstelligen. Nicht alle der 144.000 waren gleichzeitig auf der Erde, so wie sie jetzt an Orten rund um die ganze Welt sind. Langsam erwachen sie zu ihrer Rolle und Bestimmung für die Zukunft des Planeten. Sie besitzen in ihrem Inneren einen "Zeitauslöser", der durch eine bestimmte Schwingungsfrequenz betätigt wird und woraus sich schließlich eine stille Führerschaft entwickelt."*

Vor dieser Aussage hatte Andromeda erwähnt, daß die Aufreihung der Planeten im Jahre 1982 und die sieben Finsternisse diese mystische Zahl von Seelen aktiviert hat.

Nachforschungen unter Hypnose haben in der Folge eine "spezielle Traurigkeit" enthüllt, die über diesen Seelen lag, als sie hier eintraten. Traurigkeit im Hinblick auf die Aufgaben auf Erden ist sicherlich verständlich. Einige haben einen Vergleich mit einem freiwilligen Dienst im Marine-Corps gezogen. Der Rekrut weiß, wie streng es zugehen wird, aber er glaubt daran, seine Aufgabe zu meistern und daran zu reifen. Die Marine schafft Männer, die Erdeninkarnation schafft Meister. George Hunt Williamson hat geschrieben:

> *"Sie waren freiwillig bereit, zur Erde zu kommen und die Reinkarnationszyklen zu durchlaufen. (Das heißt viele Lebensspannen, T.) Sie sind genau so wie alle Erdenmenschen mit der einen Ausnahme, sie gehören nicht hierher. Sie übernehmen einen physischen Körper, um ihre Missionen auf Erden zu erfüllen."*

Die innere Traurigkeit hat sich bei vielen irdischen Freiwilligen wiederholt. Die innere Einsamkeit tief im eigenen Herzen kann sehr stark sein.

Ein unglückliches Liebesleben ist ein oft zu beobachtendes Charakteristikum, denn es hat seinen Grund in der Sehnsucht der Seele nach ihrem Zwillingsstrahl, der zurückgelassen wurde. Oft gibt es ein starkes Wiedererkennen der anderen Freiwilligen, die einander ähnliche Schwingungen aufweisen und sich gemeinsam als Fremde am fremden Ort fühlen. Sie fühlen sich zu außerirdischen Raumfahrzeugen hingezogen, denn es sind Raumfahrzeuge wie die, von denen sie selbst einst als Seelen ursprünglich in die irdische Atmosphäre gebracht wurden, um den Zyklus ihrer Verkörperungen vorzubereiten.

## Die Krise der Verpflichtung

Zur Zeit beginnt das Weltraumkommando, sich mit seinen inkarnierten Repräsentanten in Verbindung zu setzen. Doch es sind noch Mitglieder der Flotte in dieser Dimension, die noch nicht zu ihrer Identität erwacht sind. Die interstellaren Kommandos wünschen, daß wir liebevoll das Bewußtsein unserer Mission und unseres Zwecks mit ihnen teilen, über ihr Programm für die Erde informieren, diese auf der Erde lebenden Freiwilligen "zu den Waffen rufen". Dieses Buch ist eine direkte Antwort auf diesen Aufruf.

Der Ausdruck "Freiwilliger" trifft zu, denn jeder hat vor seiner Verkörperung oder Erscheinung persönlich die Wahl gehabt, ob er diesem Aufruf folgen wolle. Wir sind individuell abgestimmt auf unsere persönliche Mission, auf die Wesen, die uns lenken, und auf die Verantwortung der Gruppe gegenüber. Wir sind im Innersten unseres Wesens unwiderruflich verpflichtet, diese Mission zu erfüllen, die niemand anderer erfüllen kann als wir selbst durch unsere Einmaligkeit. Die meisten von Euch erleben nun, wie der Schleier gelüftet wird als Vorbereitung des vollständigen Aufrufs zu dem, was Ihr zu vollbringen habt, was Euer besonderer Beitrag als Teil des Ganzen sein soll. Seid nicht bestürzt, sondern lernt zu hören und zu vertrauen, wenn ihr hört. Ihr werdet zum Bewußtwerden und Verständnis eures persönlichen Ziels und eures einzigartigen Beitrags geführt, diesem Planeten das Licht zu bringen.
Als dieses Kapitel vorbereitet wurde, sandte uns Tuieta, Gottes Botschafterin vom Fort Wayne in Indiana, folgende Worte Ashtars:

*"Wieder einmal hat der Countdown für die Licht-Legion der freiwilligen Arbeiter begonnen. Ungefähr ein Drittel von ihnen ist aktiv mit ihrer Verpflichtung befaßt, die sie vor ihrer Verkörperung übernommen haben. Es ist nötig, daß die Aktiven noch mehr Arbeit auf sich nehmen, weil sie eng mit denen zusammenarbeiten, die sich für einen weniger pflichtenreichen Weg entschieden haben. Die Aufgaben wachsen, wechseln und verändern sich. Fortgesetzt bewerten wir die Möglichkeiten, wie ihr euch an die Veränderungen anpaßt, um unsere nächsten Schritte festzulegen. Hilfsmaßnahmen der Flotte nehmen zu dieser Stunde Gestalt an. Ihr braucht Beistand. Nicht genug betonen kann ich die Rollen, die jeder bezüglich des Planeten spielt."*

Liebe Freunde, es ist in der Tat Zeit, aufzuwachen, zu begreifen, warum wir hier sind, und uns um "unseres Vaters Angelegenheiten" zu kümmern. Wir sind Mitglieder einer kosmischen Familie. Als wir uns bereit erklärten, hierher zu kommen, waren wir auch einverstanden, daß ein Schleier unsere Rückerinnerung verdeckt. Das Schlimmste, was uns passieren kann, ist, uns nicht auf ein volles Erwachen vorbereitet zu haben, uns so in irdische Angelegenheiten und Vergnügungen eingelassen zu haben und von ihnen gefangengenommen worden zu sein, daß uns der Blick auf die in uns wohnende Identität verlorengegangen ist.

Die Sorge dieser Tage ist es, daß allzuviele noch nicht genügend erwacht sind, um ihre Mission in der noch verbleibenden Zeit zu übernehmen! Viele, die in vorderster Linie der Einflußmöglichkeiten stehen, müssen mehr Verantwortung übernehmen und mehr Aufgaben erfüllen, als ursprünglich vereinbart war.

## Umgestürzte Throne

In den himmlischen Reichen unseres Universums gibt es die Throne der vierundzwanzig Älteren, die rund um das Portal der Großen Zentral-Sonne und ihren eigenen Großen Thronsessel mit ihren beiden Olivenbäumen sitzen wie auch die vier Stammeskönige und -königinnen, wo die Ränge abwärts schreiten zu den vierundzwanzig Älteren, die die Energien des Großen Portals in das sie umgebende Universum und seine Galaxien leiten. Vor längerer Zeit erhielt ich eine Belehrung über diese Großen:

*"Dies sind die Throne rund um den Großen Thron jenseits dieses zwölften Plans, wo Lord Sananda regiert. Diese kommen bisweilen zur Erde als Große, manchmal als Niedrige, doch stets als Göttliche und Nutzbringende. Sie dienen wichtigen spirituellen Zwecken, und sie haben ihren Ort der Bestimmung in dem Plan, und sie treten wieder und immer wieder in Zusammenarbeit mit diesem Plan. Deren Arbeit als Apostel des Lammes war nur ein Teil ihrer Aufgabe, denn zu vielen anderen Zeiten waren sie gekommen, um Bedürfnisse der Menschen zu erfüllen, die zu enthüllen oder zu geben waren. Sie kamen als Männer und als Frauen. Die Höheren kommen als Lehrer, Schriftsteller, Führer, Denker oder in welcher Fähigkeit auch immer, entsprechend den Erfordernissen der jeweiligen Zeitperiode für den Fortschritt der Menschheit. In dieser letzten Periode werden sie alle zusammensein, um die neuen Veränderungen für den Planeten in die Wege zu leiten. Manche sind schon gekommen und wieder gegangen, viele andere bleiben, und einige werden erst jetzt kommen. Wenn der König kommt, bleibt die Königin zurück, und umgekehrt. Doch in diesen letzten Zeiten werden viele zusammen kommen. Diese Throne werden niemals unbesetzt gelassen. Wenn sich einer inkarnieren muß, wird ein anderer beauftragt, an seiner Stelle zu dienen."*

Ferner wurde mir gesagt:

*"Es gibt zwölf größere Herrschersessel über der Erde, und alle anderen sind niedriger oder bloße Marionetten-Mächte unter ihnen. Die Gesiegelten Freiwilligen auf der Erde werden unter diesen zwölf Nationen verstreut gefunden, da der ganze Planet zur Erleuchtung bestimmt ist. Völker, die das Licht völlig zurückweisen, werden entfernt. Es wurde gesagt, daß, 'wenn die Zeit der Sorgen' über den Planeten kommt, diese Zerstreuten sich an die Küsten Amerikas begeben werden, denn das Zentrum und die Verwaltung des Göttlichen Plans wird Amerika und seine Umgebung sein.*

Der geliebte Meister sagte seiner Schar von Getreuen, daß die, die Ihn anerkennen, größere Werke tun würden als Er, bevor Er in sein himmlisches Reich zurückkehrte. Weiterhin sagte Er, daß durch dieses innere höhere Band des Bewußtseins mit Seinem Wesen Zugang zu Seiner Kraft geschaffen würde, das einen noch mächtigeren Zugang zum Licht ermöglichte, als selbst Er ihn erreicht hat. Eine schützende Anwesenheit der Mächte des Schicksals umgibt jeden einzelnen irdischen Freiwilligen, die oft als 'Legion der Engel' bezeichnet werden, selbst wenn von ihm die Rede ist. So wie Dein Verstehen sich der Tatsache Deines eigenen Christusbewußtseins annähert, kannst Du durch diesen Christus in Dir alle Dinge vollbringen. Er konnte seine Körperkräfte bis zu einem Punkt der Gewichtslosigkeit steuern, so daß Er auf dem Wasser gehen konnte. Er konnte durch feste Materie hindurchschreiten, indem Er seine Molekularstruktur neu formte, Er konnte Fleisch essen, Er konnte alle Dinge sehen, war sich aller Dinge bewußt, und von Angesicht zu Angesicht mit den Engeln zu sprechen, war für Ihn tägliche Gewohnheit.

Viele hatten seit dieser Zeit während ihres langen Überganges hin zum Licht auf ihrem Platz gestanden, wenn es auch für sie sehr schwer gewesen ist. Viele sind so gekommen und aus unserer Mitte wieder gegangen, aber Du, lieber Leser, bleibe! Die Narben von Deinen Kämpfen sind Deine Juwelen , trage sie mit Stolz. Nicht alle aus den himmlischen Heerscharen befinden sich in anderen Dimensionen. Wir leben mit ihnen in Tuchfühlung, Tag für Tag. Die Heerscharen des Herrn sind gekleidet in das Fleisch des Opferlamms Gottes. Sie bluten, damit andere die Fülle des Lebens finden.

## Die Explosion der Gedächtniszellen

Wir alle finden - oder haben bereits gefunden -, daß es der oben erwähnte Entschlüsselungs-Vorgang ist, der uns aus dem Gleichgewicht bringt und uns in einen Zustand der inneren Erregung versetzt. Wenn Du gerade jetzt erst erwachst, dann mein Freund, werde "Mitglied des Clubs!" Es ist ein unbeschreibliches Erlebnis für Deine Seele, und Du wirst jede Minute davon schätzen lernen.

Verstreut durch diese Kapitel hindurch finden sich Hinweise auf mein eigenes langsames Erwachen, das sich von Zeit zu Zeit schrittweise entwickelt hat, indem ich mich daran hielt, das universelle Protokoll anzunehmen. Diese Bruchstücke sind nicht unbedingt chronologisch geordnet, sondern eingestreut, wie sie mir gerade einfielen. Sicherlich gibt es nichts Ungewöhnliches oder Außerordentliches in meiner Geschichte. Es gibt Tausende, die so sind wie ich. Der einzige Unterschied liegt vielleicht darin, daß ich meine Geschichte aus den im Vorwort erwähnten Gründen niedergeschrieben habe, daß sie weitererzählt wird.

Zuallererst möchte ich nun über einen geheimen Frauenorden sprechen. In einer späten Novembernacht im Jahr 1984 kam ein schönes weibliches ägyptisches Wesen in unsere Meditation. Es sagte:

*"Ich war die Königin des Nils zu der Zeit, als der Eine als Quelle allen Lebens im Symbol der Sonne verehrt wurde. Ich bin deine Freundin, Nofretete."*

Es war ein gewaltiges Erlebnis, diese berühmte Frau persönlich sozusagen von Angesicht zu Angesicht zu treffen, und wir tauschten herzliche Grüße aus. Sie fuhr fort:

*"Ich habe im Himmel andere Namen. Ich benütze diesen einen als Brennpunkt meiner Identität. Ich benütze ihn, um in Dich viel Kraft und Kristallisation hineinzubringen, die sich auf Deinem kristallenen Altar sammeln."*

Sie erklärte weiter, daß ich, Tuella, einen Eid geleistet habe, der bestimmte Auskünfte und diese Lebenszeit betraf. Es ist offensichtlich von großer Wichtigkeit für mich, mich an den Kreis mit dem Punkt in der Mitte als das Symbol der Sonne zu erinnern, wie auch an den Donnervogel mit der Pyramide dahinter, "wo die Augen des Phönix sind." Sie erklärte, daß es auf der Erde, auf Mars und Saturn einen Orden gebe. Jupiter ist der Herrscher von dessen Mitte, und Venus wacht darüber. Der geheime Orden hatte den Zweck, Meister einzusetzen. Sie sandten sie nach Chadea. Die männliche Hälfte des Ordens sandte Pythagoras, Hermes, der Thoth war, und Hatton, der als Bewahrer der Überlieferungen in Verbindung zum Orden stand. Während dieser Übermittlung hing ein großer Kristall in zwei Zonen und Energie strömte aus ihm auf die Teilnehmer.

Der Orden, von dem Nofretete sprach, reicht bis in die Zeit vor der Schaffung dieses Planeten zurück. Es waren diese Lichtwesen, die das Gesetz des Einen verkündeten, und ich, Tuella, wurde in sie eingeweiht. Ein anderer Teilnehmer nahm hellsichtig wahr, wie meine Wesenheit von zwei Führern in einen Thronsaal unterhalb einer Sphinx geleitet wurde, wo Musik erklang, eine Zeremonie durchgeführt wurde und unheimliche Geräusche zu hören waren. Nofretete enthüllte, daß schließlich Schwarzmagier in Ägypten ihre Macht dazu benutzten, um den Orden zu zerstören, und die Pforten der Hölle sich öffneten und Wertvolles verloren war.

*"Ich bin zu Dir in dieser Identität zurückgekehrt, um in Dir die Erinnerung an deine Initiation auf dem Planeten Venus zu wecken, wo Du Deinen Eid geleistet hast und Deine Krone des Phönix als eine unserer in die Galaxis Ausgesandten empfingst. Deine vielen Erfahrungen in anderen Welten waren alle äußere Manifestationen Deines Dienstes für den Einen. In welcher Kultur Du tätig warst, immer war es Deine Aufgabe, zu lehren und die Grundlagen des Gesetzes des Einen zu verbreiten."*

An diesem Punkt wurden wir durch den Besuch einer anderen herrlichen ägyptischen Wesenheit geehrt, schwarzhaarig, sehr schön, silber-gold geschmückt, mit ausdrucksvollen Augen, eine Krone mit einer großen runden Perle an der Vorderseite tragend, mit einem Kristall in einen symbolischen Diamanten eingefügt.

Ihre Macht kam daher, daß sie gelernt hatte, die beiden spirituellen Kräfte im Gleichgewicht zu halten und nicht von Dunkelheit überwältigt zu werden. Diese beiden Damen trugen einen Herrscherstab.

*"Deshalb, meine Schwester, komme ich jetzt zu Dir, um das Gewand unseres Ordens über Dich zu werfen. Unser Orden wird gegenwärtig von elf weiteren Frauen repräsentiert."*

Der Orden war ein Gegenstück zu der Großen Weißen Bruderschaft, die weithin berühmt ist. Nofretete fuhr fort:

*"Das Gewand ist ein Mantel unserer Anwesenheit und unseres Schutzes. Es ist ätherisch gewebt und kann von anderen gesehen werden. Für die Wissenden identifiziert es Dich als eine der zwölf Schwestern des Ordens des Einen."*

Dann wurde ich gesehen, als ich in einem Tempel war. Dort reichte mir ein Mann eine Kerze. Es bedeutet keine neue Verantwortung über die bereits bestehende hinaus. Die Geste erkennt und anerkennt einfach meine Autorität und meine Verantwortung als mein Eigentum. Es scheint, daß ich nun persönlich den Kreis der Zwölf vollendet habe, aller, die nun in ihrem Bewußtsein zu ihrem Schwur auf das Gesetz des Einen erweckt wurden. Es wurde festgestellt, daß durch Nofretete in der Mitte des Kreises die mystische Zahl 13 erreicht wurde. Zoser und Hatton waren als Vertreter des Bruderschaftsordens des Phönix anwesend. Während der Sitzung begann mein Körper, physisch die Handlungen der Zeremonie zu manifestieren. Ich wurde auf die Knie gezwungen, als die Erinnerung der Einweihungszeremonie mein menschliches Bewußtsein erfüllte. Ich habe davon gesprochen, wie jung ich mich fühlte. Tags darauf wurde mir gesagt, daß ich zu der Zeit, als die ursprüngliche Initiation stattfand, sehr jung, klein und schlank war. Niemals hatte ich das Versprechen gebrochen, dieser Flamme auf immer zu dienen. Sie hatte mit der Körperlichkeit gearbeitet, um die Erinnerung in dieser Oktave zu verankern.

> *"Die Fähigkeit, das Licht aus Deiner Händfläche ausstrahlen zu lassen, hat Dich in Deinem jetzigen Leben niemals verlassen, doch oft wurde es vergessen. Nun mußt Du Dich erinnern und seine Kraft nutzen. Das Erheben Deiner rechten Hand wird alle Angriffe gegen Dich zunichte machen, denn dort befindet sich ein Zeichen, das von jenen der dunklen Seite erkannt und aufgrund einer Vereinbarung mit den Engeln des Lichts geachtet wird. Die Zeichen in Deiner Handfläche sind ein Symbol von Autorität, das alle Eingeweihten erkennen. Das erklärt, warum Dir kürzlich gesagt wurde, die Strahlen Deiner Handfläche auf eine Zuhörerschaft zu richten, und diejenigen, die diese Zeichen sahen, wurden geheilt."*

Ich hatte kaum diese Enthüllungen in meinem Bewußtsein verarbeitet, als innerhalb einer Woche ein neuer Besuch erfolgte. Es war ein anderes Mitglied dieses Schwesternschaftsordens des Einen, dessen Identität nicht gelüftet werden soll. Sie hat nicht nur mit mir als Priesterin unter Nofretete gedient, sondern auch als schwesterliche Priesterin mit mir in Atlantis wie auch zu anderen Zeiten auf dem Festland. Mir gefiel ihre Äußerung über das Thema der Motivation:

> *"Motivation in der Erfüllung der gewählten Mission ist die Kraft, die dem Erwählten das Vertrauen in seine Aufgabe verleiht und bewirkt, daß er seiner Aufgabe treu bleibt. Motivation ist die Kraft hinter jeglichem übernommenen selbstlosen Dienst. Motivation ist in der Seele des Lichtdieners seit manch anderer Zeit der Manifestation gespeichert. Andere Leben haben diese Motivation verstärkt, und das ständige Anwachsen ihres Antriebs treibt den Schüler seiner Bestimmung entgegen.*
> *Du und ich, Tuella, wir haben die gleiche Motivation. Wir haben in vielen Kulturen zusammen gedient und immer wieder die Lehren*

*über den Einen und seine Einheit innerhalb all seiner Schöpfung verbreitet. Wir haben zusammen das Gesetz des Einen vorangetragen, wann und wo immer wir das Licht zu Wirkung gebracht haben. Das ist die fundamentale Basis für die Schwesternschaft des Lichts in dieser Galaxis, die ihren Ursprung hat unter den Auspizien von Lord Michael und Seinen Rittern vom Sonnenkreuz.*

*Nofretete ist in den ätherischen Reichen bekannt als die herrliche Auferstandene Meisterin Venus. Ich komme zu Dir in ihrem Auftrag, um Dir als ihre Gesandte zur Seite zu stehen, als Vertreterin der ganzen Gruppe von Zwölfen, von denen Du eine bist. Sie selbst hat auf diesem Planeten dem Licht gedient, viele Inkarnationen hindurch, wieder und wieder, und sie kam oft, wenn die Not am größten war, die ganzen Zeitalter hindurch. Ihre persönliche Schwingung umgibt dich oft wie auch die Ausstrahlung der anderen, die für den Einen arbeiten. Ob ihr alle euch trefft, spielt keine Rolle. Das Band von einer zur anderen ist auf den inneren Ebenen gegenwärtig, während jede von euch in ihrem Dienst ihren eigenen Weg geht. Doch wenn für eine von euch eine Verkörperung zu Ende geht, wird sie die anderen sehen und erkennen.*

*Es war für Frauen auf dem Planeten Erde nicht leicht, als Meister zu wandeln, unter Männern das innere Licht erstrahlen zu lassen. Trotzdem sind sie gekommen und gegangen, haben unter den Menschen ihre Spuren hinterlassen und in der einen oder anderen Weise Licht gebracht. Ich erwähne nur Madame Curie, Helena Blavatsky, Mary Baker Eddy, Florence Nightingale, Evangeline Booth als einige Mitglieder der mystischen Schwesternschaft des Ordens von dem Einen, die ein Gelübde ablegten, das sie durch jede Inkarnation hindurch hielten und das nie gebrochen wurde. Du dientest auch mit Helena als die Gemahlin eines der Gründer dieser Gemeinschaft. Du und ich, Tuella, repräsentieren ein großes Erbe. Deine eigenen Missionen innerhalb der Schwesternschaft des alten Katholizismus, in anderen Zivilisationen, war ebenfalls eine Auswirkung unseres Ordens für das Licht auf diesem Planeten. Der Orden erschien fortgesetzt innerhalb der katholischen Schwesternschaft, denn in vergangenen Zeiten bot er Frauen die Möglichkeit, in Meisterschaft zu leben, ohne ein Chaos zu verursachen. Fast jedes Mitglied hatte seine Zeit, wo es als Nonne hinter Klostermauern zugebracht hat.*

*Es besteht nicht die Absicht, sie zu identifizieren, sondern es soll nur auf die Unterschiede aufmerksam gemacht werden, denen der Orden im Lauf des Lebens des Planeten unterworfen war. Deine Gelübde gegenüber dem Gesetz des Einen sind eingebettet in Dein zentrales Christus-Selbst. Das ist die unfehlbare Motivation Deines Lebens. Das ist der Lebenszweck, der in Dir brennt. Halte Deine Fakkel hoch und gehe vorwärts, dieses Licht in der Hand. Die Gestalt der Freiheitsgöttin, die die amerikanische Küste schmückt, ist das Symbol der Schwesternschaft, des Ordens des Einen."*

Oft wird diese Schwesternschaft durch die Taube, die einen Olivenzweig im Schnabel hält, symbolisiert. Das Motiv kann als ägyptische Halskette oder auf der Brust getragen werden. Monka sagte dazu folgendes:

*"Als Mitglied dieser Schwesternschaft hast Du viele Opfer angesammelt, die vielen Planeten gebracht wurden, über Äonen von Zeiten, über Millionen von Jahren. Es sind 735 gesonderte Inkarnationen, die außer den anderen Tausenden als strahlende Beispiele erscheinen, die Dich mit den höheren Beiträgen unseres Konzils verbinden. Die diesbezügliche Symbolik kann auch als Auge innerhalb eines Dreiecks oder als anderes Symbol gesehen werden, was sich nicht notwendigerweise auf Ägypten und auch nicht auf Atlantis bezieht, sondem in der Tat viele Kulturen einbezieht, die sich über viele Sternensysteme erstrecken."*

Die Große Weiße Bruderschaft wie auch die spirituelle Hierarchie unserer Galaxis steht zuverlässig hinter dem verkörperten Freiwilligen. Lord Kuthumi war mir ein besonderer Freund.

*"Ich bin es, Kuthumi, ein alter Freund und weiser Lehrer, einer, der dich fördert in dieser Runde von Verkörperungen und Dienstleistungen. Wir haben aus vergangenen Tagen viele gemeinsame Erinnerungen. Dein Werk trägt den Mantel meiner Schwingungen, Dich zu erhalten, zu schätzen und zu lenken durch dieses wilde Chaos. Und so erscheinen sie vor dem Thronsessel, diese Menge von Freiwilligen aus jedem Bereich der Schöpfung, deren Wunsch es ist, teilzuhaben, was es auch immer sein mag, wenn das Königreich kommt und Sein Wille auf Erden geschehen wird, wie es ist im Himmel."*

## Untersuchung in Hypnose

Im Juli 1985 hatte ich das Privileg, mit Dr. R. Leo Sprinkle zusammen arbeiten zu können. Er ist Psychologe und Professor an der Universität von Wyoming in Laramie. Es ging darum, unter Hypnose weitere Informationen zu gewinnen. Der auf Band aufgenommene und dokumentierte Bericht von Dr. Sprinkle folgt nachstehend:

Dr. S.: Wie ist Ihr Name?

Antwort: Ich heiße Tuella. Ich bin gekommen, um der Menschheit und dem Planeten zu dienen. Ich muß meine Verpflichtungen erfüllen. Ich bin zu dieser Zeit in Übereinstimmung mit den Sorgen und Wünschen der Hierarchie dieses Planeten und des Sonnensystems gekommen. Ich bin hier als helfender Kamerad für jene, die ebenfalls gekommen sind. Ich werde Tuella genannt, weil dies mein Name ist und immer mein Name war. Der irdische Name, der anfangs dieser Form gegeben wurde, war unkorrekt, wurde aber erlaubt bis zur der Zeit, als ich mich selbst manifestieren konnte.

Dr. S.: Können Sie von irgendeiner Erfahrung dieser Wesenheit sprechen oder sie beschreiben, als sie an Bord eines Raumschiffs war?

Antwort: Diese Erfahrungen sind notwendig für meinen fortlaufenden Kontaktdienst und das Verstehen in dieser Dimension. Ich fühle mich nicht wohl hier, und ich muß fortwährend meine Bindungen zu meinen Quellen erneuern und verstärken, um hier weiterzumachen. (Pause) Es ist meine Heimat und ich muß oft zurückkehren, wie es im Physischen dieses Lebens belegt ist. Es besteht hier eine Liebe und eine Sehnsucht nach Hause. Ich bin eine Fremde in diesem Land, aber ich muß Geduld haben, und ich muß meine Kontakte mit meiner Heimat fortsetzen.

Dr. S.: Würden Sie das klickende Geräusch in Ihrem Ohr erklären. Ist es Kommunikation?

Antwort: Das ist wieder ein Kommunikations-Gerät oder etwas, das wie ein Gerät arbeitet, ein unbewußter Akt, soweit das menschliche Bewußtsein betroffen ist. Es ist ein lebenswichtiger Faktor in meiner Anwesenheit an diesem Platz.

Dr. S.: Bitte sprechen Sie über körperliche und außerkörperliche Erfahrungen an Bord von Raumschiffen.

Antwort: Unser Ausdruck "ätherische Körperlichkeit" unterscheidet sich von eurer Körperlichkeit. Unsere ätherische Körperlichkeit verbindet sich mit anderen von gleicher Wesensart und kehrt in den meisten Fällen zu dem Raumfahrzeug zurück, von dem sie hergekommen ist. Ätherische Körperlichkeit sieht, hört, fühlt und ist sich ihrer selbst bewußt. Die meiste Zeit ist durch Übereinstimmung das körperliche Bewußtsein von den Erinnerungen an diese Erfahrungen blockiert. Das dient der Sicherheit für das Wohlergehen der physischen Verkörperung.

Dr. S.: Wo ist der ursprüngliche Besitzer dieser Form?

Antwort: Tuella stand neben dem aurischen Feld bis zu der Zeit, als die sogenannte Wesenheit Thelma das Bewußtsein und das Wahrnehmungsvermögen eines Kindes erreicht hatte. Dann trat Tuella ein und manifestierte sich, aber nur auf dem höheren Bewußtseinsniveau, bis die Lebensereignisse und die inzwischen vergangene Zeit für die volle Manifestation dieser Seeleneinheit geeignet waren.

Dr. S.: Kann die Seelenpersönlichkeit Tuella eine Regeneration der Zellen des Gastkörpers bewerkstelligen, um dadurch ihre Mission zu erleichtern?

Antwort: Dieser Vorgang wird nicht durch die Seelenpersönlichkeit ausgelöst, sondern ist das Ergebnis technologischer und technischer Vorgänge an Bord des Raumschiffs höherer Dimensionen. Dieser Vorgang hat in dieser körperlichen Form bereits begonnen.

Dr. S.: Können Sie Zellenregeneration erklären?

Antwort: Eine Information über diesen technischen Vorgang kann dieser Dimension zur Zeit (1985) nicht gegeben werden.

Dr. S.: Bitte beschreiben Sie die Vorgänge, die sich 1974 ereigeneten, als Tuella und ihre beiden Töchter in einem Erlebnis außerhalb des Körpers bewußt an Bord eines Raumschiffs geholt wurden.

Antwort: Die Information ist so, wie sie gegeben wurde, korrekt (siehe Projekt 'Welt-Evakuierung'). Tuella findet sich oft in einem äußerst großen, hell erleuchteten runden Raum, umgeben von Karten, Diagrammen, Zeichnungen und himmlischen Routen und Kraftlinien. Oft wird sie in diesem großen Raum von Athene besucht, denn gerade in diesem Raum befindet sich die massive Kontrolltafel, die unter der Obhut von Athene steht, um die Seelen des Lichts auf dieser gewaltigen Einrichtung zu beobachten, was unter die Verantwortung Athenes fällt. Tuella steht bei Athene, die ihr den Fortschritt und die Berichte von den Menschen dieses Planeten zeigt, zu denen sie gekommen ist, um als von diesem Raumschiff Gesandte und dessen verantwortliche Vertreterin ihnen zu dienen und bei ihrer Erleuchtung zu helfen.

Dr. S.: Vor achtzehn Tagen kam Tuella von einem außerkörperlichen Erlebnis zurück, wobei sie ihre eigene Stimme schreien, dann sagen hörte: "Ich war auf einem Raumschiff. Ich war auf einem Raumschiff." Was geschah wirklich?

Antwort: Die Erfahrung, die das anscheinend erschütternde Ereignis verursachte, bestand in der Rückkehr in die körperliche Form. Die Erfahrung selbst war angenehm und keinesfalls der Grund, erschüttert zu sein. Es war die Rückkehr ins Physische, die die Wesenheit ängstigte.

Dr. S.: Können Sie Einzelheiten sagen über noch nicht in die Erinnerung zurückgerufene außerkörperliche Aufträge?

Antwort: Diese Aufträge manifestieren sich bewußt, wie jede Wesenheit die ihr gegebenen Gedanken und die ihr zuteilgewordene Führung in ihr menschliches Bewußtsein hineinzieht. Führung, die geheim bleibt und an die keine Erinnerung erlaubt ist, ist etwas, was verwirrt, beunruhigt oder der Wesenheit unnötige Angst einflößt.

Dr. S.: Was ist zur Zeit Ihr Status in anderen Dimensionen?

Antwort: Ich bewahre die Aufzeichnungen zusammen mit Athene, mit der ich gedient habe und wieder dienen werde.

Dr. S.: Können Sie über Einzelheiten künftiger Missionen sprechen?

Antwort: Weitere künftige Einzelheiten werden zurückgehalten, bis es notwendig wird. Denen, die auf diese Weise dem Planeten dienen, wird niemals vorenthalten, was für notwendig erachtet wird. Doch Informationen, die nicht wichtig sind oder sich nicht auf die gegenwärtige Mission beziehen, werden zurückgehalten, wenn nötig. Wesenheiten werden nicht mit mehr Informationen als nötig belastet.

Dr. S.: Wurde diese körperliche Gestalt jemals von Außerirdischen einer Untersuchung unterworfen?

Antwort: Vor der endgültigen Verpflichtung dieser Phase wurde Tuella in großer Liebe einer vollständigen körperlichen Prüfung unterzogen, wobei sich herausstellte, daß alle körperlichen Energien vorhanden und dazu fähig waren, die Verantwortung zu übernehmen. Dies war in ihrem Gedächtnis blokkiert, fand aber 1970 während eines ihrer Besuche statt, woran sie sich zum Teil erinnert. Sie erinnert sich an das Beobachtungsdeck und an die Rückkehr. Doch die Zeit auf dem Schiff wurde völlig damit verbracht, die Fähigkeiten des Wesens zu überprüfen, bevor Ashtars Ruf an sie erging.

> *"Es geschah in Maryland. Die Verabredung wurde tags zuvor getroffen. Mir wurde gesagt, mich auf eine weiche Decke oder ein Leintuch auf den Boden zu legen, mich zu entspannen und auf meine Begleitung zu warten. Diese kam bald darauf, und ich legte meine Hände auf ihre Arme, als sie mit mir in den Äther entschwand.*
>
> *Von dem Beobachtungsdeck aus konnte ich meinen leblosen Körper sehen, der kein Licht in sich hatte. Ich konnte den Hafen von Baltimore und Donna in ihrem Heim sehen. Mein Körper hatte kein Licht in sich, da ich nicht in ihm war, erklärten sie mir. Ich sah die dunklen Wolken über New York City, als wir dort vorbeiflogen. Sie sagten, Los Angeles sehe genau so aus. Ich erinnere mich an das Eingangsportal, den Fahrstuhl und die Stockwerke, die wir bei unserer Fahrt nach oben passierten. Dann blockierten sie mein Gedächtnis. Wie das nun! Ich wollte gern wissen, welchen Körper sie examinierten, den auf dem Fußboden oder den im Raumschiff? Ich kam sehr rasch in meinen Körper zurück. Der Grund waren Rückenschmerzen, die, wie ich meine, durch den harten Fußboden verursacht wurden. Jetzt bin ich nicht mehr so sicher. (?) Es war gerade vier Monate später, als der Ruf Ashtars in mein Leben trat.*

Dr. S.: Gibt es Weiteres über interdimensionalen Austausch zu sagen?

Antwort: Diese Wesenheit ist völlig dem interdimensionalen Austausch gegenüber verpflichtet und lebt für diese Aufgabe. Weitere Einzelheiten sind nicht erforderlich.

Dr. S.: Kann irgend ein Zeitpunkt hinsichtlich der Endzeit-Ereignisse genannt werden?

Antwort: Da diese Ereignisse näherrücken und die Welt endgültige Informationen nötig hat, gehört es zur Aufgabe dieser Wesenheit, die Menschen davon zu unterrichten. Zur Zeit werden darüber keine Auskünfte gegeben.

Dr. S.: Haben Sie zur Zeit einen allgemeinen Auftrag für diese Person?

Antwort: Die Wesenheit wird alle Phasen ihrer Mission erfüllen, und sie wird bleiben, um die Ergebnisse ihrer Arbeit sehen zu können. Dann wird sie Gründung und Bildung aller Tätigkeiten in die verantwortungsvollen Hände derjenigen legen, die sie bis zu der Zeit weiterführen werden, wo diese Arbeit für den Planeten nicht mehr länger notwendig sein wird.

Dr. S.: Würden Sie das Aussehen der Außerirdischen beschreiben?

Antwort: Diejenigen Außerirdischen, zu denen Tuella zurückkehrt, sind sehr schön und haben eine anziehende Gestalt. Sie hat bei einer Gelegenheit solche, die dienen, beobachtet, die anders aussehen, doch die Kontakte fanden mit denjenigen statt, die sich durch hervorragende Schönheit und Licht auszeichneten und die dem sogenannten menschlichen Aussehen ähnlich waren, aber in der zwölften Dimension von größerer Gestalt waren.

Dr.S.: Haben Sie irgendeinen Kommentar fürTuella in einem bewußten Zustand?

Antwort: Es ist ein bewußtes Fortführen und eine unwiderrufliche Hingabe an alles, was erfüllt werden muß, nötig ohne Rücksicht auf Hindernisse und Widerstand. Es gibt die, welche die Dinge weiterführen. (Es folgen Kommentare über die allgemeine Mission und über diejenigen, die ihr verlorengegangen sind, und sie weint deswegen sehr.) Nur sie wurden darauf vorbereitet, was sie zu tun hätten, und niemand anderer kann deren Platz auf die gleiche Art und Weise ausfüllen. Für alle, die auf geborgte Energie hier sind, fahre ich fort, diese Energie zu erwarten (sie weint immer noch), so lange es noch Zeit ist und bevor das Licht gänzlich vom Planeten hinweggenommen wird. Denn das Licht wird eine Zeitlang verlöschen. Bleibt dem Zweck, für den ihr gekommen seid, treu, bleibt loyal!

(Es folgen Suggestionen zur Rückkehr in den normalen Zustand).

## Die Berufung der sterngeborenen Repräsentanten

Ein übermäßig vereinfachter Ausdruck für diese Individuen lautet: "Walk ins".* Ashtar sagte:

*"Dieses Programm, der Erde beizustehen, ist nicht neu, wenn auch eine Verwirklichung früher nur vereinzelt vorkam, ein seltenes Ereignis war. Doch in dieser Generation und an diesem wichtigen Zeitpunkt des Übergangs der Erde in ihre neue Schwingungsphase ist eine große Anzahl von speziellen Helfern nötig. Ihre Akklimatisierung an diese Dimension ist bisweilen so drastisch wie das Neugeboren-Werden. Sie müssen erkannt und unterstützt werden. Eine ernste oder gar verheerende Krankheit oder die Erfahrung einer ungewöhnlichen Heilung mag in ihrer Erinnerung liegen."*

In einer Ausgabe unseres ehemaligen Vierteljahres-Journals, UNIVERSAL NETWORK, brachten wir einen von Nathant, einem Vertreter der Großen Weißen Bruderschaft, diktierten Artikel, der über dieses Phänomen spricht:

*"Wenn der Austausch durchgeführt ist, erholt sich der Körper oft vollständig, enthält aber eine neue Persönlichkeit. Das neue Bewußtsein ist sich der Gedächtnismuster bewußt, was eine Erinnerung an das frühere Leben und die frühere Umgebung erlaubt. Deshalb kann das Leben in den meisten Fällen als durch die körperliche Wiedergenesung ermöglicht angesehen werden.*

*Das neue Bewußtsein ist nun in Besitz genommen von der Vergangenheit, von den Bedingungen der irdischen Umgebung und dem Drang des Zwecks oder der Mission, die zu erfüllen ist. Das höhere Bewußtsein entscheidet, bis zu welchem Grad eine Verhüllung des 'wahren Selbst' erforderlich ist, wie auch, welcher Grad der Erinnerung an die Mission und an das wahre Selbst dem Gedächtnis belassen werden kann. Die Erdenmenschen wären überrascht, wenn sie wüßten, wie viele von uns sich unter ihnen befinden. Schließlich werdet ihr das als Normalzustand in eurer Existenz akzeptieren. Jeder Repräsentant, der auf diese Weise privilegiert wurde, muß bei diesem Vorgang den gleichen allgemeinen Gesetzen gehorchen. Die Herrschaft des höheren Bewußtseins realisiert den bewußten körperlichen Or-*

*Voll oder teilbewußte Übernahme irdischer Körper, die von ihren Erdseelen verlassen wurden! In Übereinstimmung mit der Himml. Hierarchie. Zum Zwecke einer speziellen Erdenmission.

*ganismus und dessen Funktion in der irdischen Umgebung. Die Schleier werden gelüftet in dem Grad, wie das neue Bewußtsein die höhere Berufung fühlt und den Zweck seiner Mission verfolgt.*

Ashtar legte klar, daß diese Repräsentanten

*"...ein menschliches Bewußtsein haben, durch welches sie ihr langsames Bewußtwerden 'hindurchziehen' müssen und dabei Hilfe brauchen, so wie Kindern von ihren Eltern geholfen wird. Eine begrenzte Periode der Konfusion wird dabei erwartet, die aber mit der zeitlich geplanten Freigabe der inneren Erweckung rasch vorübergeht. Sie werden ein Licht finden, das ihr Verstehen begleitet, und die bisher vorhandenen Nebel werden sich lichten."*

Die hohen Stapel von Post im Hauptquartier der Guardian Action enthalten Briefe von lieben Seelen, die aufrichtig versuchen, ihren Weg "durch diesen bisher vorhandenen Nebel" zu finden. Es ist nicht leicht! Oft kann die Enthüllung in der Gleichförmigkeit ins Schwanken geraten, und es ist unsere Hoffnung, daß dieses Buch eine Hilfe sein wird.

Meine eigene Enthüllung wurde ausgelöst, indem ich dem Book-of-the Month-Club beitrat. Sonderbar? Nicht wirklich! In den Büchern, die angeboten wurden, waren zwei Bände enthalten, die das Leben und Werk Edgar Cayces beschrieben, sowie zwei der populären Bücher von Ruth Montgomery. Nachdem ich beide Bücher von Cayce an einem Tag ausgelesen hatte, wurde ich in der darauffolgenden Nacht einer Gestalt gewahr, die auf einer Plattform lag, geschmückt und von einem metallisch-goldenen Tuch bedeckt. Diese Gestalt schwebte links von mir neben meinem Bett. Ich hatte erstaunlicherweise keine Furcht und assoziierte diese schlafende Gestalt rasch mit dem im Buch beschriebenen "schlafenden Propheten". Ich nahm es einfach als Zeichen für mein Bewußtsein, als Bestätigung für die Wahrheit des Berichts über diese Person. Als ich mich nach diesem Vorfall auf die Bettkante setzte und in tiefe Gedanken über diese und ähnliche Vorgänge versunken war, erhielt ich laut und deutlich eine Botschaft. Die Worte lauteten: "Du bist eine Freiwillige in einer Erden-Mission". "Damals hatte ich nicht die leiseste Ahnung davon, was diese Worte besagten oder um welche Art von Menschen es sich hier handeln sollte. Die "anfänglichen Nebel" waren da. Die Bücher Ruths hingegen führten mich zu A.R.E. in Virginia Beach, wo ich dann die Bücher von Gina Cerminara fand. Sie lösten dann auf wunderbare Weise mein Verständnis für die Reinkarnation aus. Es war, als würde ein Scheinwerfer mein Verstehen erhellen, und alle Dunkelheit war für immer verschwunden. Es wurde gesagt, daß das Verständnis für die Wiederverkörperung dem ersten Schritt zum Tempel der Wahrheit gleichkommt und daß nach einem solchen Erwachen alles Weitere sich wie von selbst ergibt.

Persönliche Enthüllungen begannen rasch durch meine Seele zu fließen, als ein mir vorgeschlagenes Meditations-Programm in die Wege geleitet wurde. Ich wurde täglich gesegnet durch die wunderbaren Zeiten des Alleinseins. Dann folgte etwas, das sogar damals Verwicklungen zur Folge hatte. Es war die Stimme von Jesus Sananda.

> *"Der Dienst, den du zu leisten hast, kann nur auf Erden und nur in einem fleischlichen Körper geleistet werden. Wir sind mit dir, und viele andere von uns werden noch kommen. Ich salbe dich für dieses Werk, das in deinen Händen liegt, und ich öffne den Weg zu deiner Bestimmung. Du bist eine von denen, die zur Erde kamen, um eine schwere Verantwortung zu tragen. Viele andere werden dich finden und kennen. Du bist die Königin des Nördlichen Tores im Himmel. Du wirst das Tor des Nordsterns öffnen, damit die Seelen hier eintreten. Du wirst sie zu den Königreichen des Nördlichen Tores zurückführen, das sich eines Tages auf die Erde herabsenken wird. Du bist die Königin der Nördlichen Tore und die Braut des Löwens der Vier. Denn da sind vier rings um den Thron, oder vier Stammeskönige, und dein Platz wartet hier auf dich, solange du mit deiner Mission beschäftigt bist.*
>
> *Deine Aufgabe wird es sein, diese Besonderen zu empfangen und zu salben, die berufen sind und sich in deiner Mitte befinden. Sie zu salben und mit der Wahrheit zu siegeln, was ihr Siegel sein soll für die abschließenden Tage. Du sollst sie kennen und erkennen, denn sie sind auch ein Teil von Uns, doch wissen sie über diese Dinge nicht Bescheid. Du bist die Königin des nördlichen Tores, und dein Zepter ist in deiner Hand. Ist nicht der König der Herrlichkeit als einfacher Zimmermann erschienen, unerkannt und unbemerkt? Wie sollte dann erwartet werden, daß sie dich kennen sollten, o Königin Naphtali des Himmels? Alle Einzelheiten und Anweisungen werden dir als einem Außenposten der Himmlischen Heerscharen gegeben werden. Deiner ist eine verborgene Identität, die nicht erkannt wird;*

*doch wir sagen es dir um deinetwillen, um dich zu stärken.*

*In den letzten Teilen dieses Zeitalters werden die Waffen der Finsternis dich zu vernichten suchen, doch das ist nicht möglich, denn himmlische Leibwachen umgeben dich. Jede Anstrengung, die sich gegen dich richtet, fällt auf sich selbst zurück. Du bist hier, um an geheimen Orten die Wahrheit zu vermitteln, damit die Dinge, die kommen werden, verstanden und erwartet werden. Hefte dich nicht an allbekannte Dinge oder an irgendwelchen Ruhm, was dich von deiner geheimen Aufgabe abhalten könnte. Das, was erlaubt ist, wird zugelassen, aber eher als Tarnung und nicht als Zurschaustellung deiner wahren Mission.*

*Du bist wie ein Fernsehgerät, das still da sitzt und die Hand eines anderen erwartet, der den Schalter betätigt. Das werden wir tun, wenn die Zeit gekommen ist. Die Erde ist für dich ein Kampfplatz, von der Heimat weit entfernt. Du dienst auf fremdem Boden in einem Krieg, der nicht von dir gemacht wurde, aber du dienst, um den Frieden zu bringen, der kommen muß. Mache weiter! Ich bin Jesus."*

Obwohl der Inhalt zum Teil unklar bleibt, erinnere ich mich doch dieses Augenblickes als an einen Höhepunkt in meinem persönlichen demütigen Leben, und jeder unklare Teil wird von mir im Herzen bewahrt und nicht zurückgewiesen. Ich habe herausgefunden, daß alle Antworten zur rechten Zeit gegeben werden.

In der Hypnose wirst du dich daran erinnern, erklärte Tuella, als Thelma das Bewußtsein eines Kindes erreicht hatte und Tuella in den Höheren Bewußtseinszustand eintrat. Interessant genug, vertraute mir 1982 ein sehr guter 'Kanal' an, daß die nicht erleuchtete Mutter, wäre es nicht in dieser Art und Weise geschehen, nicht in der Lage gewesen wäre, das ungeborene Lichtwesen zur Welt zu bringen.
Ashtar sagt:

*"Bei ihrem Eintritt begleitete das Christus-Wesen des Höheren Selbst die Verkörperung Thelmas, bis die Zeit und Gelegenheit zur Inkarnation Tuellas in ihr Amt bereitet war."*

Ashtar hat mir dies so erklärt:

> *"Dein höherer Geist stieg hernieder und übernahm die Kontrolle deiner Form zur Zeit deiner schweren chirurgischen Behandlung in Maryland. Das fand während einer der unmittelbar darauffolgenden Nächte statt. Die Frist war davon abhängig, ob der Körper überlebte."*

(Ich erinnere mich gut an diesen Zeitpunkt. Eisige Kälte hatte bereits meine Füße und einen Teil meiner Beine erfaßt. Ich rief nach der Krankenschwester und beklagte mich über das unangenehme Gefühl, das diese sonderbare Kälte in mir verursachte. Ich konnte sofort den Ausdruck auf ihrem Gesicht deuten, als sie wegrannte, um andere zu Hilfe herbeizuholen. Mir scheint, ich habe dann für kurze Zeit das Bewußtsein verloren, es kehrte aber bald zurück, als ich in warme Leintücher eingehüllt war.)

Ashtar fährt fort:

> *"Sie hätte nicht überlebt, hätte dieser Austausch nicht stattgefunden, denn die Seele Thelmas war bereit, dahinzugehen. Du bist nun der einzige Besitzer dieser Gestalt. Du bist eine starke Projektion des Christuswesens Tuella. Es wurde nun die Erlaubnis gegeben, daß eine stärkere Kraft Deines Wesens durch diese Gestalt strömt, um Deinen Höhepunkt in dem kommenden Dienst für die Öffentlichkeit zu erreichen. Du wirst eine stärkere Manifestation der Erinnerungszellen benötigen, die erweckt werden, um in diese Gestalt einzufließen und damit eine Beschleunigung der spirituellen Gaben zu erreichen, die nun erforderlich sind. Tuella, beherrsche nun diesen Körper als ein Gefährt des LICHTS FÜR DIESEN PLANETEN. Er kann von Menschen nicht zerstört, noch seiner Seele beraubt werden, ausgenommen durch die verbriefte Erlaubnis des Großen Karmischen Rats. Der Körper wurde zum Gebrauch durch eine Vertretung des Ashtar-Kommandos bestimmt, deshalb wird seiner Zellstruktur ein Ersatz durch eine breitere spirituelle Kodierung ihrer DNS/RNS-Funktionen zwecks einer Vervollständigung der Mission in voller Stärke erlaubt werden."*

Lady Athena vom Ashtar-Kommando hat noch einige weitere Einzelheiten genannt:

*"Ich erinnere mich, als der Augenblick für Dein höchstes Opfer näher kam, in die Vibrationen der Erde und in den Körper eines anderen einzutreten, um das Programm weiterzuführen. Dein Spender trat froh zur Seite, entsprechend einer früheren Vereinbarung; ein Wesen, das große Liebe zu himmlischen Wesen hatte. Du warst unsere Kandidatin, um die Aufgabe auf sich zu nehmen, für die sich die Seele bewußt vorbereitet hatte. Andere, die in deinen Lebensstrom seither eingetreten sind, waren ebenfalls entweder Inkarnierte oder hochrangige Individuen. Über den genauen Zeitpunkt des Austausches soll aber noch nicht gesprochen werden."*

Wir haben uns dafür entschieden, jede derartige Information in unserem Gedächtnisspeicher unter der Rubrik "erstaunliche Geheimnisse" einzuordnen. Es gibt so viel zu lernen, so viel zu wissen, so viel zu verstehen.

Liebe Freunde, seid nicht verunsichert durch eure eigenen großen Enthüllungen, sucht keine Bestätigung bei anderen. Was können diese wissen? Eure Seelen wissen die Antwort. Geht weiter und bewahrt eure Fragen, wie ihr das Kommen der Weisheit erwartet, denn bestimmt wird sie kommen, und wenn sie kommt, wird es herrlich sein. Zählt darauf!

## Das Siegel auf der Stirn

In der Botschaft von Jesus-Sananda wird ein Siegel erwähnt, "ein Siegel von Wahrheit, ein Siegel für die abschließenden Tage." Dieses Siegel ist ein faszinierendes Studienobjekt. Aus der Überlieferung wissen wir, daß es sich mitten auf der Stirn befindet (Off. 22,4) und wie ein Stern strahlt (Off. 2,28) und daß es denen gegeben ist, die die Welt überwinden (Off. 2,28), denen, die beladen sind ob des Lichtes willen (Ezeck. 9,4). Dieses Siegel muß vollendet sein vor den Ereignissen der Trübsal über mindestens 144.000 oder mehr inkarnierten Individuen. (Off. 7,3).
Dieses Siegel repräsentiert ein umgebendes Bewußtsein von:

a) dem Geist Gottes (2. Kor. 1,22)

b) dem Namen Gottes (ICH BIN DER ICH BIN) (Off. 3,12)

c) dem neuen Namen Jesu als Erlöser

d) den Städten, die vom Himmel herabkommen (DIE GROSSEN MUTTERSCHIFFE VON LICHT DIE SO GROSS SIND WIE EINE STADT)

e) dem spirituellen Namen jedes Einzelnen und seiner Befreiung von den Endzeitereignissen dieses Zeitalters (Joh. 1,42 und Off. 3,12; Off. 9,4).

Wenn man alles begreift, was mit der Öffnung dieses herrlichen Sterns (der Pituitärdrüse) zusammenhängt, dann wird es leichter, dieses Konzept so aufzufassen, wie es ein New-Age-Lehrer ausgedrückt hat: "Ein Siegel der Wahrheit, ein Siegel für die letzten Tage", wie es der Geliebte Meister vorgezogen hat, es auszudrücken. Dieses Sternenzeichen von Energiemustern, das auf die Stirn aufgeprägt ist, ist sichtbar. Hier nochmals ein Zitat aus dem Buch Cosmic Countdown, in dem Andromeda Rex sagt:

*"Diejenigen, denen erlaubt wird, den Planeten im Fall der Evakuierung zu verlassen, haben bereits ein Zeichen an sich. Es ist ein Schein genau oberhalb des Kronen-Chakras wie auch am Dritten Auge. Die Mitte der Stirn scheint bisweilen zu leuchten, und dieses Leuchten ist denen deutlich sichtbar, die hellseherisch begabt sind."*

Bei einer früheren Sitzung mit meinen Lehrern wurde es deutlich ausgedrückt, daß dieses Siegel in Beziehung steht zu der Gruppe, die wir jetzt als die Freiwilligen der Erde bezeichnen. Auf die Frage "Was ist das Siegel?" erhielt ich folgende Antwort:

*"Die Massen wie auch bestimmte Einzelpersonen müssen ihre Lektion lernen, Nationen ebenso wie Gruppen und Menschen. Dingen in der Natur, von nationalem Karma und eigenen Handlungen, muß begegnet werden. Das Überkommene muß geklärt und bereinigt werden. Diejenigen, die gegen diesen Tag gesiegelt sind, wurden geschickt, um jene zu trösten und zu belehren, die ihre Lektionen über sich ergehen lassen müssen. Das Siegel ist ihr Schutz und ihre Rüstung. Das Siegel ist bei der Inkarnation auf der Seelenebene göttlich eingepflanzt, aber es ist nur im Christus-Bewußtsein bekannt. Es ist solange nicht bekannt, in der dritten Dimension, bis die Seele voll erwacht und erleuchtet ist. Sie werden dann ihren Auftrag erkennen und sich daran erinnern oder zumindest ein intuitives Gefühl dafür haben. Es ist nicht, daß sie glauben, es ist eher, daß sie sich in ihrem Innern daran erinnern werden und freuen, wenn die Weisheit erkannt wird. Das Erwachen oder die Erinnerung an*

*das Siegel ist das Zeichen der Jüngerschaft in dieser Zeit. Ihnen wird es gegeben werden, ihre universellen Namen zu kennen, das ist das Siegel, den Zweck zu kennen wie auch die Person und die Mehrzahl der Persönlichkeiten. Das Siegel eines jeden wird sich stufenweise entfalten, durch Führung, Meditation, Verehrung und innere Überzeugung. Diejenigen, die nicht zur Zahl der Gesiegelten gehören, werden solches verschmähen und zurückweisen, denn wie können sie annehmen, was für sie nicht existiert? Später mögen sie Nachfolger der Gesiegelten sein, aber nicht als Teil des aktiv wirkenden inneren Kerns, der 144.000, die gesiegelt sein müssen, bevor die Reinigung beginnen kann."*

Von Nada-Yolanda von MARK-AGE haben wir einen Teil einer hierarchischen Verlautbarung:

*"Wir sind schon seit langer Zeit mitten in der Schlacht von Harmagedon. Da ist nicht einer von uns, der nicht die Zeichen der Zeit erkennen könnte, die Marksteine dieses Zeitalters. Der Grund ist, daß wir alle wie ein Netzwerk von Lichthelfern miteinander verbunden sind. Gleichgültig, wie brüchig und destruktiv Individuen und Gruppen auf dem ganzen Planeten zu sein scheinen, dürfen wir die Tatsache nicht aus den Augen verlieren, daß Millionen von Seelen schließlich das Bewußtsein eines Neuen Zeitalters in sich tragen und zudem noch den starken persönlichen Wunsch, ein höheres Bewußtsein und die Meisterschaft über diese Dimension auszudrükken.*
*Laßt nie die Tatsache aus dem Auge, daß wir eins sind in unserem Kampf, mit Mitarbeitern und Verbündeten verschiedener Herkunft und Aktivitäten.*

*Die Hierarchie der Aufgestiegenen Meister belehrt uns darüber, daß wir alle einen neuen Brückenkopf gebildet haben, eine neue Oktave spiritueller Energien, von denen wir zehren. Es wird uns nicht mehr als das gegeben, womit wir umgehen können, und stets erhalten wir von unserem eigenen 'Ich-Bin-Selbst' ein gutes Training, bevor eine Herausforderung an uns herantritt, damit wir siegreich bleiben."*

## Sagen, wie es ist

Es ist ein unwiederrufliches spirituelles Prinzip, daß wir unsere persönlichen Erfahrungen teilen müssen, da sie einer anderen Seele als Auslöser dienen. Der Beitrag eines Individuums kann die Erweckung eines anderen in Gang setzen. Die Erfahrung des einen mag belebend auf die Teilnahme eines anderen wirken, eines andern, der auf seinem Weg zögert, der den unbekannten Pfad, das wegelose Meer fürchtet, sich jedoch im geheimen verzweifelt danach sehnt, seine Reise zu beginnen.

Der verstorbene Gutzon Borglum war der ausgezeichnete Bildhauer, der in den Rocky Mountains bei Black Hills, Dakota, das erstaunlichste Denkmal auf Erden herausgearbeitet hat. Doch als sein größtes Werk wird die Büste Lincolns im Kapitol in Washington betrachtet. Dieser Marmorblock lag lange Zeit in seinem Atelier. In diese Werkstatt kam jeden Morgen eine alte Negerin, um sauber zu machen. Sie war diesen Marmorblock gewöhnt, und Tage lang hatte sie ihn nicht beachtet. Eines Tages sah sie erstaunt und erschreckt die Züge Abraham Lincolns. Sie fragte die Sekretärin: "Ist das Abraham Lincoln?" "Ja", sagte die Sekretärin. "Aber wie in aller Welt konnte Mister Borglum wissen, daß Abraham Lincoln in diesem Stein da drinnen war?" Ihr Lieben, es ist die Vision unserer unsichtbaren Fähigkeiten, der innere Glanz unseres Christusbewußtseins, was die unsichtbare Führung an unsere Seite zieht.

Die unvermeidliche Beendigung meiner dumpfen und ereignislosen ersten Ehe war eine kritische Zeit in den jungen Jahren meines Erwachsenseins. Diese Beziehung zu einem intellektuellen Genie mit einem Intelligenz-Quotienten von 160 hat nur dazu gedient, mein Bewußtsein und das Streben nach geistiger Aktivität zu erwecken. Das war offensichtlich ein Schritt der Zukunft entgegen. Mein kleines Kind und ich lebten bei meiner Großmutter.

Zu diesem ziemlich kritischen Zeitpunkt sprach eine wissende Person mit mir über ihr Verhältnis zum Himmlischen Vater, Seinem Platz in allen Dingen und über ähnliche Themen. Die Worte, die gesprochen wurden, erscheinen mir in der Erinnerung als nicht so bedeutsam wie die absolute Sicherheit, mit der sie ausgesprochen wurden. Zum ersten Mal in meinem Leben wurde mir ein unbekannter innerer Hunger bewußt. In jener Mondnacht saß ich auf einem Tuch neben den Kirschbäumen meiner Großmutter und blickte zum Himmel auf. Ich hatte keine religiöse Erziehung. Ich wußte nicht, wie man ein Gebet formen könnte. Ich wußte nicht einmal, wie man sich einer solchen

Sache nähern könnte, was ich aber gern getan hätte. Schließlich sagte ich einfach ziemlich laut und ein wenig verzweifelt: "Wenn irgendjemand da oben ist, wenn irgendjemand zuhört oder sich irgendwer sorgt, möchte ich gern mit ihm sprechen." Unbeholfen? Ja. Aber die Aufrichtigkeit dieses ersten Rufs hallte im ganzen Universum wider. "Gott, ...ich weiß, ich bin außerhalb von irgendetwas, ich weiß nichts darüber, ...aber..., bitte, lieber Gott, ich möchte hereingenommen werden. Ich kann mit dieser Unwissenheit nicht umgehen. Ich möchte die Dinge erkennen, aber am meisten möchte ich Dich erkennen." Ich blickte immer noch himmelwärts, durch meine Tränen hindurch; dann entspannte ich und schloß die Augen. Ich fühlte, daß jemand neben mir stand, und dachte, es sei meine Großmutter in ihrem Nachthemd. Als ich begann, meine Augen zu öffnen, sah ich die Falten im Saum eines langen Gewandes und daneben Füße, die Sandalen trugen. Verwundert und erregt erkannte ich, daß ein engelgleiches Wesen neben mir stand, als Antwort auf meinen Ruf. Ich bin erhört worden! Jemand hat zugehört, und ein inneres Wissen bestätigte mir, daß ich "aufgenommen" wurde wie ein verlorenes streunendes Tier, das plötzlich vor jemandes Tür erschien. Dieser Augenblick war der Katalysator, der die Herrlichkeit spiritueller Erlebnisse einleitete, die niemals endeten.

## Die Straße der Glorie

Meine zweite Ehe führte mich in die ländlichen Gegenden von Texas, wo Ruhe und Abgeschiedenheit viel zur seelischen Entfaltung beitrugen, Bewußtwerdung und stetes Wachstum auslösten. Ich begann einen Dienst spiritueller Beratung und Gebete per Post, was ich Seelen-Klinik nannte. Die Sache entwickelte sich zu einem monatlichen "geistlichen Journal". Angesichts meiner Verantwortung meinem Heim und meinen Kindern gegenüber begann ich einfach, wo ich war, und tat, was meine Hände zu tun fanden. Es war ein ausgezeichneter Ort, um zu beginnen ohne Rücksicht darauf, was eine künftige Mission sein würde. Ich erinnere mich an einen Tag, nachdem ich meine spirituelle Hilfe für eine entfernte hilfsbedürftige Seele in deren Briefkasten gelegt hatte und mich auf den langen staubigen Weg in der Hitze zurück zu meinem Heim machte, daß ich vor mich hinmurmelte: "Ich wünschte, ich könnte mehr tun." Ich war starr vor Schrecken, als eine laut hörbare Stimme mir von rechts oberhalb meines Kopfes zurief. "Dein Wunsch soll in Erfüllung gehen."

Mein jüngstes Kind war mit einer Neigung zu Asthma geboren worden, und es mußte eine lange Zeit hindurch bei Nacht getragen werden, um nicht einen Schock oder Atemnot zu bekommen. Es waren diese langen Nachtstunden, die mir viel Zeit zu Studien und spirituellen Bestrebungen verschafften. Ich las die Heilige Schrift achtmal von vorne bis hinten, was sich als echte Investierung in künftige nutzbringende Tätigkeiten erwies. Auch am Ende der Nacht, als ich das Kind vorsichtig in die Wiege gelegt hatte, fühlte ich die Anwesenheit von etwas oder von jemand sehr Bösem in der Tür. Mit einem Gefühl heftiger Abstoßung sagte ich: "Was willst du?" ES sagte: "Ich bin gekommen, um Dein Baby zu holen." Das tat es! Ich schwang mich herum, um mich zwischen ES und die Wiege zu stellen. Erschreckt, aber bestimmt rief ich: "Im Namen von Jesus, dem Christus, Du wirst dieses Kind nicht berühren!" ES schaute mich nur an. Ich konterte wieder mit meinem Befehl für ihn, aus meinem Heim, meinem Eigentum und meinem Leben zu verschwinden, und von diesem Ort wegzugehen im Namen Jesu und niemals zurückzukehren. "Nun ... GEH!" Und dann war es weg.

Es gab viele andere Versuche, Angriffe der Dunklen. Als ich einmal auf einer Gebirgsstraße fuhr und sich auf der rechten Seite ein steiler Abhang befand, versuchte etwas, die Kontrolle über das Lenkrad zu übernehmen. Laut führte ich mein Schutzritual durch und protestierte gegen die Einmischung, was schließlich Erfolg hatte, aber in der Zwischenzeit mußte ich meine ganze physische Kraft aufwenden, um das Lenkrad unter Kontrolle zu halten. So ist das Leben des spirituellen Kämpfers, allerdings spielt sich das meiste im eigenen Innern ab. Der Trick dabei ist, hinter das hier einbezogene Menschliche oder die anscheinend irdischen Umstände zu schauen und den Prägestempel der Gegenseite hinter der sichtbaren Situation zu erkennen und sich dann mit deren Ursprung zu befassen.

Viel später führten die Lebensereignisse die Familie in den Staat New York. Es war dort, wo mich während intensiver Erfahrungen auf geistig geistlichem Gebiet der deutliche Ruf zu einem endgültigen Dienst an der Öffentlichkeit erreichte. An diesem Ort und zu dieser Zeit, wo so etwas für eine Frau fast undenkbar war, kam die unmißverständliche Botschaft auf mich zu: "Du sollst ein großer Prophet für mich sein...". Für mich war das sehr verwirrend. Es war schwer, diese besondere Ausdrucksweise mit meinem traditionellen Konzept des Aufrufs zu dienen in Einklang zu bringen - was schon an sich schwierig genug zu begreifen und anzunehmen war. Nach ein paar Wochen des Ringens mit Terminologien und Konzepten fragte ich rundheraus: "Herr, rufst du mich (?), um zu ... predigen?" Keine Antwort. Statt dessen eine Vision. Mir wurde eine sehr enge und steinige Straße gezeigt. Die Art des Terrains war so, daß man es nicht einmal mit Gummisohlen betreten wollte. Wirklich fürchterlich. An manchen Punkten wurde die Straße zu einem schmalen Gebirgspfad, nicht nur felsig und uneben, sondern mit zackigen und spitzen Steinen übersät, die sogar Gummisohlen durchschnitten hätten. Ich dachte mehrere Tage über diese Straße nach ... sah fast nichts anderes. Dann, als ich diese Straße entlang blickte, kam Seine Stimme: "Würdest du mir folgen auf diesem Weg?" Ich wußte es nicht. Ich mußte die Antwort überdenken, bevor ich sie gab. Ich wußte nicht, ob Er sich auf mich verlassen konnte oder nicht. Ich dachte, Er würde einen Versuch machen. Schließlich, nachdem ich ernstlich die Spreu vom Weizen getrennt hatte, und im vollen Bewußtsein der Folgen meiner Verpflichtung antwortete ich Ihm: "Ja, Herr, ich will Dir folgen!" "Und das, obwohl diese Straße rauh und steinig und dein Weg vom Trübsal begleitet ist?" Mit Tränen im tiefsten Inneren antwortete ich: "Du kennst mich, Herr. Ich habe mich entschlossen. Ich will Dir folgen!"

Es wurde eine glorreiche Straße. Wir gingen zusammen. Und Er hatte eine Art, mich schwebend über dem Boden zu halten, so daß ich niemals Schmerz und Stöße verspürte. Ich hielt mich einfach dicht hinter ihm.

Ich trug mich sofort für einen langen Studienweg ein, der zur Ordinierung führt. Der Hauptverantwortliche unseres Distrikts hatte keine Lust: "Ich werde niemals in der Lage sein, Ihnen einen Platz zu verschaffen." "Ich sah ihm in die Augen und sagte: "Ich will keinen, der Herr will es." Ich erhielt in dem Distrikt einen Sonntags-Studienplatz und fuhr jeden Sonntag hunderte von Meilen, um leere Kanzeln zu füllen, während die Männer abwesend waren. Das Lustige daran war, daß, wenn diese Plätze vakant wurden, - wer wurde wohl eingeladen, sie auszufüllen? Der Hauptverantwortliche hatte damit keine Probleme.

Als sich die Zahl der Sonntagsschüler verdoppelte und die Mitgliederzahl der Kirche stark anstieg, wobei sich mein Gehalt zweimal erhöhte, stimmte die Kongregation für meine dreijährige Rückberufung. Das war ein beispielloser Vertrauensbeweis für jeden Pastor und ein Auftrag an den Distrikt, seine Leitung nicht zu stören. Ich gewann das Recht, die erste Frau im Bereich der Hudson-Bay zu sein, die einen solchen Posten innehielt. Er schloß sich der vielversprechenden Sache an und verpflichtete mich als Distrikt-Direktor der Kinder-Gemeinschaften, Kaplan des Mädchen-Camps, als Jugendarbeiterin in den Camps und als Distrikt-Delegierte beim National-Konvent unter Rückerstattung aller Unkosten. Ich hatte festgestellt, daß bei jedem Schritt den ich auf jener steinigen Straße tat, die 'Göttlichen Planiermaschinen' schon vorher dagewesen waren und mir den Weg geebnet hatten.

Eine schwere körperliche Erkrankung befiel meinen Mann, und ich sah mich dem Problem gegenübergestellt, zum Unterhalt der Familie beizutragen. Somit verschaffte mir mein Dienst als Heim-Missionar den Unterhalt für Haus und Familie, und gleichzeitig konnte ich es mir leisten, meine Verpflichtungen meinen geistlichen Zielen gegenüber zu erfüllen.

Es gab in diesen Tagen viele, viele Visionen, besonders eine davon schien mich zu treffen. Ich kletterte die Wendeltreppe eines hohen Turmes empor und erreichte den höchsten Raum. Ich öffnete die Tür und sah in dessen Mitte einen leeren Stuhl sowie ein offenes Fenster. An dieser höchsten Stelle des Turmes trat ich ein und setzte mich auf den Stuhl. Später erfuhr ich, daß der Stuhl Autorität bedeutete. Der Wind, der den Vorhang am Fenster bewegte, repräsentierte den Geist Gottes. Eine Überzeugung wurde in mir lebendig und machte mir bewußt, daß es mehr zu tun gab, daß ich gerade erst begonnen hatte. Ich wurde instruiert, die Genesis zu lesen. Ich wußte weder, warum, noch wo beginnen. So fing ich am Anfang an. Ich las bis zum zweiten Vers, der lautet *"Der Geist Gottes schwebt über den Wassern."* Und dann kam sie, die Geliebte, Stille, Kleine Stimme von innen, die mir sagte: *"Wie mein Geist sich über den Wassern bewegt, so will ich mich für Dich über Seelen bewegen."* Es war ein Augenblick, wo alle Quellen aus der innersten Tiefe aufbrachen, wo sich die Fenster des Himmels für mich öffneten, und ich wußte, das war eine Salbung für etwas, was erst noch kommen würde. Ich schrieb meine Verpflichtung eigenhändig nieder, die ich bis zum heutigen Tage noch besitze:

> *"Herr, ich gebe alle eigenen Absichten und Pläne auf, alle meine Wünsche, Hoffnungen und Ambitionen, und nehme alles von Deinem Willen für mein Leben. Ich gebe mich, mein Leben, mein Letztes und Äußerstes Dir, um für immer Dein zu sein. Ich übergebe es Dir, alle Menschen, die ich liebe, die den zweiten Platz in meinem Herzen einnehmen, zu erhalten. Erfülle mich und siegle mich mit Deinem Heiligen Geist. Führe Deinen Willen in meinem Leben durch, um jeden Preis, jetzt und für immer. Christus ist mein Leben, und zu sterben ist Gewinn."*

# Das abgesonderte Leben

Die wahrhaft erleuchtete Seele zeigt eine ihr innewohnende und natürliche Charakteristik einer umfassenden Toleranz gegenüber anderen Kindern des Schöpfers, ungeachtet der jeweiligen Glaubensrichtung. Eine mir angeborene Einsicht wußte, daß es unvermeidlich einen gemeinsamen Grund für Einheit und Einigkeit zwischen uns allen geben mußte, selbst wenn jeder praktische Ausdruck dieser Haltung fortwährend Feindschaft gegen mich im menschlichen Bereich zur Folge hatte.

Die Konkurrenz und Feindschaft zwischen den verschiedenen Abteilungen der Orthodoxen machten meine Seele krank. Mehr und mehr wurde ich ein unbehaglicher Teil davon. Deutlich durchschaute ich die Irrtümer und Fallgruben der menschlichen Spaltungen, der gegensätzlichen Regeln, der Kristallisation von Glaubensbekenntnissen und die hohe Politik der organisierten Kirchen. Ich lernte, "locker zu lassen" in meiner Toleranz, und mit ehrlicher Demut arbeitete ich die Literatur der großen Weltreligionen und der Autoren des "New Age" durch. Schritt für Schritt warf eine unsichtbare Führung das enthüllende Licht auf jegliche Art menschlicher Vorurteile. Solange das kleine Kind sich an den Seiten seines Laufstalls festhält, solange läuft es nicht allein, bis es sich von diesen Hilfen freimacht. So muß der aufrichtige Sucher der Wahrheit lernen, den Weg allein zu gehen, ohne jede Hilfe durch die von Menschen geschaffenen dogmatischen Ideologien. Wir haben den Gipfel solange noch nicht erreicht, solange wir uns noch auf diese Krücken stützen. Kirchlicher Kannibalismus und die Unmenschlichkeit des Menschen gegenüber seinem Mitmenschen innerhalb der Grenzen der Bigotterie ist schrecklich anzusehen. Das Beseitigen dieser alten Verhaltensmuster ist ein erster Schritt weg von den veralteten Dimensionen des Lebens.

Die Erfahrung der Witwenschaft im Zusammenwirken mit persönlichen Gesundheitsproblemen fiel in katastrophaler Weise mit meinem Abschied vom formellen Dienst zusammen. Mit unbarmherzigem Enthusiasmus stürzte ich mich noch tiefer in die Suche nach Wahrheit. Es war bei dieser Gelegenheit, daß mir die schon erwähnten vier Bücher in die Hände fielen, um das auszulösen und zu erhellen, was dann folgte.

Das Finden aller Wahrheit und die Teilnahme daran ist in der Tat eine Göttliche Priorität im Leben auf diesem Planeten, da sie des Lebens höchste Loyalität hervorruft, die unseres Strahlenden.

# DES LEBENS HÖCHSTE FÜHRUNGSKRAFT

*Göttliche Führung*

# Kapitel II

## Führung ist wirklich

Kein anderer Genuß im Leben kann die Köstlichkeit der Kenntnis über die Wahrheit der himmlischen Dinge übertreffen. Der Schleier ist schwer, doch Liebe kann ihn heben.

Eigene oder fremde Meinungen haben so oft heilige Träume, Seelen-Erinnerungen, Visionen oder Erfahrungen des Hellhörens ins Reich des Ungesunden verwiesen. Echte spirituelle Erlebnisse, die auf einen unvorbereiteten Geist treffen, lassen ihn oft mit der Fähigkeit zurück, zu sehen oder durch ein vibratorisches Energiespektrum der Gedankenübertragung Verbindungen aufzunehmen. Wir haben schon vor allzu langer Zeit vergessen, daß wir keine Augen brauchen, um zu "sehen", keine Ohren, um zu "hören". Es wurde geschrieben, daß "...jeder Einzelne von uns ein Universum für sich ist, ein kleiner Teil einer umfassenden Intelligenz, die individuell mit einer höheren Macht in unserem Innern in Verbindung steht." Man kann einen Fingerhut mit Meerwasser vollschöpfen, so daß er voll wird und sogar überläuft, und die bestausgerüsteten Laboratorien würden bestätigen, daß es sich um reines Meerwasser handelt, das bis ins Kleinste mit seiner Quelle, dem Ozean, identisch ist. Und so verhält es sich auch mit uns als Kindern des Universums, die mit dem gleichen göttlichen Potential erfüllt sind, um Mitschöpfer mit allem zu sein, was existiert. Wir sind aus der gleichen göttlichen Essenz gemacht, identisch mit den ätherischen Intelligenzen und somit fähig, sie zu erkennen, soweit es dem Begriffsvermögen des menschlichen Geistes möglich ist.

Die natürliche Fähigkeit engelhafter Männer und Frauen, mit den Menschen Kontakt aufzunehmen, schließt die dem Menschen innewohnende Fähigkeit zu antworten ein. Die Kraft des Bewußtseins existiert außerhalb unserer Körper und dessen, was wir Gehirn nennen. Göttliche Führung ist etwas, worauf jede Seele auf diesem Planeten ein Recht hat, und sie ist eine unwiderrufliche Gabe jedes auf der Erde inkarnierten Freiwilligen. Das ist keine neue Wahrheit. Es ist eine alte, vor langer Zeit gelernte Lektion, die jetzt wieder neu betont wird. Gottes schmale Wege sind eine gute Lehre.

Göttliche Führung ist der Preis für den, der sie zu besitzen glaubt, sicher aber das Kennzeichen des Mutigen. Es ist in diesem Bereich, wo das institutionelle Christentum es häufig unternimmt, Gott zu spielen, entweder durch Vorschriften oder durch angesammelte Entscheidungen. Es ist ein frustrierendes Bemühen, spirituelle Entfaltung in Gesetze zu pressen, wenn die Einzigartigkeit ihrer dahinströmenden Kraft durch eine gehorsame Seele fließt. Ich bin mir klar darüber, daß ich die besten Gelegenheiten zum Dienen, für persönliches Glück, für spirituelles Vorwärtskommen und die Erfüllung meiner Bestimmung in meinem Leben sabotiert hätte, wäre ich nicht an den drei wichtigsten Kreuzwegen meines Lebens den Ratschlägen der wohlmeinenden spirituellen Ratgeber, die um mich waren, gefolgt. Die innere Bereitschaft, sich der göttlichen Führung anzuvertrauen, ist eine persönliche, aktive Realität. Folgst Du ihr, dann hast Du sie. Sie spricht in der Stille.

## Die Unsichtbaren

Alle, die den Weg beschreiten, haben geistige Lehrer, einschließlich mindestens eines Meisters. Viele haben sogar mehrere geistige Lehrer und Führer. Es gibt keine Zeit, und es wird auch keine geben, wo die Lehrer nicht innerhalb der Schwingung anwesend sind, um einem beizustehen. Sie stellen sich aber niemals dem Göttlichen Recht des freien Willens eines jeden Menschen in den Weg, und es heißt, wurde gesagt, "daß sie uns näher sind als unsere Hände und unsere Füße".

Zu Anfang meiner intensiven Schulung wurde ich über den Goldenen Leuchter belehrt. Dies war der Ausdruck, den sie benutzten, um einen Menschen zu beschreiben, der durch das Goldene Weiße Licht erleuchtet wurde, umgeben von dem Band der treuen, aufrichtigen Sieben Führer. Die höchsten drei repräsentieren die Hierarchie. Bildlich gesprochen stellen die Erleuchteten den Ständer und die Basis dar, woraus sich sieben Lichtkugeln erheben, die den Leuchter bilden, wobei die eine in der Mitte die höchste Position innehat und drei weitere auf jeder Seite folgen. Jede Position bedeutet eine Funktion der Führung. Der Meister an der höchsten Stelle dient im allgemeinen als Sprecher für die Seele und auch als Sprecher der anderen. Jede Seele mit einer Mission hat drei Meister an höchster Stelle, die den Willen Gottes im Leben des demütigen Schülers vertreten. Zuerst mag es nur wie ein einziger erscheinen, doch bald werden die anderen beiden Meister auftauchen. Die restlichen vier von den sieben Geistern des Menschen stellen die vier persönlichen Wächter dar, wenn auch eine bestimmte Seele von einer weit größeren Anzahl umgeben sein mag, je nach der Aufgabe im Leben und dem Entwicklungsstand, worüber wir später noch sprechen wollen.

Im Verlauf des Wachstums, wenn größere Wahrheiten ins menschliche Bewußtsein eingezogen sind und das Verständnis wächst, findet sozusagen eine "Wachablösung" statt. Höhere Meister, höhere Lehrer und stärkerer Schutz treten auf den Plan in dem Maß, wie der Freiwillige die Wahrheit in sich aufnimmt. Wenn für die sieben der höchste Grad gesichert ist, dann tritt die Gruppendynamik ein.

Die Fragen sind endlos, die Antworten faszinierend. Als ich schließlich genügend von den höheren Meistern wußte, wollte ich auch etwas über ihre Herkunft erfahren. Damals war es mir nicht erlaubt, darüber zu diskutieren, doch jetzt darf ich es. Sie antworteten:

> *"Wir kommen von der Christus-Ebene, die bisweilen auch die siebente Ebene genannt wurde. Aber der passende Ausdruck ist Christus-Ebene. Von hier aus werden die Christus-Seelen ausgeschickt, wird mit ihnen Verbindung aufgenommen, und werden sie entfaltet. Von hier aus werden auch die Pläne für die kommenden Endzeitereignisse aufgestellt. Von hier aus werden auch alle Seelen zum Dienen aufgerufen und für ihren Dienst vorbereitet. Hier versammeln sich auch die Engel vor ihrem letztendlichen Erscheinen, um dieses Zeitalter zu beenden und das neue einzuleiten. Der geliebte Jesus Sananda herrscht über diese Ebene, und Seine Oberhirtenschaft ist unbestritten. Wir gehorchen Ihm bedingungslos, und Sein Wort wirkt in der ganzen Ebene in Kraft und Macht. Sein ist die Wahl der Freiwilligen und Sein die Autorität, unter der wir alle arbeiten. Diese Ebene wird von Unzähligen bewohnt, die auf Erden groß waren, indem sie auf alle möglichen Arten gedient haben. Wir haben hier weder Rebellierende noch solche, die Gottfeindlich gesinnt sind, wie es auf den astralen Ebenen der Fall ist."*

Es wurde mir gesagt, daß ein Freiwilliger fortgesetzt unterstützt und gefördert wird, bis er den entsprechenden Erkenntnisstand der Ebene erreicht hat, von der er gekommen ist. Diese höheren Meister und eng verbundenen Lehrer befinden sich offensichtlich in einer sehr engen Beziehung zu ihrem Schützling, sei es von anderen Verkörperungen oder von anderen Dimensionen her.

Wir werden dem später noch nachgehen. Mit großem Enthusiasmus will ich hier eine wichtige Belehrung anführen, die ich in den frühen 80er Jahren von Monka erhielt:

*"Die Wächter einer Seele beginnen zu siebt, bis zu der Zeit, wo sich die Seele ihrer Mission klar bewußt geworden ist. Von diesem Bewußtsein oder der Initiation an umgibt die Seele die volle Führerschaft, die aus zwölf Wesen besteht. Die anderen fünf Meister oder geistigen Lehrer, wie man sagen könnte, die ebenfalls für die Vollendung dieser Mission verantwortlich sind, treten in das Führungsprogramm ein. Der fortgeschrittene Bewußtseinszustand bringt der Seele viel Weisheit und Verständnis. Bisher wurde so viel Arbeit geleistet, doch innerhalb des Programms der vollen Führung wird über alle Einzelheiten Kenntnis gegeben, und es wird künftig in keiner Entscheidung hinsichtlich der Mission irgendwelche Irrtümer geben. Auch ist diese höhere Gruppe der fünf auf sehr direkte Weise in naher Verbindung mit dem Freiwilligen und steht ihm für Beratung in allen Fragen voll und ganz zur Verfügung.*

*Es ist nicht üblich, daß eine Verbindung zu allen zwölfen besteht. Wie gesagt, halten nur ein bis drei die Verbindung aufrecht, aber alle haben Anteil daran, die für die Mission erforderlichen Informationen zur Verfügung zu stellen. Du,Tuella, kennst nun die ganze 'Gruppe der Älteren' die diese Mission in gemeinsamer Verantwortlichkeit leiten. Sie sollten in allen Angelegenheiten befragt werden, die deine Aktivitäten auf dem Planeten betreffen. Diejenigen von uns, die in vollständiger Zusammenarbeit mit der 'Gruppe der Älteren' wirken, tun dies mit deren direkter Erlaubnis. In vielen Fällen wurde die Gruppe der Älteren, die eine Seele führen, in euren Worten auch als Weltraumwesen bezeichnet, aber dieser Ausdruck ist unwichtig, ja sogar irreführend. Die Natur und der Ursprung dieser Älteren gründen sich voll und ganz auf die vorgeburtlichen Verpflichtungen und den Bereich ihrer Herkunft. Was die früheren Führer betrifft, so besteht hier eine persönliche Verbindung seit Äonen.*

*Selbstverständlich haben alle Inkarnierten eine Gruppe persönlicher Führer, aber bei den Unerweckten handelt es sich hier um weniger entwickelte Wesen, die einfach versuchen, die Seele so gut wie möglich dem Licht entgegenzuführen. Die inkarnierten Diener der*

*Welt oder Freiwilligen haben einen gänzlich unterschiedlichen Führungstyp und eine bewußte Verantwortlichkeit, die in die empfangene Führung integriert ist. Zwölf ist in keiner Weise das Maximum. Viele Hunderte können im Fall einer lebenswichtigen Erdenmission einbezogen sein, und zwar zeitweise wie auch hinsichtlich ihrer Verantwortlichkeit. Seelen, die ihrer Bestimmung gegenüber gleichgültig geworden sein könnten, werden unmißverständlich so behandelt, daß sie zu ihrer ursprünglichen Verpflichtung zurückfinden. Zu gegebener Zeit wird ihnen ihre Bestimmung so deutlich vor Augen geführt werden, daß alle Abweichungen auf die Dauer unterbunden werden. Das ist der Weg des Meisters."*

## Allmähliches Erkennen

Sich allmählich frei zu fühlen - und leicht - wie es in einem alten Lied heißt. Was für ein hinreißendes Erlebnis das ist! Ich lächle ironisch, wenn ich an den Augenblick zurückdenke, an dem ich die erste Predigt im Rahmen der Orthodoxie geschrieben habe. Denn dieses ganze Konzept von Führern, himmlischen Kontakten, kosmischer Telepathie und ähnlichem sollte einen so herausragenden Platz in meiner künftigen Bestimmung einnehmen. "Ironisch“ für mich als umherreisenden stellvertretenden Prediger, da die erste Predigt, die ich jemals vorbereitete, von dem "Himmlischen Schutzengel des Gläubigen" handelte. Es war ein hübsches, ungefährliches Thema, mit dem man niemandem wehtun konnte, und ich griff überall darauf zurück, wohin ich ging, um Arbeit zu sparen. Zugegeben, damals hatte ich keinen rechten Begriff von dem, worüber ich überhaupt sprach. Ob ich dabei meinen Zuhörern mit dem, was ich gesät hatte, helfen konnte oder nicht, so verankerte es mich doch in jede Schriftstelle, wo himmlische Wesen erschienen oder zu den irdischen Sterblichen sprachen.

Ich war wie ein Gucker durchs Loch, der einen Zirkus mit drei Manegen durch ein eineinhalb Zentimeter großes Loch im Zelt betrachtete. Doch an einem herrlichen Tag schickte Gott einen starken und brausenden Wind in mein Bewußtsein, der das ganze Zelt wegblies ... Und da war nun alles, der Glanz des weiten Panoramas aller zwölf Ebenen der kosmischen Welt!*)

*) Entspechung zu den Sektoren der Galaktischen Föderation.

Während der Tage meines Trainings mit den Meistern war Zeit genug, um dies langsam und methodisch zu tun, ohne die bewußtseinsaufrüttelnde Taktik, die in dieser späten Stunde üblich ist. Während der beiden täglichen Sitzungen wurden viele interessante Einzelheiten erklärt. So fragte ich beispielsweise eines Tages, wieviel ihnen von meiner physischen Erscheinung sichtbar sei:

> *"Wir können dich in deiner physischen Form nicht sehen, wenn wir uns nicht selber in eine dichtere Vibration begeben. Doch das ist unnötig, denn wir sind nur an einer Verbindung von Bewußtsein zu Bewußtsein interessiert. Bewußtseinsverbindung kennt keine Grenzen. Auch beruht sie nicht auf dem physischen Bereich. Auf die gleiche Art werden wir miteinander in Verbindung stehen, wenn du zu uns zurückgekehrt sein wirst. Jetzt fühlen wir deine Nähe so, wie du die Unsrige fühlst. Liebe schwingt durch unser Energiefeld oder unseren spirituellen Körper und durchdringt ihn so, wie es auch bei dir der Fall ist, wenn du an uns denkst ... du kannst uns nicht sehen, aber du weißt, daß wir uns innerhalb deines magnetischen Feldes befinden.*
>
> *Trotzdem gib es jene Zeiten, an denen wir aufgrund einer Erdenmission in einer stärker materialisierten Art und Weise in die irdische Ebene eintreten müssen. Wenn es nötig wird, wird es getan. Bewerkstelligt wird es durch einen mentalen Gedankenmechanismus. Wir bekleiden uns mit einem irdischen Gewand, indem wir meditieren, so wie du dich von deiner physischen Gestalt durch Meditation befreist, um bei uns zu sein. Wir haben versucht, einen sehr komplexen Vorgang mit einfachen Worten zu erklären."*

Ich habe schon früher erwähnt, daß die Führer, die eine Seele umgeben, verschiedene Funktionen ausüben. So mag einer mit der Gesundheit befaßt sein, der sich um die körperliche Gestalt kümmert, ein anderer dient dem geistigen Wohlbefinden, den Bedürfnissen der Seele, während wieder ein anderer dem bloßen Schutz dient, und so weiter. Auch verändern sich die Stufen der Ausübung dieser Dienste fortwährend mit jeder Initiation in eine höhere Schwingung von Bewußtsein und Dienst, bis Wachstum, Reife und Beständigkeit erreicht sind. Aus ihrer Kleidung und Erscheinung kann man viel lernen. Zum Beispiel trug mein Meister und Lehrer von der Hierarchie eine Zeitlang eine Schriftrolle und ein Tintenfaß in Form eines Horns, bis er schließlich durch das Ashtar Kommando abgelöst wurde. Doch da ist ein geliebtes Mitglied meiner Gruppe von Meistern, von dem ich gern sprechen würde. Seine Aufgabe bestand darin, sich um meine geistigen Bedürfnisse zu kümmern, den Hunger meiner Seele zu stillen. Und mit wieviel Liebe und Hingebung hat er das getan! Er heißt Vater Apollo und war in eine handgearbeitete Mönchskutte gekleidet. Aber das am meisten hervorstechende Merkmal seiner Erscheinung waren die stets vorhandenen frischen Blutflecke vorne auf seinem Gewand. Sie befanden sich allezeit dort, sie veränderten sich nie, sie schienen nie zu trocknen, sie sind ein wesentlicher Bestandteil seiner Erscheinung.

Ich bat einmal eigens darum, mir dieses sonderbare Erscheinungsbild zu erklären, und er tat es auch.

> *"Ich trage diese Blutflecke zu Ehren meines Schützlings. Denn du bist dreimal den Märtyrertod fürJesus Christus gestorben. Ich trage dieses Blut eines heiligen Märtyrers des Kreuzes. Keine Seele wird darum gebeten, mehr als das zu opfern, und niemals wird dies von dir noch einmal verlangt werden. Dieses Leben soll ein normales Ende finden, und keiner wird es dir nehmen."*

Diese erstaunliche Enthüllung paßte in die Kenntnisse, die ich von meinen anderen Leben hatte. Es gab schon viel Verwunderung über die Bedeutung eines großen goldenen Kreuzes, das schon viele über meinem Kopf gesehen haben, zusammen mit einem gewaltigen roten Rubin auf dem Kreuzbalken. Vater Apollo fuhr fort:

> *"Der große rote Rubin auf dem goldenen Kreuz, das dich begleitet, ist das Zeichen des Märtyrers."*

So viele Große haben sich die Jahre hindurch meine Achtung, meinen Respekt und eine Erwähnung wegen all ihres wunderbaren Dienstes an meinem Leben und dessen Mission verdient. Oriel, ein engelhafter Repräsentant von Michael und Maitreya, der so viel Weisheit und Führung gewährte; der Apostel Petrus, der so getreulich immer und immer wieder kam, um mich durch die Technik ihrer Belehrungen hindurch zu geleiten; Herodot, Bruderseele, Kamerad und großer Meister während der Jahre seiner Belehrungen; Lord Ahmud, der mir den Weg wies; Emanuel, Erzengel der Sphäre Christi, dessen Licht mich zu Boden warf; der Geliebte Meister Jesus Sananda, dessen fortwährende Gegenwart und Ermutigung mein Wesen umgürtete; Lord Kuthumi für seine Geduld und seine unaussprechliche Freundlichkeit; der Große Monka und seine meisterliche Art, die tiefsten Wahrheiten darzulegen; wie herrlich war es, mit ihnen allen zu wandeln und zu reden. Wie ermutigend waren die kraftspendenden Worte von El Morya, die Freundlichkeit und das unübertreffliche Verständnis von Sanat Kumara um dann schließlich vereinigt zu werden mit den Herren und Herrinnen des Ashtar-Kommandos und ihren vielen Stimmen der Repräsentation von den entferntesten Enden vieler Universen, den Führern der Großen Föderation, den Dienern der Galaxis und all unseren geschätzten Freunden und allen, die wir lieben überall in der ganzen Schöpfung. Alle diese taten sich zusammen und vereinigten sich, um das einzelne Leben eines einzigen Freiwilligen der Erde zu berühren!

## Kriterien der Führung

Jan Richardson stand vierzehn Jahre lang in telepathischer Verbindung mit ihren Engeln. Sie teilte uns diese interessanten Worte von Zoltar vom Arkturus mit:

> *"Sind Engel Weltraum-Leute? Ja, aber wir haben keine Fügel. Was wir haben, ist fortschrittliche Technologie. Nicht alle Weltraum Brüder haben sich in die Welt der Engel hineinentwickelt, wie auch euer Erdenplan viele Bewußtseinsebenen besitzt. *) Doch alle Erdenmenschen haben eine Gruppe spiritueller Führer, die ihnen dabei helfen, sich selbst helfen zu können. Wir können es nicht für euch tun, denn Weisheit wird durch die alltägliche Erfahrung gewonnen. Wir stehen mit euch auf der seelischen Ebene in Verbindung, was ihr psychische Wahrnehmung nennt. Jedermann ist im Besitz dieser Art von Empfänglichkeit, doch sind manche Menschen empfänglicher als andere. Viele eurer irdischen Maschinen stellen eine Einschränkung der Bewußtseinskräfte dar. Computer, Radio, Fernsehen, Radar, Fugzeuge und vieles andere sind die Werkzeuge, die ihr eines Tages für die wirkliche Sache geistiger Kommunikation aufgeben werdet genauso, wie ihr euer negatives Denken, eure falschen Glaubensvorstellungen und eure fehlgeleiteten Bestrebungen, gegen reines Bewußsein eintauschen werdet. Wir bereiten viele Menschen als Kanäle für die Informationen vor, die wir euch zukommen*

*) Vergl. "ENGEL IN STERNSCHIFFEN" von Giorgio Dibitonto (Neuauflage Ventla, 1994)

*lassen wollen. Es wird zu vielen wissenschaftlichen Durchbrüchen kommen. Raumschiffe werden landen, um die Geheimnistuerei irdischer Mächte zu beenden, Panik wird bei den Massen herrschen. Doch mit unseren Freunden werden wir eine große herrliche Wiedervereinigung feiern."*

Ich füge auch die Worte des Erzengels Emanuel an:

*"Die Gesetze des Universums sind der inneren Seele aufgeprägt. Die irdische Isolation des physischen Wesens muß durchbrochen werden. Führung kann nicht gefunden werden in Dingen, die außerhalb liegen, um sich den Erfordernissen jeder individuellen Seele anzupassen, selbst wenn sie auch für einen anderen geeignet sein mögen. Denn alle sind einzigartig, und ihre Bedürfnisse unterscheiden sich, so wie auch die Führung zur rechten Zeit zu einem kommt. Persönliche Führung stößt nicht auf die Billigung der Massen, die ja nicht nach diesen Dingen sucht. Habe den Mut, der Seele zu lauschen, dann erst höre auf die Menge. Wenn Inspiration die Quelle ist, ist die innere Bereitschaft größer als jedes Argumentieren. Der Glaube ist größer als das, was sichbar ist. Einer, der seiner Führung folgt, verherrlicht Gott, denn er hat sich selbst der Aufforderung zur Wahl gestellt, nämlich indem er sucht und indem er gehorcht. Es findet eine spirituelle Umwandlung statt, die dem inneren Wesen Stärke und Ausdauer für künftige Erfahrungen verleiht."*

Bisweilen bringt eine Vision mehr Fragen als Antworten mit sich. Zu einem bestimmten Zeitpunkt meines Lebens sah ich mich wiederholt gemächlich eine recht gute Straße dahinfahren, die dann plötzlich scharf nach rechts abbog, was sehr aufregend war. Das einzige, was mir bei der Prüfung dieser Vision auffiel, war die unheimlich scharfe Kurve. Ich fragte meine Lehrer, ob diese Kurve irgendeine Bedeutung habe. Die Antwort könnte interessant sein:

*"Ja. Die Kurve ist das Anzeichen einer wichtigen, dir bevorstehenden Erden-Lebenswende. Es handelt sich um eine einschneidende Wendung in den Ereignissen, doch alles auf dieser Straße ist ein Teil deiner Reise."*

Ich drängte auf weitere Einzelheiten:

*"Die Kurve deutet eine Veränderung in deiner Tätigkeit an, eine Veränderung deines Einkommens, einen Wohnsitzwechsel, - alles gewaltige Veränderungen gegenüber deiner derzeitigen Situation. Spirituelle Erlebnisse laufen parallel mit physischen Erlebnissen und veränderten Umständen. Die Kurve bedeutet einen Richtungswechsel, jedoch auf der gleichen Straße, und ist von Zeit zu Zeit nötig, damit die Straße ihr Ziel erreicht. Hättest du so weitergemacht wie bisher, wärest du vollständig vom Ziel abgekommen. So muß das Leben den Kurven der Veränderung folgen, wie sie vor dir liegen, und du brauchst ihnen nur zu folgen."*

Es klang einfach und unkompliziert, doch in der gleichen Woche hatte mein lieber Mann die sich wiederholende Vision eines gefällten Baumes. Es war ein großer, ziemlich alter Baum, vielleicht eine Eiche. Und nicht der geringste Schimmer davon, was diese beiden Visionen bedeuten sollten, durchdrang mein Bewußtsein. Wie groß ist die Weisheit, daß " ... der liebende Gott einen Schleier über den Weg wirft." Denn diese geliebte Seele, mein wunderbarer Kamerad wurde nur wenige Tage später in einen furchtbaren Autounfall verwickelt, aus meiner physischen Wirklichkeit weggewischt, so schnell und schlagartig, wie man eine Türe zuknallt. Dieser geliebte Mensch, der ein Geschenk Gottes für mich war, der geliebte Vaterersatz für meine Kinder, der einst auch mit dem geliebten Meister auf den Wegen von Galiläa und den Straßen von Jerusalem dahingeschritten war, ein treuer Seelenkamerad durch viele Leben, er hinterließ mich mit einer Empfindung der Dankbarkeit, daß mir erlaubt war, eine Zeit meines Lebens mit ihm zu teilen, so daß mein eigenes Wesen durch seine Anwesenheit in dieser Wirklichkeit geehrt wurde. So endete ein weiteres Kapitel meines Lebens derart plötzlich, daß alle aus der ganzen Himmlischen Heerschar herbeiströmten, um mir zu helfen, bis ich von meinem Kummer wieder geheilt war. Ich befand mich noch auf dieser Straße und folgte der Kurve. Die Kurve führte mich hinaus und hinweg von den Zeiten der Zurückgezogenheit und Abgeschiedenheit und der fast klösterlichen Belehrungen durch die Hierarchie. Wieder einmal mußte ich mich auf das weite Gebiet des Dienstes an der Welt hinausbegeben.

## Die Gruppen-Dynamik

Monka spricht:

*"Der Freiwillige auf Erden trägt ein sehr starkes Band, das ihn mit den höheren Ebenen der Energieschichten anderer Dimensionen verbindet, was nicht mit anderen planetarischen Bewohnern verglichen werden kann. Der Freiwillige hat unglaublich starke Bindungen an die Hierarchie und zu der Gruppe oder Familie, von der er gekommen ist. Es wird eine mächtige Zugkraft hin zu den Wahrheiten geben, die in die Seele eingepflanzt wurden, und der erste Kontakt zu ihnen wird sich in augenblicklicher Erinnerung und aktiviertem Seelengedächtnis äußern. Es geht nicht um Glauben als solchen; er ist nicht erforderlich. Es kommt zu einer reinen Erinnerung, die sich zu unerschütterlichem Wissen entwickelt, so daß der Freiwillige weder Argumente noch Beweise braucht - er WEISS! Deshalb hat sich auch das Vorgehen gegenüber den Freiwilligen im letzten Jahrzehnt geändert, da die Zeit immer stärker drängt und die Tage immer knapper werden. Wir können es nicht mehr länger wagen, durch die allmähliche Entfaltung, wie du sie erlebtest, unsere Zeit zu vergeuden. Jetzt müssen drastische Maßnahmen ergriffen werden. Der Freiwillige wird Erfahrungen ausgesetzt werden, die wie ein Tornado über ihn kommen. Für sachte Offenbarungen ist keine Zeit mehr. Die Schleier werden in großer Eile weggezogen, aber doch in liebender Sorge. Der Freiwillige von heute ist eine neue Art von Abenteurer, der seine Bestimmung akzeptieren und das Leben in einer Welt des Kampfes um Hermagedon sehen muß, in das er einbezogen ist.*

*Deshalb wird die Führungsgruppe fast unmittelbar auf die volle Anzahl von zwölf Verantwortlichen erhöht. Jeder einzelne stellt eine wichtige Zelle der Gruppen-Dynamik dar, von der der Freiwillige hergekommen ist und auf die das Ziel eingestellt werden wird.*

*Es ist die Absicht der Hierarchie, daß die Veröffentlichung dieses Manuskripts hunderten von unerweckten Freiwilligen der Erde dabei helfen wird, zu ihrem Seelenzweck zu erwachen. DER UNSICHTBARE FADEN AUS STAHL, DER SIE MIT DEN PERSÖNLICHEN KRAFTPUNKTEN IHRER GRUPPE IN ANDEREN DIMENSIONEN VERBINDET, WIRD VOM AUFRUF IHRER SEELEN ZU TÖNEN*

*BEGINNEN. SIE SIND ZU EINEM BESTIMMTEN ZWECK AUFGESTELLT, AUF EIN PROGRAMM VORBEREITET, DAS NUR SIE ERFÜLLEN KÖNNEN, EGAL FÜR WELCHEN WEG DES LEBENS AUF DEM PLANETEN SIE SICH IMMER VERPFLICHTET HABEN MÖGEN."*

Der folgende längere Diskurs kommt von meiner Gruppe der Älteren:

*"Wir fragen uns, ob du in Betracht ziehst, daß unsere Pflichten sehr verschiedenartig sind, denn wir haben uns selbst mit anderen Seelen zu befassen und werden deshalb Instrumente zur Führung einer größeren Gruppe von Seelen. Wenn du dieses Konzept der Seelen-Gruppen in Betracht ziehst, wirst du verstehen, wie die Mission allmählich erfüllt wird. Wenn du bisweilen in dir Stagnation fühlst, dann wird anderswo im Körper dieses großen Seelenkomplexes viel erreicht. Du tönst als die Hauptnote dieser Seelengruppe, so daß andere zu dir hingezogen werden. Übersieh nicht, daß es sich um einen Seelenkomplex von annähernd 144 Seelen handelt, die als Basisgruppe auf der Erde fungieren. Sei dir bewußt, daß sich in deiner Realität zwölf andere Seelen befinden, die sind wie du, und in jeder Dimension sind es zwölf, die mit uns in Verbindung stehen.*

*Du hast eine Ergänzung von zwölf Seelen, die deine einzelne Seele kennen, und dies wird zu einer lebendigen Einheit. Du erhältst nicht nur Führung durch uns mittels unseres Blickpunktes deiner Erfahrungen, wir sind auch deiner Mission in einer breiteren Perspektive gewahr, als du es bist. Das ist auf bestimmte Beschränkungen zurückzuführen, denen du aufgrund deiner Umwelt und deiner sozialen Entwicklung innerhalb deiner Zivilisation zur Zeit unterliegst. Wenn sich die Verbindungen intensivieren, wird die Einheit, die aus jedem Individuum geformt wird, zu einem Kraftzentrum, das andere in Liebe und mit dem Wunsch, Teil des Ganzen zu werden, zu der Person hinzieht.*

*Die Gruppe deiner Führer stellen in Wirklichkeit die engsten und höchsten Freunde dar, die du durch dein Inkarnationsmuster entwickelt hast. Sie sind auf viele Lebensgebiete abgestimmt, in welchen du eine Lebensperiode zusammen mit ihnen Teil hattest. Wir, deine Freunde und Führer, drücken unsere Fähigkeit aus, uns mit dir von unseren verschiedenen Dimensionen aus in Verbindung zu setzen, dich mit dem, was du brauchst, zu inspirieren, so daß du vorwärts und aufwärts von einer Dimension in die andere gelangen kannst. Da man das Konzept der Ewigkeit und Unendlichkeit mit in Betracht ziehen muß, mußt du beachten, daß du ein Pulsieren bist, das nicht nur im Stoff dieser Zeit allein existiert, sondern auch in vielen, vielen Dimensionen. Es ist eine Illusion, wenn Seelen glauben, sie würden nur in diesem einzigen Raum-Zeit-Rahmen existieren."*

An diesem Punkt wünschte Ashtar, ein paar Gedanken über das Gruppenkonzept als Kraftzentrum anzufügen:

*"Der einzelne Freiwillige, der mit unserem Programm für die Erde kodiert worden ist, so wie es uns von der Hierarchie gegeben wurde, und der aus unserer Mitte weggeht, trägt ein bestimmtes Programm in sich, das die Verantwortungen seiner persönlichen Mission betrifft. Diejenigen, die von irgendeiner der Dimensionen aus an der direkten Unterstützung teilhaben sollen, wirken mit diesem Freiwilligen während mehrerer Lebenszyklen zusammen, während alle Einzelheiten des Gegenstandes besprochen werden. Alle diese Worte sind in den Gedächtnisspeicher des Freiwilligen eingegeben, wo sie langsam freigegeben und entziffert werden und wo ein Vorgang des Aufdeckens stattfindet. Ein instinktives gegenseitiges Erkennen tritt ein, wenn ein irdisches Zusammentreffen erfolgt, ein intuitiver Magnetismus geht vom einen zum anderen über, wenn verschiedene Umstände eintreten. Ein Einssein und eine Bewußtseinsverbundenheit reinster Liebe werden vorhanden sein, wenn sich Freiwillige des Ashtar-Kommandos gegenseitig finden. Es kommt zu einem Austausch seelischer Erinnerungen und seelischer Erlebnisse, die eine gegenseitige Hilfe auf dem Weg zu der zu erfüllenden Mission darstellen. Es gibt viele andere Teile himmlischer Gruppen, die kein Seelenteil des Kommando-Programms sind. Sie werden gleichermaßen zu anderen Kristallisationen hingezogen, denn sie stellen einen Brennpunkt eines wieder anderen Aspekts planetarer Erziehung dar. Auf diese Weise werden verschiedene Programme gleichzeitig vorangebracht, aber alle befinden sich in der Einheit der Erleuchtung für den Planeten."*

Sehr interessiert hat mich dieses Jahr eine Durchgabe von Hatton durch den Kanal Tuieta (Portals of Light, Ft. Wayne, IN.) über die verschiedenen kosmischen Häuser:

> *"Häuser, das ist ein kollektiver Ausdruck, der für Verstehen ange wandt wird. Es gibt eine spezielle Gruppe von Seelen, die unter der Führung eines besonderen Meisters für einen speziellen Zweck stehen. Die vom Hause Michael, des Erzengels Michael, der der Beschützer ist, bereiten den Weg vor. Wesenheiten, die unter dem Schutz Michaels stehen, werden die Vorhut sein. Sie werden die Wege bahnen, Hürden beseitigen und dann zur Arbeit innerhalb der größeren Einheit zurückkehren.*
>
> *Diese Individuen haben nicht nur ein Bewußtsein dafür, was sie getan haben, sondern sie haben auch ein Bewußtsein dafür, was von jeder Seele getan wurde, die vor ihnen da war. Auf diese Weise gelangt ein größeres Wissen in die größere Einheit.*
>
> *Jede Seele, die voranschreitet, kommt innerhalb einer besonderen Gruppierung vor, die man Familien, Häuser oder Einheiten nennen könnte. Sind sie innerhalb einer besonderen Gruppe verkörpert, bringen sie spezielle Eigenschaften mit, um der Menschheit zu helfen. Seelen bewegen sich von einem Haus zum anderen, um spezielle Operationen auszuführen. Eine Seele kann also ausgeliehen sein, oder sie kann in den Gruppenprozeß all derer mit einbezogen sein, die zu einem bestimmten Haus gehören, obwohl dies nicht ihr ursprüngliches Haus ist. Zur Zeit gibt es auf eurem Planeten dreizehn größere Häuser, Familien, Gruppierungen, die auf dem Planeten repräsentiert werden."*

Als ich mich mit der Nachforschung nach meinem Erbe wie auch nach dem einiger mir Nahestehender befaßt hatte, habe ich in der Tat entdeckt, daß eine bestimmte kosmische Familie eine hervorragende Rolle spielt. Dies ist ein faszinierendes Forschungsgebiet.

Eine interessante Belehrung erhielt ich, als meine beiden Töchter mit mir zusammen den Weg der Weisheit zu beschreiten begannen. Wir sollten uns die Wohltat der Zweifel, die uns befallen, erweisen, denn wir sind besser, als wir denken, fähiger, als wir es uns vorstellen, mit verborgenen Talenten, Fähigkeiten und Stärken, von denen wir nicht einmal träumen. Wir haben Zugang zu riesigen Lagerhallen von Erfahrungen, die für uns in anderen Realitäten bereit liegen und uns frei zur Verfügung stehen, damit wir daraus für die Entscheidungen unseres Lebens Nutzen ziehen.

In der Vergangenheit hat eine Wesenheit, die als Sutko bekannt ist, der Welt folgende Information gegeben:

> *"Zu allen Zeiten, wenn der Große kam, von dem ihr als einem Avatar sprecht, kamen auch viele geringere Lehrer, viele erleuchtete Seelen, die groß waren in ihrem Mitgefühl und ihrem Dienst. Ihre Aufgaben erschienen oft klein, doch sie bildeten eine Kette, ein Muster von Stärke, und jeder stützte den anderen, und wie gute Kameraden waren es Gruppen von Seelen, die miteinander gearbeitet und sich durch viele Leben hindurch gekannt hatten. Diese Seelen waren mehrmals auf der Erde in verschiedenen Gebieten inkarniert. Diese Seelen arbeiten für die Erhöhung des Planeten. Sie haben überall das gebildet, was man Lichtlinien und Lichtzentren nennt. Einige sind allein vorangeschritten, abgeschnitten von den anderen und haben allein in der materialistischen Welt gewirkt. Nun verbinden sich viele von denen, die allein gearbeitet hatten, mit anderen, damit das Gewebe des Lichts belebt wird."*

Während der Vorbereitung dieses Manuskripts war ein Viererkomitee um mich, das fortwährend meiner Arbeit beistand. Es waren Monka, Sarna, Hatton und Belshar. Und Ashtar kam dazu, wenn es sein Plan erlaubte. Am Tag, als diese Seiten vorbereitet wurden, steuerte Sarna die folgende Botschaft bei:

> *"Ich denke an eine große Schar von Kindern, die nun ungefähr im Pubertätsalter steht, die ebenfalls als künftige Instrumente des Lichts auf den Planeten gebracht wurde. Diese Seelen werden jetzt in ihrem Wachstum und Verständnis beschleunigt, denn ihr Werk unter ihresgleichen beginnt nun. Sie werden die vollständige Führungsgruppe kraftvoller inkarnierter Mitglieder ihres Gruppenbrennpunkts an sich ziehen.*
>
> *Wir möchten die Eltern dazu bewegen, ihre Jugend ziehen zu lassen, die es auf die Wege der Wahrheit drängt, und sie nicht daran zu hindern oder sie zu entmutigen, wenn sie an der Arbeit teilhaben*

*wollen, für die sie ihrem inneren Wesen nach bestimmt sind. Seid lieber dankbar und fühlt euch geehrt, daß diese Strahlenden euch als ihre Eltern erwählt haben, um auf das vorbereitet zu werden, was sich in ihrem Erdenleben ereignen muß. Eltern, achtet auf eure Kinder!"*

Die Föderation Intergalaktischer Welten ist eine gewaltige Organisation, die Welten repräsentiert, Universen jenseits jedes Begreifens. Trotzdem können sie mit uns in diesem örtlichen Sonnensystem in Verbindung treten und tun es auch, aber unter Einhaltung eines genauen Protokolls.

Auf eine meiner Fragen erklärte Ashtar:

*"Die Sprecher und Persönlichkeiten der Föderation sind dir nicht so nahe, wie wir von dieser Galaxis es sind, und sie können weder im Einzelnen noch in der Gesamtheit genau mit dir über Details deines besonderen Programms sprechen. Die Information kann nur allgemeiner Art sein. Da du eine spezielle Repräsentantin des Konzils dieser Galaxis bist, wollen sie nicht, daß sich die Wege kreuzen, sie wollen nicht auf jemanden störend einwirken, der zu unserem Schlüsselpersonal gehört, so wie es umgekehrt auch der Fall ist."*

Es gibt Zeiten, wo ein auf Erden eingesetzter Freiwilliger das Gefühl hat, nicht genügend Einzelheiten und Richtlinien vom Kommando zu erhalten. Dazu mag sich die nachfolgende Durchgabe von Ashtar als hilfreich erweisen:

*"Umfangreichere Anweisungen werden nicht sehr oft erteilt, denn dies ist unnötig, solange der Freiwillige mit dem fortfährt, was klar vor Augen liegt. Wir belasten unsere Führungskräfte normalerweise nicht mit Einzelheiten, es sei denn, ein Problem taucht auf. Wir überlassen die Ausführung einer Mission der Person, die wir dazu ausgesucht haben, und sehen nur darauf, daß für losen Beistand und die Erfüllung der Bedürfnisse gesorgt ist. Wir können sehr wenig tun, wenig vollbringen mit denen, die eine träge Wesensart besitzen oder die andauernd neue Motivation benötigen. Unsere Einheiten müssen von sich aus motiviert sein, ihre Kraft durch ihre eigenen Visionen und ihre eigene Begeisterung in sich finden. Wenn eine absolut klare Direktive gegeben wird, dann bemühe man sich inner-*

*halb dieses Lichtes bis zu der Zeit, wo eine andere größere Direktive gegeben wird. Je aktiver der Freiwillige auf Erden wird, desto weniger Kontakte wird er erhalten. Wenn einmal Reife und Mission sich die Waage halten, schreitet er einfach weiter fort im Wagen, Handeln und Geschehenlassen."*

## Das Erreichen des Gruppen-Bewußtseins

Bei unserer Betrachtung über Gruppendynamik, Häuser, Familien, Seelengruppen und ähnliches sollten wir auch an die verschiedenen Orden im Himmel denken. Die Meisterin Athene hat dazu sehr Interessantes zu sagen:

*"Die Orden sind Gruppen oder Kerne von verwandten Seelen, die einen besonderen Weg je nach ihrem Belieben oder ihrem Temperament zu finden scheinen. Keiner ist größer oder fortgeschrittener als der andere, aber alle stellen eine Methode oder einen Organismus für die Ausbreitung der einen Wahrheit dar, die in verschiedenen Reglementierungen dargeboten wird. Orden gründen sich auf eine große Seele, deren Arbeit, großer Intellekt und Dienst als Ergebnis eine Körperschaft zustande brachte, die durch wachsende Annäherung und einen Pfad des Gehorsams gekennzeichnet ist.*

*Es gibt in den höheren Welten viele Orden, die natürlich alle auf Erden ihr Gegenstück besitzen. Wie oben - so unten. Sie alle gehören zur GROSSEN WEISSEN BRUDERSCHAFT ODER SCHWESTERNSCHAFT, zu denen, die dienen. Es ist Tatsache, daß verschiedene Arten von Systemen zu den entsprechenden Menschentypen in Beziehung stehen, und deshalb ist es gut, daß es verschiedene Strahlen gibt, durch welche die Wahrheit fortschreiten kann. Jeder Orden ist ein Brennpunkt eines der sieben Strahlen der Projektion von Erleuchtung und Disziplin. Disziplin ist ein sehr wichtiger Bestandteil eines jeden Ordens, denn ohne Disziplin gibt es nichts als Chaos. Es gibt verschiedene Diziplinen, jede mit verschiedenen Schattierungen von Vorschriften und Neigungen. Die großen Mysterien sind in allen verborgen. Zu mehr als einem Orden zu gehören wäre Wiederholung und Überlappung von verschiedenen Disziplinen.*

*Die Orden strömen von einem Großen Meister aus, der der Chohan* *der sieben Strahlen ist. Diese sind die Kraft hinter den sieben Arten von Orden. Ein Orden trägt die Farbe des Strahls, auf dem er schwingt. *) So stammt der Strahl der Erleuchtung von Lord Kuthumi und dem Orden der Goldenen Robe. Hier findet man die großen Erleuchteten, die großen Denker und die intellektuelle Annäherung an die Wahrheit, wie sie als Körperschaft des Lernens dargeboten wird, wie Dwal Kjul, Buddha, Gandhi. Der Strahl der Weisheit und die Hierarchie der Gemini haben den Vorrang vor diesen Orden. Seelen des gelben Strahls der Erleuchtung, so wie du, Tuella, entsprechen diesem Strahl. Du findest zu diesem Orden die engste Verwandtschaft. (Ich wurde in den Orden der Goldenen Robe schon in vielen vorhergegangenen Leben initiiert.) Magische und ritualistische Orden gehören dem violetten Strahl an. Allgemein gesprochen gehört die Christenheit zum purpurfarbenen und zum blauen Strahl. Hoch liturgische Disziplinen weisen ägyptische Einflüsse auf und gehören zum grünen Strahl der Wissenschaften und des methodischen Rituals.*

*Es gibt metaphysische Disziplinen, die jeden Strahl repräsentieren, genau wie es innerhalb der Christenheit der Fall ist. Manche sind mental, manche physisch, manche emotional, manche rein geistig, manche gesetzestreu. Die Einsicht in die Muster wird den projizierten Strahl erkennen lassen, und es wird ersichtlich, ob ein Individuum zu der jeweiligen Disziplin paßt. Vor allem aber soll niemand versuchen, seine bevorzugte Disziplin oder seinen Projektionsstrahl anderen aufzuzwingen, denn dies schafft Disharmonie, Uneinigkeit und Spaltung. Laßt jede Seele instinktiv ihrem individuellen Seelenstrahl folgen."*

Danke, Herrin Athene, was für eine schöne Art zu sagen: "Lade nicht deine Angelegenheiten auf mich!"

Diejenigen, die wenigstens einen flüchtigen Blick auf den ganzen umfangreichen Plan werfen können, in dem das Individuum seine kleine Rolle zu spielen hat, können allmählich die innere Beziehung begreifen, die zwischen den Menschen besteht. Hier auf Erden scheinen wir von einander getrennte Wesenheiten zu sein, doch das ist eine Illusion, die nötig ist, damit jeder Einzelne

---

*) Entsprechungen zu den 7 Regenbogenfarben.

das Bewußtsein seines Selbst entfalten kann. Wirklich jedes einzelne menschliche Wesen ist Angehöriger einer Gruppe von Seelen. Jede Seelengruppe ist auf eine spezielle Note oder Wellenlänge abgestimmt. Diese Beziehungen auf seelischer Ebene äußern sich weitgehend in telepathischer Wechselwirkung und Interpretation.

Seelen sind nicht durch Materie oder andere Formen persönlicher Unterschiede, die für das Getrenntsein verantwortlich sind, behindert. Es mag schwierig sein, sich das klar zu machen, aber wenn wir es nicht versucht haben, können wir niemals ein tatsächliches Verständnis von der Gruppendynamik, deren Tätigkeit und Zweck gewinnen.

Um die Vollkommenheit und die Fähigkeiten zu erlangen, die das Individuum braucht, um seine Funktion innerhalb der ganzen Gruppe zu erfüllen, inkarniert sich jedes Mitglied jeder Gruppe aus freien Stücken wieder und wieder. Manche kommen dabei schneller, manche langsamer ans Ziel. Doch wenn nicht jedes Mitglied einen bestimmten Punkt der Entwicklung erreicht hat, kann die Gruppe die für sie vorgesehene Aufgabe nicht erfüllen. Es ist deshalb einleuchtend, daß jeder einzelne die Verpflichtung hat, sich rasch zu vervollkommnen, so daß er nicht dem Teil des Göttlichen Planes entgegensteht, innerhalb dessen die Gruppe ihre Aufgabe erfüllen soll.

*Die Vereinigung des niederen und des höheren Selbst resultiert aus dem Kontakt mit der Gruppe!* Bewußte Vereinigung mit Mitgliedern der Gruppe, sowohl im Körper wie außerhalb des Körpers, ist die nächste zu erreichende Aufgabe, da jeder die Kraft gewinnt, die Gruppennote auf der physischen Ebene klarer und deutlicher ertönen zu lassen. Andere aus der Gruppe, die gleichzeitig inkarniert sein können, werden zu dem einen hingezogen und bilden so einen Brennpunkt, durch den die auf den inneren Ebenen Befindlichen ihre vereinigten Energien in Richtung auf das erstrebte Ziel projizieren. So schreitet das Werk in stets wachsender Harmonie und Macht voran, bis die Zeit kommt, wo die Gruppe als ein integriertes Ganzes auf den inneren und äußeren Ebenen ganz nach ihrem Willen tätig sein kann. Wenn Seelengruppen einmal ihre Macht und ihr Zusammenwirken erkannt haben, können sie sich mit anderen Gruppen verschiedener Art auf vielen Ebenen vereinen. Auf diese Weise weiten Seelengruppen ihre Wege und ihre Kraft zu dienen mächtig aus und nehmen am Universellen Plan und Zweck teil.

Unsere Göttliche Führung versucht ständig, uns bei der Gewinnung unseres

Gruppenbewußtseins beizustehen. Mir liegt besonders diese Botschaft meiner Lehrer am Herzen, die natürlich auch für jeden paßt, der eine Mission zu erfüllen hat:

*"Es ist buchstäblich eine ganze Legion, die diesen Weg mit dir zusammen beschreitet. Du bist der Brennpunkt für alle Energien, die diese aufbringt. Aber alle aus der Gruppe sind ein Teil deiner Mission. Ich kann sie nicht aufzählen, denn der weitreichende Effekt schließt die individuellen Gruppen ein, die alle mit dir verbunden sind und die zu dir gebracht wurden. Somit bilden alle diese Gruppen eine großartige Legion des Lichts.*

*Deshalb sollst du dich niemals allein fühlen. Denn du kannst nicht allein sein, genau so wenig wie die, die mit dir sind. Denn eine große Gruppe von Führern und Helfern, von Lehrern und Wächtern ist stets um euch. Es gibt Zeiten im Leben eines Inkarnierten, wo er wirklich glaubt, er sei allein. Aber das ist nicht der Fall. Es ist niemals so. Es gibt keine Zeit, zu der ein Lichtträger allein steht. Das ist ein falscher Glaube, der zurückgewiesen und aus dem Denken entfernt werden soll. Man soll ihn von sich werfen und mit Füßen treten.*

*Es ist so, als stündest du mitten auf einer großen Bühne, von einer großen Menschenmenge umgeben, wie es beim Finale einer großen Oper der Fall ist, wo alle Stimmen sich mit der Stimme des Solisten vereinigen. So wie jeder, der in irgendeiner Szene erschienen ist, in irgendeinem Teil und in irgendeiner Beziehung, in irgendeiner Verbindung mit einem aus der gesamten Gruppe, so stehen alle jederzeit einmütig zusammen. Einige sind vor dem Vorhang sichtbar, andere sind hinter dem Vorhang nicht zu sehen, aber alle sind eins.*

*So ist jeder, der in deinem Leben irgendeine Rolle spielte, ein Teil einer Gruppe, die mit dir zusammenarbeitet, so wie du mit dieser Gruppe zusammenarbeitest. Die Gruppe wird zur Kraftquelle für jede ihrer Zellen. So ziehst du, Tuella, deine Kraft aus unserer Gruppe, denn es ist ihre Mission, dir beizustehen.*

*Solange du und andere sozusagen in dieselbe Richtung gehen, geht auch die große Schar der anderen mit.*

*Ein lebenswichtiger Teil dieser Großen Seelengruppen ist das Christus-Zentrum innerhalb jeder Zelle. Das ist das Licht, das ist die Kraft, das ist der Ruhm, was sie fortwährend vorantreibt, in Liebe und Einigkeit und in der Erfüllung des Göttlichen Plans für jeden einzelnen Teil. Alle diese Teile bilden das Ganze, und das Ganze ist Eins, so wie du und ich Eins sind. Jede Zelle bildet eine kleine Gruppe, jede Gruppe wiederum stellt die Zelle einer größeren Gruppe dar. An all das muß man denken. Alle sind nur ein Teil des VATERS."*

Im Verlauf meiner Unterhaltungen mit Monka war klar zu ersehen, daß dies die nächste große Wahrheit ist, die in den Reihen der irdischen Freiwilligen erkannt werden muß. Wir haben davon schon viele Anzeichen im Panorama der übermittelten Botschaften gesehen. Wir müssen uns zum Verständnis der Bewußtseins-Verletzung der Einzelmenschen aufraffen. Wir müssen erkennen, daß jedes Individuum einen Teil des kollektiven Bewußtseins darstellt. Es müssen von allen gewisse grundsätzliche Universelle Gesetze begriffen werden, damit man sich die interaktive Verbindung zu den Seelen aus anderen Dimensionen bewußt macht, denn ohne dies wäre ein solches Verstehen unmöglich. Wenn die Wege in ihrer Größe übereinstimmen, kann eine kombinierte Anstrengung verwirklicht werden, wobei eine Mission einen größeren Umfang annimmt und an Stärke gewinnt, um andere zu beeinflussen. Das wird es ermöglichen, eine neue Zivilisation zu begründen, die sich sonst nicht manifestieren könnte.

Der Universelle Lehrer Belshar beschließt unser Kapitel mit dieser Ergänzung:

*"Ich habe dein Material faszinierend gefunden. Das Thema der Gruppen ist sehr kompliziert. Wenn man sich das Bild eines Kieselsteins vorstellt, der in einen Teich geworfen wird, dann sieht man, wie von einem winzigen Mittelpunkt aus immer größere Kreise nach außen hin erzeugt werden. Der erweckte Freiwillige, der aufgerufen und beauftragt wurde, wird zu einem solchen Mittelpunkt im Universum, der unglaublich gewaltige Resonanzen von Ergebnissen in den Licht- und Frequenzveränderungen eines Planeten erzeugt und so einen mächtigen Einfluß ausübt.*

*Durch jede Wellen-Kräuselung bewirkt die Berührung dieser einen einzigen Seele auf einem Planeten eine universelle Veränderung, da durch jede Wellenbewegung weitere Hunderte dieser Gruppen-Dynamik betroffen sind und mit einbezogen werden. Diese eine mächtige Freilassung von Energien für die Aufgabe wird nicht nur gewaltige Ereignisse hervorbringen, sondern die Aktion ist hundertfältig zusammengesetzt, und durch dieses eine erste Erwachen kommen viele weitere Kontakte zustande. Betrachte also die unaussprechlichen und weitreichenden Folgen der Hingabe dieser einen Seele, diesen einen kleinen Kieselstein, der in den Ozean der menschlichen Bedürfnisse geworfen wird, und seine weitreichenden Konsequenzen.*

*Füge zu dieser Gedankenform die Aktivierung jeder anderen Zelle der überall vorhandenen Gruppendynamik der weiten Gesellschaft hinzu, die zusammen mit dieser einen vibrieren, und betrachte, was die Anwesenheit der Kieselsteine auf den ruhigen Wassern der Apathie und der Unwissenheit bewirkt. Ein solches Verstehen wühlt das Bewußtsein auf. Tut es das nicht, so denke daran, was getan und erreicht werden könnte, wenn alle 144.000 Freiwillige aktiv in ihrer Mission tätig wären, zusammen mit all den Tausenden jenseits des Schleiers, die mit der Erfüllung ihres Auftrags befaßt sind. Das ist der Plan, das ist das Ziel - denk an diese Dinge!"*

Ich habe es euch unterbreitet, meine Freunde, und ich vertraue darauf, daß ihr mir beistimmt, daß die höchste Führerschaft innerhalb der Verkörperung die Gabe der Göttlichen Führung ist.

*"Darum auch wir, weil wir eine solche Wolke von Zeugen um uns haben, lasset uns ablegen alles, was uns beschwert und lasset uns laufen mit Geduld in dem Rennen, das uns verordnet ist, ... denn ihr seid gekommen unter eine unzählige Gesellschaft von Engeln." (Hebr. 12, 1/22)*

# DES LEBENS HÖCHSTE VERPFLICHTUNG

*Das Göttliche Programm*

# Kapitel III

## Das Konzil des kosmischen Verursachens

In der gesamten Schöpfung herrscht göttliche Ordnung. An dem massiven Wirbel-Portal, das wir die Große Zentral-Sonne nennen, befindet sich der in der Offenbarung beschriebene Thron. Er ist der Sitz der Göttlichen Herrschaft, umgeben von denen, die wir die Himmlischen nennen. Aus dem Zentrum von Allem, was existiert, in dem der Unaussprechliche residiert, der sich jenseits aller Dimensionalität befindet, kümmert sich dieses massive Goldene Portal um die zusammengefaßten Regionen des Omniversums, unser eigenes Universum eingeschlossen.

So wie sich ein Lichtstrahl, der durch ein Prisma hindurchgeht, in zwölf verschiedene Strahlen aufteilt, so bilden Lord Michael, die Thron-Wesen und die vierundzwanzig Ältesten, die diesen Bereich des Thrones umgeben, ein Prisma für diesen unergründlichen Energiewirbel, um ihn auf die zwölf Regionen des Kosmos zu verteilen. Lord Michael ist ein Beispiel für jene, die mit schöpferischen Kräften begabt wurden, um unsterbliche Wesen zu schaffen, die die Fähigkeit haben sollten, den Allmächtigen zu begreifen. Von der höchsten Ebene aus übersieht man alle Unterteilungen. Von hier aus erfolgen die Unterteilungen in verschiedene Systeme. Auf der Grundlage des Tierkreises breiten sich verschiedene Zwölfer-Systeme aus, die Einflüsse und Nachdruck repräsentieren.*) Dazu hat Monka erklärt:

> *"Die heutige Astrologie ist alles, was von einer himmlischen Regierung zurückgelassen wurde, um Ordnung in das Chaos des Universums zu bringen. Die Astrologie stellte einst ein System von Lichtsymbolen dar, ähnlich einem großen Diamanten. Diese wurden zu zwölf Strahlen, zu zwölf Häusern unseres Herrn. Doch als die Astrologie verwässert wurde, blieb nur ein Bruchstück, ein kleines Fragment des Wissens übrig."*

In der Symbolik unserer Welt blieben die zwölf Blütenblätter der Lotosblume, Stonehenge, die zwölf strahlenden Arme des Osiris übrig - alles Symbole der von Gott gegebenen Aufladung dieses Systems.

---

*) Der Überwachungssektor des Ashtar-Kommandos entspricht dem 8. Sektor/Haus im Horoskop./D.H.

Es existieren jenseits der sogenannten zwölften Ebene, jenseits des Begriffs der kosmischen Dimensionen, Wesen aus reiner Energie, die zum Teil manifest, unsterblich in der Seelenessenz wohnen und bisweilen die Wächter, die Elohim, die Engel oder die Alten genannt werden. Von diesem Himmlischen Ort überblicken sie das Funktionieren unserer pyhsischen Welten, veranlassen Änderungen, die sich in Übereinstimmung mit dem Göttlichen Plan befinden. Diese Himmlische Gruppe schließt die vierundzwanzig Älteren "rings um den Thron, gekleidet in weiße Strahlung und mit goldgekrönten Häuptern" ein.

(Eine interessante Nebenbemerkung wurde mir, die ganze Himmlische Thron-Gruppe betreffend, gegeben. Mir wurde gesagt, daß alle - nur einige wenige ausgenommen - vom Beginn des Göttlichen Erweckungsprogramms bis zum Ende der gegenwärtigen Periode der Trübsal zumindest einmal auf Erden als Märtyrer starben.)

Es sind in Wirklichkeit zwölf Paare von Wesen, also nicht zwölf von jeder Polarität, sondern vierundzwanzig androgyne Wesen, von denen jedes in sich selbst den Ausdruck des Ausgleichs für beide Pole enthält. Diese "Älteren" sind kanalisierende Wesen, die die Kraft, die nach außen strahlt und Universen schafft und erhält, lenken und leiten. Sie sind die ersten Empfänger des göttlichen Willens, die vom Gotteszentrum ausgehen, Allgegenwärtig, Unendlich, so als wären sie alle ein einziges Bewußtsein.

Sie sind perfekt befähigt, durch Telepathie oder jedwede andere Methode, ihre Gedanken in das Bewußtsein der von ihnen erwählten Wesen zu übertragen. Es stellen diejenigen die Himmlische Gruppe dar, die das Universum, die Galaxien, ihre Systeme, ihre Bewohner ins Dasein gebracht haben. Sie sind Intrumente des Ausdrucks geistiger Gesetze und sind menschlichen Wünschen oder der Notwendigkeit des freien Willens nicht unterworfen.

Visualisiere nun diese Große Zentral-Sonne, umgeben von diesen Vierundzwanzig, die diesen leuchtenden Schutzring bilden, so wie die Strahlung unserer physischen Sonne das hinter ihr liegende Portal verbirgt. Es gibt zwölf Teilregionen, die sich rings um diesen Kreis der zwölf Regenten und ihrer Partner befinden und als zwölf Speichen strahlen. Diese zwölf nach außen gerichteten Strahlen bilden die kosmische Sphäre, diese zwölf Ausstrahlungen des Unendlichen, die sich in diesen Strahlen kollektiven Bewußtseins als Bruderschaften und Schwesternschaften des Lichts auswirken. Dies ist das Große Goldene Licht, das vom Thronsitz her durch seine Kanäle niederstrahlt.

Das ist das Konzil des Kosmischen Verursachens.

Das kosmische Herrschaftsschema ist keine Herrschaft von Menschen, sondern eine Herrschaft von Kräften und eine Anwendung der zwölf Gesetze der Schöpfung. Monka fährt fort:

> *"Wir versuchen fortwährend, mit den Gesetzen dieser Alten zusammenzuarbeiten, dieser Älteren, des Elohim, denn diese sind die einen, die den unaussprechlichen Namen in die zwölf Saat-Symbole einhauchten, die, wenn sie als großes geometrisches Muster gesehen werden, als Kristall mit vielen Facetten begriffen werden können. Die vierundzwanzig Älteren, die den Thronsessel umgeben, wurden von den Menschen bisweilen Engel genannt, ein Wort, das einfach 'Bote' bedeutet. Doch diese sind viel mehr als das."*

## Die interdimensionale Föderation freier Welten

So sehen wir, wie die zwölf Strahlen sich entfaltenden Lichts von diesen zwölf Paaren von Souveränen ausstrahlen und hinüberstrahlen auf die zwölf Regionen des Kosmos auf diesen Punkt der zwölften Dimension. Diese bilden die höchsten Wesen der Repräsentation der Universellen Regierung und sind zusammengefaßt das, was die Interdimensionale Universelle Föderation genannt wird.

Jede der zwölf Regionen der Föderation wird individuell durch ein Kommando regiert, dem ein höchster Befehlshaber bevorsteht, dessen Verantwortlichkeit ganze Universen umfaßt mit allen ihren Galaxien, Sonnensystemen und Planeten in jeder Region. In direkter Jurisdiktion über diese zwölf Kommandos und ihre Regionen befinden sich vier Souveräne, die in der Offenbarung 4, 6 - 7 als vier lebende Wesen symbolisiert werden, dargestellt durch einen Löwen, einen Adler, eine Sonne und einen König. Diese vier, von den Bibelgelehrten oft als die "vier Stammes-Könige" bezeichnet, halten Gerichtsbarkeit über je drei der zwölf Regionen. So ergibt es das, was bisweilen mit zwölf Spirituellen Nationen, zwölf Häusern oder zwölf Toren bezeichnet wird, drei nach Osten, drei nach Westen, drei nach Norden, drei nach Süden, in die zwölf himmlischen Regionen führend.

So wird jede Trinität der Kommandos zu vier kombinierten Kräften zusammengefaßt, die bekannt sind als die Löwen-Kraft, die Adler-Kraft, die Sonnen-Kraft und die Königs-Kraft, die eine vereinigte Kraft zum Segen aller bilden. Millionen von Menschen und Raumfahrzeugen von unglaublich weit entfernten Räumen bilden die Vereinigte Kosmische Kraft.

Aber über und hinter den vier Souveränen mit ihren zwölf Höchsten Kommandeuren haben wir die Älteren der Himmlischen Gruppe, die an den Pforten stehen, die in unsere Bereiche des Kosmos führen. Lord Jesus Sananda und Seine Königliche Gemahlin stehen am Tor unserer Region des Kosmos als unser Wirbel der Energie von Lord Michael durch das Portal der Großen Zentral-Sonne der Unmanifesten Strahlung der Energien des Schöpfers. Ashtar bezeichnet Lord Jesus Sananda als unseren ÄLTEREN BRUDER von der himmlischen Gruppe der Älteren, der über und jenseits unseres Dimensionsbegriffs steht. Andere höhere (sogenannte) Weltraumwesen bezeichnen Lord Jesus Sananda als einen Himmlischen, der nicht von einem bestimmten Ort oder Planeten herstammt.

Es bewegt mich, wenn ich mich an Seine Worte erinnere:

> *"Ich bin das Tor, niemand kommt zum Vater als durch Mich." Denn Er ist der Türwächter für diese Kosmische Region in die Himmlischen Reiche. Kein Wunder, daß er sagt: "Wenn ich erhöht sein werde, werde ich alle Menschen an Mich ziehen."*

## Die galaktische Konföderation

Der Regierungssitz für unsere örtliche Wega-Galaxis befindet sich im System des Sternhaufens der Plejaden. Diese waren ihre ersten Kolonisatoren und die Voreltern unseres Sonnensystems, zu dem die Erde gehört. Der Rat der Galaktischen Konföderation auf den Plejaden repräsentiert dreieinhalb Millionen Raumfahrzeuge, wobei ungefähr ein Drittel davon unter der Kontrolle Ashtars fortwährend bereitsteht, des höchsten Befehlshabers unseres kosmischen Bereichs, und vom Ashtar-Kommando befehligt wird.

## Das Sonnensystem

Der Regierungssitz unseres örtlichen Sonnensystems befindet sich auf dem Planeten Saturn, dem das Saturnische Konzil vorsteht. Lord Monka repräsentiert nicht nur unser Sonnensystem bei der höheren Galaktischen Konföderation, sondern er agiert auch als Vertreter des Planeten Erde beim Saturnischen Konzil, da wir selbst in unserer spirituellen Entwicklung noch zu weit zurückliegen, um einen eigenen Repräsentanten stellen zu können.

Ich wollte gerne wissen, warum das Konzil diese Art von Information zu dieser Zeit freigab, und Ashtar antwortete:

> *"Wenn das Volk diesen Dingen gegenübergestellt wird, wird es auf den Schock vorbereitet sein, aus dem Universum zu kommen. Diese Spezies scheint der Meinung zu sein, sich auf diesem Globus entwickelt zu haben. In Wirklichkeit kommt ihr aus vielen Gegenden der Himmel. Eure Staatsangehörigkeit liegt irgendwo im Kosmos. Wenn ihr bei Nacht ausgeht und zum Himmel schaut, könnt ihr euren Finger ausstrecken und sagen: 'Dort bin ich gewesen!' Dann könnt ihr auf einen anderen Fleck am Himmel zeigen und das gleiche sagen, - und es wäre vollkommen richtig. Euer Bewußtsein ist nicht darauf eingerichtet, sich an all diese Dinge zu erinnern, aber sie treffen zu. Alles, was wir zu eurer Erleuchtung tun können, ist, euer Bewußtsein anzustoßen, und schließlich ist es euer freier Wille, ob ihr es annehmen oder ablehnen wollt."*

So, mein Freund, wenn die Berichte aussagen, daß du dich vor 25.000 Jahren 500 Jahre lang auf dem Planeten Korendor aufgehalten hast, dann laß dich dadurch ruhig in Schwung bringen. Manche von uns sind weit, weit, weit herumgekommen, und das für lange Zeit. Wir wurden geboren, wieder und wieder geboren, immer versuchend, helfen zu können!

> *(Alle Tatsachen und Informationen, die auf diesen Seiten gegeben werden, stammen von Ashtar und Monka gemeinsam.)*

Spiralförmig sind wir nun in unserem Kapitel langsam bis auf die Ebene heruntergekommen, auf der wir jetzt leben, auf unseren kleinen Planeten, auf den jetzt die Augen der ganzen Region, und vielleicht sogar auch einige Augen aus den elf anderen Bereichen des Kosmos mit so großem Interesse herniederblicken.

Diejenigen unter uns, die ein wissendes Herz besitzen, die sich der Weite des riesigen Bildes der Struktur der Universellen Welten bewußt sind, mit der angeborenen Fähigkeit begabt, deren Wahrheiten zu erfassen, lächeln milde über jene, die sich selbst erschöpfen in ihrem Bemühen, einen physischen Beweis für dies alles zu finden.

## UFO-Forschung

Wenn ich von sogenannten UFO-Forschern spreche, benutze ich dieses Wort im weitesten Sinn, denn eine solche Aktivität ist weder Wissenschaft noch Forschung, und sie wird allgemein finanziert für allgemeine Propaganda oder für ein selbstgeschaffenes Versteckspiel. Denn wenn du etwas untersuchst, dann muß es doch etwas sein, was du noch nicht kennst. Es wäre etwa vergleichbar damit, daß man den menschlichen Atem auffängt, ihn mißt, um zu beweisen, daß er existiert, ihn dann in Flaschen abfüllt, um ihn anschließend an Leute zu verkaufen, die nicht mehr atmen können. Nun, die brauchen ihn ohnehin nicht mehr. So untersuchst du also etwas, was du entweder nicht kennst oder zu glauben dich weigerst. Wenn ich etwas nicht weiß, dann sind die Untersuchungsmöglichkeiten endlos. Sie brauchen niemals aufzuhören. Denn wenn ich etwas Sachdienliches, Tatsächliches finde, kann ich es beiseite werfen oder in einem Loch vergraben. Warum? Weil ein nicht angenommener Beweis, der das Bewußtsein beunruhigt, es nötig macht, ihn wegzurationalisieren oder eine neue Forschungsgesellschaft zu gründen.

Die große Masse der Ungläubigen muß irgendjemandem folgen, und deshalb folgen sie den Forschern auf ihrem wolkenverhangenen Pfad. Sie verschlingen ganze Wagenladungen von Büchern und immer neuen Büchern voller Fakten, Photos und Ereignissen und werden Experten, ja wandelnde Lexica auf dem Gebiet, um doch bei ihrem bequemen Unglauben zu bleiben, weil sie nämlich mit dem Intellekt suchen und weil sie außerhalb ihres eigenen Selbst suchen.

Der größte Astronom und kosmische Wissenschaftler unserer Tage, dessen Name ein geläufiger Begriff ist, besteht darauf, daß es in anderen Welten kein Leben geben kann, doch wieviele von euch wissen, daß ihr von einer anderen Welt seid? Die Wissenschaft war nicht in der Lage, das Vorhandensein Gottes zu beweisen... aber wieviele von euch haben das ICH BIN GEGENWART DES GOTTES IM EIGENEN INNERN persönlich erfahren? Wartet ihr auf die Forscher, die es euch bestätigen sollen? Wieviele von euch besuchen andere Planeten, andere Welten, Mutterschiffe und unterhalten sich mit Höheren Wesen, während ihr Körper im Schlaf liegt? Der Wissenschaftler kann wissenschaftlich die Wärme der Matratze messen, die eure Körperwärme angenommen hat - das stimmt! Sie können messen, wie lange es dauert, bis das Kissen sich wieder aufrichtet, bis die Falten sich wieder glätten. Sie mögen logisch beweisen, und das ohne jeden Schatten eines Zweifels, daß das nicht geschehen kann, aber, ihr Lieben, ihr und ich tun das die ganze Zeit. Das stimmt! Wir lassen es ganz einfach geschehen.

Denn der einzige Weg, eine geistige Wahrheit zu erkennen, ist, sie zu erfahren und sie zu einem Teil unseres eigenen Wesens zu machen. Du verleibst sie deinem Körper der Wahrheit ein... nicht durch Seminare, nicht durch Lehrgänge, nicht durch Graben, nicht durch Forschungsergebnisse, sondern du wirst wissen, daß du *weißt*, (daß *du* weißt), WENN ES DIR GESCHIEHT! Durch die Stimme der Stille - in der Ruhe deines innersten Wesens - in der geheimnisvollen Abgeschiedenheit des Großen Lichtes - da wirst du wissen!

Es heißt, daß es nur einer weißen Krähe bedarf, um zu beweisen, daß nicht alle Krähen schwarz sind. Das Forschungsprojekt *Carl Sagans* gibt Millionen und Millionen unserer Steuergelder aus, um mit seinem riesigen elektronischen Ohr ein Wort, einen Piepser, ein Grunzen aus dem Weltraum aufzufangen! Doch, mein Freund, wie du nun mit diesem Buch in der Hand ruhig hier sitzt, wo dich niemand sieht als das ganze Universum (!), wenn ich dich privat fragte, ob du jemals das unausgesprochene Wort eines Wesens aus anderen Dimensionen oder aus dem Weltraum oder einer Fliegenden Untertasse oder aus einem weit entfernten Raumschiff in unserem Sonnensystem oder aus dieser Galaxis oder aus anderen Galaxien des ganzen weiten Universums empfangen hast, würdest du ehrlich antworten?

Oder vielleicht ist gerade jetzt deine zitternde Seele durch das Gewahrwerden kosmischer Enthüllungen erregt. Vielleicht stehst du gerade jetzt an der Schwelle zu erkennen, wer du selber bist, warum du hier bist und was deine Mission auf diesem Planeten sein könnte. Dann kannst du wieder deine Hand ausstrekken und deine Worte denken oder aussprechen: "Nein, ich habe das noch niemals erlebt, aber durch die Gnade Gottes und mit der Hilfe der Gruppe meiner Wächter werde ich meinem Herzen folgen, bis es mir geschieht!" So ist es richtig!

## Die Erziehung zum Warten

Der Himmel gibt Anstöße und treibt an, und der erweckte Freiwillige rennt und rennt, um darauf einzugehen und sich auf seine Mitarbeit vorzubereiten... und dann muß er stehen und warten. Wie in den Tagen der alten Armee: Man beeilt sich, und dann muß man warten. Was geht hier vor, sagst du? Was ist los? Warum ziehen mich nicht alle in ihre Gruppe hinein, um mich sprechen zu lassen? Warum drücken sie mir nicht ihre Adreßlisten in die Hand? Warum rollt das Geld nicht herein, damit ich die große Mission finanzieren kann, die ich der Welt schulde? Warum öffnen sich die Türen nicht, an die ich heftig genug klopfe? Oder vielleicht hat jemand klare und deutliche Fakten und Material betreffs der Evakuierung erhalten, kennt sich in der Philosophie inzwischen gut aus, hat Detailkenntnisse, ist sich der Größe der Sache bewußt, und nun fragt er sich: Warum ist es nicht schon gestern passiert? Oder wie wäre es am Sonntag? Oder vielleicht nächsten Dienstag vormittag um neun Uhr? Sie klopfen mit geballter Faust an die Pforten des Himmels und fordern Daten, Zeitpunkte, Einzelheiten, Resultate.

Man könnte eine hübsche Rosenknospe brechen und voller Ungeduld sehen wollen, wie sie sich in voller Blüte entfaltet. Die Knospe könnte einen Schimmer ihrer kommenden Schönheit ahnen lassen, aber man hätte das zerstört, was es geworden wäre, hätten die sanften Regentropfen und die warmen Strahlen der Sonne Gottes nicht die Knospe an ihrem Platz zur Entfaltung gebracht, zur rechten Zeit, in ihrer vollkommenen Farbe. Denn es gibt eine Zeit, eine Jahreszeit, für jedes Ding unter der Sonne, soll nicht das Göttliche Programm sabotiert werden. Deshalb warten wir, bis für uns die Trompete erschallt.

Jene, die uns führen, begehen keine Irrtümer, auch sind sie nie zu spät, denn alles ist gegeben, zur gottgegebenen Zeit. Du magst dich dazu bereit fühlen, das zu geben, was du zu geben hast, ... aber vielleicht sind die Herzen, die empfangen sollen, noch nicht bereit. Bedenke, daß die herrlichsten Früchte Gottes im Schatten reifen. Die Gnadengabe, "zu tun", was wir tun müssen, fließt leicht. Die Gnadengabe, "nicht zu tun", ist schwerer zu bekommen, aber sie schafft Meister.

Hatton sagt:

> *"Es ist eine wichtige Aufgabe, unsere Schlüsselpersonen ständig auf Kurs zu halten. Die unkartographierten Meereswege des neuen Pro-*

*gramms erfordern, daß sie ausgewogen und ruhig in ihrer Standfestigkeit sein müssen. Sie sind unser Fundament und unsere Operationsbasis. Alles geschieht zu rechten Zeit. In unserer höheren Autoritätsposition können wir keine Zeitpläne aufstellen, obwohl wir unsere Angelegenheiten und Missionen regelgerecht und zuverlässig durchführen.*

*Auch wir sind mit einer Angelegenheit betraut, bei der es kein Zurück gibt. Wir, die wir einsatzbereit dastehen, haben auch zu warten, wissend, daß in allen Dingen Göttliche Ordnung herrscht."*

## Eine Prophetin und ihr Gefolge

Zur rechten Zeit werden die Enthüllungen und Direktiven, die im Innern des Freiwilligen auf der Erde aufbrechen, von seinem Gefolge anerkannt und geschätzt.

Die Veröffentlichung von Kuthumis "Goldenem Buch", WELTBOTSCHAFTEN FÜR DAS KOMMENDE JAHRZEHNT, bereitete die Wege für die Durchführung von Seminaren in Arizona. Die Herausgabe von PROJEKT WELTEVAKUIERUNG im Jahre 1982 führte zu meiner Teilnahme am Programm der 21. Space Age Convention in Reno, zusammen mit zehn männlichen Autoritäten auf dem Gebiet des New Age.

Als ich das Podium verließ, kam Reverend Wayne S. Aho, der Präsident der New Age Foundation, zu mir und bat mich zu bleiben. Er wandte sich an die Zuhörer, um ein neuerdings organisiertes "Peer-Awards-Recognition-Programm" zu erklären, das die Gesellschaft gestartet hatte.

Wayne Aho war während des zweiten Weltkriegs Geheimdienst-Offizier in der Armee, ein hochgeistiger und brillanter Mann.*) Sein Engagement für unsere Zivilisation und das Göttliche Programm für den Planeten kam in folgenden Worten zum Ausdruck:

*) Uns seit den 50er Jahren bekannt und verbunden.

*"In der Mission vieler New-Age-Persönlichkeiten wachsenden Erd-Bewußtseins, zu einer Zeit, wo die Welt sich anzuschicken scheint, mit immer größeren Kriegsplänen und mächtigeren Waffensystemen sich selbst zu zerstören, wurde ein Einschnitt sichtbar, der zahlreichen Menschen bekannt ist. Es kam Hilfe von jenen ... nicht von der Erde, sondern aus verschiedenen Gegenden des Weltraums. Hinzu kommen noch jene, die in anderen Bereichen oder Dimensionen zu Hause sind. Ein gewaltiger Übergang bahnte sich an, besonders in den letzten 35 Jahren, als gegen Ende des zweiten Weltkriegs von den Vereinigten Staaten die ersten Atombomben auf Hiroshima und Nagasaki in Japan abgeworfen wurden.*

*Trotz offizieller Unterdrückung und Täuschung, trotz falscher Informationen durch Stellen, die mit öffentlichen Interessen befaßt sind, und trotz einer oft feindlichen Presse sind jene auf der Erde, die eifrig und gut gedient haben. Dieser Dienst, diese Hingabe des eigenen Ich, der eigenen Zeit hat trotz oftmaliger Lebensgefahr angedauert. Voller Dank können wir sagen, daß sich die Welt ändert, wenn auch nicht so rasch, wie man wohl gehofft hätte. Die Gefahr eines nuklearen Konflikts oder einer gewaltigen Naturkatastrophe erhebt ihr Haupt jeden Tag aufs neue, trotz der Warnungen, die schon vor Jahren Orfeo Angelucci in seinem Buch 'Das Geheimnis der Untertassen' ausgesprochen hat.* *)

*Die New Age Foundation Inc. wurde ermutigt, bestimmte Anerkennungspreise denen zu verleihen, die so vielen diesen treuen Dienst geleistet haben. Darunter befinden sich auch Unbekannte, da ihre Opfer und ihre Dienste der Welt nicht bekannt sind. Auf Erden neigt man dazu, Statuen und Denkmäler zu errichten, lange nachdem sich die Würdigkeit des zu Ehrenden herausgestellt hat und der Empfänger dieser Ehrungen längst aus dieser Dimension geschieden ist. Davon gibt es zahllose Beispiele, auch in unserer Generation. Nennen können wir hier Nikola Tesla, der das elektrische Zeitalter eingeleitet hat, Dr. Karl Reich, Rudolf Steiner, Jakob Lorber und viele andere. Da wir mehr als eine Wissenschaft in den Erfahrungen des Lebens anerkennen, ist es wichtig, auch Geist und Seele Beachtung zu schenken, nicht nur den materiellen Wissenschaften. Was sich in*

---

*) Seit 1960 uns persönlich bekannt. Sein wunderbares Buch beim VENTLA-Verlag erhältlich.

*den Geisteswissenschaften abspielt, manifestiert sich bis lange Zeit danach nicht auf der physischen Ebene. Ein Beispiel sind die Weltraumabenteuer in den Comics-Heften, die so viele von uns in ihrer Jugend begeistert haben. Über die Heldentaten von Flash Gordon und Buck Rogers kann jetzt nicht gesprochen werden. Es wurde 'STRENG GEHEIM' in der jetzigen und zukünftigen Waffentechnik. In dieser kritischen Zeit ist es ratsam, jenen Preise zu verleihen, die sich um Sicherheit, Hoffnung, Liebe und Überleben der menschlichen Rasse verdient gemacht haben, wo doch so viele andere Menschen mit destruktiven Kriegsplänen befaßt sind.*

*Unsere Hoffnung ist es, daß dieses sich jetzt anbahnende große Erwachen unsere Zivilisation in Richtung auf konstruktive Wissenschaften lenken wird. Was soll es, sich um das Leben kleiner Kinder zu bemühen, Krankheiten und Seuchen zu bekämpfen, während der Kurs der großen Nationen dahin geht, Millionen durch Massenvernichtung auszulöschen.*

*Diese Preise wurden von jenen angeregt, die 'dem Höchsten' dienen, die über uns wachen und die den Erdenmenschen auf allen erdenklichen Wegen Hilfe leisten ..."*

Hierauf übergab er mir zu meiner völligen Überraschung freundlicherweise das auf Seite 84 abgebildete Zertifikat.

Es ist tröstlich, wenn du dein Werk und deine Mission kennst, aber unaussprechliche Freude bedeutet es, wenn das, was du tust, von deiner Umwelt anerkannt und gewürdigt wird. Das Motto der New Age Foundation hat sich hier bewahrheitet: "Das, was das Denken einer Generation herausfordert, bildet die Grundlage für die kommende Generation."

Reverend Aho hat einen Tatsachenbericht mit UFO-Informationen zusammengestellt, die auf seinen gut dreißig Jahren Studium und auf weltweiten Fakten auf diesem Gebiet basieren, beginnend mit Nagasaki und Hiroshima, also dem zweiten Weltkrieg. Im Interesse des Göttlichen Programms und der Erhaltung seiner Arbeit zitieren wir diesen Bericht wörtlich:

*"Obwohl über Sichtungen schon in den ältesten Sprachen auf Erden berichtet wurde wie zum Beispiel in Sanskrit und in den Überlieferungen der großen Religionen, wird sich dieser Bericht ausschließ-*

*Ehren-Zertifikat*

Insofern, als *Thelma Terrell, D.D.*

auf den Höchsten Ruf zu dienen gehört hat und ihm gefolgt ist,

verleiht dieses Zertifikat

*The New Age Foundation, Inc.*

in Anerkennung und Würdigung
und fügt ihr Siegel hinzu

an diesem Tag und in diesem Jahr des Herrn,
dem 12. November 1982

gez. Wayne S. Aho
Präsident

gez. Evelyne J. Aho
Sekretär

*lich mit der modernen Ära befassen. Eine gute Informationsquelle über frühere Perioden bieten die Enzyclopedia Brittanica, die römische und griechische Geschichte und sonstige historische Überlieferungen. Es wurde berichtet, daß die Mannschaft von Christophorus Columbus seltsame Luftfahrzeuge sah, ebenso wie Thor Heyerdahl, der den Ozean in einem Floß überquerte.*

1. *Wir haben als Beginn für diesen Bericht Nagasaki und Hiroshima ausgewählt, da die Statistik gezeigt hat, daß seit dem Zeitpunkt, wo die ersten Atombomben über diesen Städten explodierten, die Sichtungen überall in der Welt um mehrere Millionen Prozent zugenommen haben. Jedermann kann hieraus seine eigenen Schlüsse ziehen. Einer davon ist der, daß intelligente Kulturen sich nun darüber klar geworden sind, daß sich die Erde auf dem Weg zur Selbstzerstörung befindet. Die Erde dürfte wohl von Intelligenzen, die weiter fortgeschritten sind als wir auf der Erde, zum Gefahrenbereich erklärt worden sein.*

*Das, was das Denken einer Generation herausfordert,*
*bildet die Grundlage für die nächste.*

New Age Foundation, Inc.

5201 South I Street
Tacoma, Wa. 98 408
Tel. 206-472-6565
Tel. 206-474-5666
13. November 1982

## PREIS FÜR HERVORRAGENDE DIENSTE AN DER MENSCHHEIT

Dieser Preis wird verliehen an „TUELLA", THELMA TERRELL, von ihrem Gefolge in Anerkennung für hervorragende Hingabe und Dienste in Sachen der Menschlichkeit. Ihre Liebe zu ihren Mitmenschen wird bewiesen durch ihre Ratschläge, Vorträge und ihre Herausgabe von Material, Büchern und Zeitschriften, die sich speziell mit dieser herausfordernden und kritischen Zeit auf Erden befassen. Es gab auf Erden niemals eine Zeit wie diese, wo die wahren Grundlagen des Lebens bis ins Tiefste erschüttert wurden. So wie es berichtet wurde: „Wo es keine Visionen mehr gibt, da ist das Volk verloren."
In allen Berichten der Geschichte der Erde sind die Fußstapfen der „Pioniere" im Sand der Zeiten deutlich zu erkennen. Diese Pioniere werden von ihrer eigenen Generation nicht oft erkannt oder gewürdigt, doch sind die Bemühungen der Pioniere notwendig für das Wachstum, ja selbst für das Überleben der menschlichen Rasse.
Auf jedem Gebiet der Entdeckungen, die das irdische Leben betreffen, ist von neuen Anfängen und neuen Enthüllungen immer und immer wieder berichtet worden. Besonders wir brauchen heute ein neues Verhältnis zur Erde, wo immer größere Kriege die Existenz von Leben auf dem Planeten Erde in Frage stellen.
Wir loben dich, TUELLA, für die Liebe zum Leben und zu deinen Mitmenschen, die du gezeigt hast. Dein hervorragender Dienst weist vielen den Weg, die nach einer konstruktiven Antwort auf einem Planeten fragen, dem beachtliche Veränderungen bevorstehen.

Wir LIEBEN DICH!

THE NEW AGE FOUNDATION, INC.

gez. Wayne S. Aho
Präsident

Ehren-Zertifikat verliehen anläßlich des 21. Jahrestags
der Space Age Convention.
Reno, Nevada, am 13. November 1982.

2. *Sichtungen setzten sich fort und variierten dabei. Sie betrafen alle Länder der Erde. Das führte soweit, daß das kleinste Land auf der Erde, ... Grenada, eine öffentliche Anhörung in der Vollversammlung der Vereinten Nationen forderte. In Grenada hatte es viele Sichtungen gegeben.*

3. *Die Menschen, die UFOs gesichtet haben, gehören den verschiedensten Ständen und Schichten an. Niemand wurde ausgelassen. Akademiker und Regierungsmitglieder waren zurückhaltend beim Berichten ihrer Sichtungen, da sie fürchteten, ihren Arbeitsplatz oder Wählerstimmen zu verlieren. Unglücklicherweise hat sich Lächerlichmachung in die aufrichtige Forschung eingeschlichen.*

4. *In der ganzen Welt wurden UFOs fotografiert, und die Bilder zeigen Fahrzeuge, die unserer irdischen Technologie völlig unbekannt sind. Fast ausnahmslos zeigen die Raumschiffe weder Flügel noch sonstige Steuereinrichtungen. Sie variieren in Größe und Form. Manche sind diskusförmig, manche haben Zigarrenform oder sind elliptisch. Mehr als vierzig Typen wurden beschrieben oder fotografiert, und zwar zu Tausenden. Viele Fotos wurden sorgfältig überprüft und für echt befunden. Oft wurden fotografierte oder gesichtete UFOs gleichzeitig auf dem Radarschirm beobachtet. Gewöhnlich machen die UFOs kein Geräusch.*

5. *Persönliche Erfahrungen variieren ebenso wie die Sichtungen. Viele UFO-Erlebnisse sind bezeugt. Der Film "Nahbegegnungen der dritten Art" hat einige Arten von Kontakten dargestellt. Ich habe herausgefunden, daß Nahbegegnungen einzigartig und verschieden sein können, je nach der in ein solches Ereignis einbezogenen Persönlichkeit. Vielen wurden Warnungen zum Besten der Menschheit übermittelt mit dem Hinweis, daß unsere kriegerischen und zerstörerischen Absichten in die Katastrophe führen können. Viele Betroffene berichteten über überwältigende Gefühle von Freundschaft und Sorge, ja über Liebe zur Menschheit.*

6. *Geheimhaltung lastete fortgesetzt über der UFO-Frage, und sie ist auch jetzt noch üblich. Aufgrund des Gesetzes über die Informationsfreiheit haben jedoch UFO-Gruppen an den Obersten Gerichtshof die Forderung gestellt, geheime Berichte der Luft-*

*waffe freizugeben. Trotzdem ist aber die Frage noch nicht gelöst. Frühere Präsidenten haben in ihren Wahlkampagnen versprochen, der Öffentlichkeit die Geheimdokumente über UFOs freizugeben. Diese Versprechungen wurden nicht eingehalten.*

7. *Die Geheimhaltung betreffend, hat das Kongreßmitglied John Moss aus Kalifornien nach achtzehn Jahren im Repräsentantenhaus Licht auf dieses Problem geworfen: "Ich habe herausgefunden, daß der größte Teil der Steuergelder, die für die Sicherheit ausgegeben werden, nicht dafür aufgewendet wird, um Informationen zurückzuhalten, die dem Feind Hilfe und Unterstützung bieten könnten, sondern dafür, um dem amerikanischen Steuerzahler Informationen vorzuenthalten, die für ihn Hilfe und Unterstützung sein könnten."*

*Dr. James McDonald von der Universität von Arizona entdeckte einen Befehl des CIA an die Luftwaffe, wonach alle UFO-Sichtungen lächerlich zu machen seien. Er veröffentlichte ihn. Hierauf wurde er als 'streng geheim' zurückklassifiziert.*

*Haben die Kriegsplaner dieser oder jeder anderen Nation auf der Welt das geistige, gesellschaftliche und philosophische Verständnis, über die Bestimmung und das Überleben der menschlichen Rasse auf Erden zu befinden? Wie lautet eure Schlußfolgerung?*

*Norman Mayer könnte das erste Opfer eines unaufhörlich anwachsenden nuklearen Monsters sein, das, wie Atom-Wissenschaftler sagen, außer Kontrolle geraten ist. Die Frage wird weiterhin unser Bewußtsein durchdringen, was hat einen Mann gepackt, der unbewaffnet und ohne ersichtliche feindliche Absicht der Nation oder der menschlichen Rasse gegenüber war, die abgesteckte Gedankenform eines 'Establishment-Denkens' in der nuklearen Streitfrage anzunehmen?*

*Ich lernte als Offizier im Geheimdienst des Heeres während des zweiten Weltkriegs, daß es wichtig ist, bei der Lösung einer bedeutenden Frage nicht den kleinsten Teil einer Information unbeachtet zu lassen. Selbst jetzt habe ich Probleme, ob ich kleine Notizzettel, Bemerkungen über die Themen New Age, UFO und Weltraumforschung wegwerfen soll. In Berichten über Leben und Einstellung von Norm-*

*an Mayer gibt es einen Punkt, der mir ganz besonders wichtig erscheint. Er ermahnte andere Anti-Atom-Protestierende, daß sie nicht schnell genug vorgingen! War er sich einer kommenden Katastrophe bewußt, es sei denn, daß wir als Zivilisation eine abrupte Kehrtwendung machen?*

*Ich erinnere mich, daß zu der Zeit, als die Kontroverse darüber entbrannte, ob eine Atombombe hoch in der Luft über dem Pazifischen Ozean zur Explosion gebracht werden sollte, viele Wissenschaftler sagten, dies sei völlig harmlos, darunter auch Van Allen, dem die Entdeckung des Van Allen-Gürtels zugeschrieben wird. Der Grund für diesen, 'Test' hoch über der Erde wurde niemals einleuchtend erklärt. Warum gingen wir dieses Risiko ein? Der Schaden, der durch dieses 'Mißverständnis' derErde und ihrer Umgebung zugefügt wurde, wurde bisher nicht näher erklärt. Erst nach Jahren meldeten Boeing Ingenieure voller Zorn, daß wir den 'Van Allen-Gürtel vielleicht auf Millionen von Jahren verändert haben. Künftige Astronauten müßten sich jetzt mit einer Strahlung auseinandersetzen, die es früher nicht gegeben habe.' Wie groß war das volle Ausmaß des Schadens? Werden wir es jemals wissen? Wer weiß tatsächlich, was ein Atomkrieg wirklich bedeutet, sei er begrenzt oder ein Holocaust? Die Geschichte mag Norman Mayer in seinen Ermahnungen und seiner angeblichen Hysterie vollkommen recht geben.*

*Ich erinnere mich, daß nach den Atomtests in der Wüste von Nevada die atmosphärische Strahlung in Los Angeles den 'kritischen' Punkt erreicht hatte. Dann wurde ein weiterer Test geplant. Obwohl der Bürgermeister von Los Angeles heftig protestierte, gingen die Bemühungen weiter, einen zweiten Test durchzuführen. Daraufhin wurde das, was 'kritisch' genannt wurde, einfach verdoppelt, und die offiziellen Quellen ließen verlauten, die Strahlung sei nun nicht mehr kritisch, die zugelassene Menge sei verdoppelt. Wilbur Smith, ein berühmter kanadischer Wissenschaftler, der an dem streng geheimen AVRO CAR-Projekt arbeitete, einem gemeinsamen Projekt Kanadas und der U.S.A., eine 'Fliegende Untertasse' zu bauen (was aber die Regierungen offiziell abstritten), teilte folgendes mit: Er hatte mit den Insassen der Fliegenden Untertassen ein Kommunikationssystem entwickelt. Sie sagten ihm, wenn sie nicht unsere Atmosphäre von der Strahlung der Atomwaffentests gereinigt hätten, wä-*

*ren Millionen von unserer Bevölkerung jetzt tot! Weiter teilten sie ihm mit, wenn er sehen wolle, wie eines ihrer Raumschiffe Atommüll in einem Vulkan in der Nähe von Ottawa (Kanada) ablade, könne er es persönlich beobachten, wenn er sich zu einer festgelegten Zeit dort einfände. Er machte sich die Mühe, hinzugehen, und sah es tatsächlich.*

*Vor mehreren Jahren warnte der Redner und Autor über Fliegende Untertassen, Orfeo Angelucci aus Los Angeles, in seinem Buch 'DAS GEHEIMNIS DER UNTERTASSEN' vor einer kommenden 'GROSSEN KATASTROPHE' über die ihm die Weltraum-Intelligenzen berichtet hatten. Ernsthaft Denkende sollten sich überlegen, ob wir uns dieser 'KATASTROPHE' nähern?"*

## Ich bekomme mein Werk zusammen

Das erste der Bücher war ein erregendes Abenteuer von jemand, der in einer ihm noch verborgenen Mission unterwegs war. Ich erwachte plötzlich aus tiefem Schlaf, setzte mich auf und hörte mich laut den Titel aussprechen: *"Weltbotschaften für das kommende Jahrzehnt"*. Nun, was ist das? Was soll es bedeuten? Kuthumi sprach zu mir und erklärte, ich solle dieses kleine Buch für ihn schreiben, und er überwache seinen ganzen Inhalt. "Wie willst du das machen?" Er sagte, er werde eine Liste von Sprechern organisieren. Das war eine der erstaunlichsten Angelegenheiten für mich. Nachdem er mir gesagt hatte, wo ich mich aufhalten solle, um sie zu empfangen, gab er mir eine Liste der Sprecher mit den Tageszeiten, zu denen ich sie erwarten sollte. Die Liste enthielt ferner sehr ins Einzelne gehende Anweisungen hinsichtlich des Essens, des Duschens, des Schlafens und der vorgesehenen Kontakte. Es kamen 27 Sprecher innerhalb dieser sieben Tage der Nachtwachen am Elephant-Butte-See zusammen, einer lieblichen Gegend im Herzen Neu Mexicos. Ich wurde unterwiesen, alle Elementaren zu grüßen, die sich rund um die Hütte aufhielten, mit dem großen Baum vor der Hütte zu sprechen und ihm zu erklären, warum ich hier sei, und um ihre Hilfe und ihren Schutz zu ersuchen. "Die Gegend ist freundlich und friedlich und sehr geeignet für dein Werk."

Hinsichtlich der Endzeitereignisse waren die Botschaften von vorbereitender Natur. Zum selben Zeitpunkt erfuhr ich von Josua, der durch Lucy Colson sprach, in dem Raum, in dem ich dreimal täglich meditierte, das folgende:

*"... Da ist ein Strahl, ein Energiewirbel, der vom Himmel herabstrahlt. Die Energie hat Flecken von Gelb in sich, so wie Staubpartikel glänzen, wenn sie von den Strahlen der Sonne getroffen werden. Ferner ist eine Polsterung oder eine Isolierung da vorhanden, wo der Strahl die Decke des Wohnwagen-Anhängers trifft, damit er nicht mit den materiellen Molekülen des Wohnwagen-Anhängers in Berührung kommt. Würde das nicht gemacht, solange der besondere Energiestrahl ausgesandt wird, würde dein Wohnwagen auseinanderfallen oder gänzlich verschwinden und dann einige Augenblicke später wieder erscheinen."*

Als ich von dem Strahl erfuhr, wollte ich einen Stuhl direkt unter ihn stellen, was mir aber niemals erlaubt wurde, solange ich mich in diesem Wohnwagen-Anhänger aufhielt.

Diese erste primitve Ausgabe durch einen völlig unerfahrenen Verleger war von Beweisen meiner mangelhaften Schreibmaschinenkenntnisse angefüllt. Aber, so unglaublich es mir erschien: es gab genug Seelen, denen diese Botschaft wichtig war, und das Buch verkaufte sich weiter. Dann trat ein Engel namens Brenda Payne in mein Leben. Sie erklärte sich freiwillig dazu bereit, das Manuskript zu bereinigen und präsentierbar zu gestalten, es mit Professionalität zu versehen. Ihre Hand war auch in den darauffolgenden Büchern sehr wichtig. Es war Gottes Fügung, daß sie sich an meiner Arbeit beteiligte.

Ich gab meine gesamten Ersparnisse hin, um Kuthumis kleines Goldenes Buch herauszubringen und die Guardian Action Publications ins Leben zu rufen. Sein Buch erlebte nun die achte Auflage mit 10.000 Exemplaren im Umlauf. Heute, nach acht Jahren, ist es immer noch eine bevorzugte Lektüre für die Menschen, und ich bin glücklich, daß ich in jener Nacht zu diesem Großen Meister sagte: "Ja, ich will es tun", obwohl ich innerlich bei diesem Gedanken zitterte.

Das erste Buch bot eine etwas ausgedünnte Erklärung der Konföderation, des Ashtar-Kommandos und der Rolle, die die ätherischen Raumfahrzeuge bei den Endzeitereignissen spielen würden. Es war eine leicht zu begreifende Annäherung an das Kommando, worauf später weitere Enthüllungen aufgebaut werden konnten. Später erfuhr ich, daß die Reihenfolge der Bücher speziell geplant war, lange bevor sie überhaupt erschienen.

Der plötzliche Auftrag des Ashtar-Kommandos führte zwei Jahre später zu dem Aufruf, "PROJEKT WELT-EVAKUIERUNG" herauszubringen. Es stand außer Frage, daß ausführliche Instruktionen, klare Anweisungen und der Zeitplan gegeben wurden. Mein Wohnsitz war damals mein altes, ruhiges Bauernhaus in der Gegend von Deming in New Mexico. Das Werk war in vier Monaten vollendet, und es wurde im Oktober herausgebracht. Ich hatte inzwischen viel über das Buchgeschäft gelernt. Der Posteingang schwoll kurz darauf erheblich an, und das Buch bildete den Mittelpunkt vieler sich daraufhin bildender Studiengruppen. Als ich im November aus Reno zurückkehrte und wieder ruhigere Zeiten hatte, begannen sich schon die Hinweise auf ein neues Buch abzuzeichnen. Wiederum wurde sein Titel von einem Mutterschiff aus vorgegeben, und ich durfte den Einband sehen. Das Evakuierungsbuch hat ebenfalls seine achte Auflage erlebt, und es befinden sich 14.000 Exemplare im Umlauf. Es hatte weitreichende Kontroversen zur Folge, doch das war Ashtars Problem, nicht meines. Später gab er in seinem UNIVERSAL NETWORK, einer Vierteljahreszeitschrift, die zwei Jahre später herauskam, folgendes bekannt:

*"Hunderte und Aberhunderte fanden seit der Veröffentlichung des Evakuierungs-Buchs ihre Sicherheit im Licht. Viel Verständnis kam in die Seelen, die bisher unstet und gespalten waren. Man hat eine endgültige Stellung bezogen und sich gegenüber Kommunikation und Führung geöffnet. Innerhalb der letzten 24 Monate sind viele Führer und Kommandeure zu ihrer Aufgabe erwacht. Das erwünschte Erwachen hat stattgefunden, und wenn der Druck der Ereignisse auf der Welt lastet, werden es noch viele mehr sein, die helfen und an der Evakuierung teilnehmen.*

*Glaube, daß wir in diesem Buch alles mitgeteilt haben, was wir konnten, ... daß wir gegeben haben, was wir geben konnten. Der Zweck der Enthüllungen steht in direkter Beziehung zum Göttlichen Programm. Nun beobachten wir das Wachsen der Saat im Bewußtsein und in den Herzen derer, die das Buch gelesen haben. Als wir die Reaktionen beobachteten, haben wir viel über die Natur der Feindlichkeit ihm gegenüber gelernt, über das Ausmaß des Unglaubens, aber in erster Linie über den überwältigenden Zustand der Bereitschaft auf seiten jener, die daran gewachsen sind."*

Zu diesem Zeitpunkt spürte und fühlte ich etwas in meinen Armen, ein ätherisches Sprechen. Ich nahm seine Form und Substanz wahr, eine Art sich öffnender Schriftrolle. Als ich mir dieser Anwesenheit bewußt wurde, nahm das Gefühl in meinen Armen noch zu.

> *"Wir haben eine Schriftrolle in deine Hände gelegt. Sie wurde dir anvertraut, denn in ihr sind die Namen aller enthalten, die entrückt werden. Laß die Namen ätherisch in dein Bewußtsein eindringen. Schreibe die Namen der Kinder des Lichts, der Söhne und Töchter Gottes, in dein Herz."*

Während ich zuhörte, wurde die Rolle immer größer.

> *"Ja, es werden viel mehr sein, als ursprünglich angenommen wurde. Viele Namen werden der Rolle noch hinzugefügt, da dein Buch verbreitet wurde. Wir wollten, daß du diese Botschaft des Manuskripts begreifst und verstehst. Es war ein Ruf an die Herzen, sich vorzubereiten, damit es keine Furcht und keine Überraschung gibt, sondern daß es gilt, sich vorzubereiten, daß sich Aufrufe erheben werden von dem Planeten, die die großen Dinge betreffen, die geschehen müssen. Und aufgrund der Energie, die sich in diesen Aufrufen manifestiert und sich bereits manifestiert hat, wird es für uns leichter sein, unsere Aufgabe durchzuführen und die Evakuierung glatt und reibungslos zu einem guten Ende zu bringen."*

Es war für mich etwas schwierig, zu begreifen, daß ich - wie der Kommandeur mir sagte - 25 Erdenleben dazu verwendet habe, um mich auf diese Mission vorzubreiten. Er erklärte, daß meine Bestimmung damit vollendet sei, die Worte Ashtars und die Werke des Ashtar-Kommandos der Welt darzulegen.

> *"Nur zu deinem Dienst in dieser Tätigkeit innerhalb der Intergalaktischen Legion der Speziellen Freiwilligen war ich gewillt, dich aus der Flotte als einen meiner erwählten Kommandanten freizugeben. Ich habe dir sehr vertraut, und du hast weder mich noch unseren Geliebten Oberkommandeur enttäuscht."*

Das Göttliche Programm für die Erde hat stets das Errichten einer Brücke des Vertrauens über die Wasser der Negativität mit eingeschlossen, durch alle Zivilisationen hindurch. Eine interessante Notiz von den Älteren berichtet uns:

*"In früherer Zeit bestand auf seiten der Erdenmenschen die Tendenz, eine schwache Woge enthusiastischer Reaktion auf die Botschaften aus höheren Reichen zu haben, aber nach kurzer Zeit immer wieder in eine Periode der Trägheit hineinzugleiten - oder, noch schlimmer, der Kritik und der Dummheit. Doch haben wir immer bemerkt, daß nach jeder solchen Fluktuation, wo Interesse und Begeisterung dahinschwanden, es immer mehr Menschen gab, die standfest blieben. So ist die Zahl derer, die im Verständnis dieser Dinge verankert blieben, im Verlauf der Jahrhunderte hier immer mehr angewachsen. Auf Qualität und nicht auf Quantität kommt es an. Wir haben unsere Beziehung zu dem Planeten auf dem Fundament des Vertrauens und Verstehens einer festen Minderheit errichtet."*

Es ist keine Frage, daß eine viel größere Minorität mit ihrem Verständnis für die Anwesenheit und die Absicht dieser Freunde aus dem Weltraum vernünftigerweise von einem größeren Teil der Menschheit verstanden wird. Sie ließen mich mehr als zwölf Jahre warten und wiesen mich fortgesetzt darauf hin, daß die Zeit noch nicht gekommen sei. Dann plötzlich, im Jahre 1980, war es Zeit, ihren Feldzug zu starten.

Sie waren davon angetan, ein Manuskript herauszugeben, das zu einem einfacheren Verständnis der kosmischen Telepathie beitragen würde. Sie wußten, die Zeit würde kommen, wo individuelle Kontakte Leben retten konnten. So gaben sie das Buch DIE DYNAMIK KOSMISCHER TELEPATHIE (The dynamics of cosmic telepathy) in Auftrag. Wir alle arbeiteten hart daran. Das Manuskript kam nur langsam voran. Seine Vorbereitung erforderte entsprechend meinen Ansprüchen viele Stunden von Nachforschungen in Bibliotheken, persönliche Studien und endlose Kontakte mit 'ihnen', monatelang. Die Vorbereitung des Buches dauerte ein ganzes Jahr, und ich ermüdete bei dieser Aufgabe. Doch ich wußte, daß ich dabei mein Bestes gegeben und alle meine Energien und Fähigkeiten darin investiert hatte. Meine jenseitigen Helfer und das Kommando waren vom Ergebnis unserer Anstrengungen begeistert.

Sie bestanden darauf, daß es jetzt an der Zeit sei für ein solches Buch, "... damit die vielen Seelen, deren Erweckung durch die anderen Bücher ausgelöst wurde, einfache Anweisungen bekämen, wie sie ihnen helfen könnten."

Indem einfache Diagramme gebracht und eine einfache Ausdrucksweise gewählt wurden, konnte das Buch den Zugang zu einem Gebiet verschaffen, auf dem bisher Aberglaube und Unwissenheit vorherrschend waren. Aufgrund seines ansprechenden Formats wurde es von vielen Gruppen zur Grundlage für ihre Arbeit gemacht. Obwohl es in seinen zurückliegenden vier Auflagen eine Stückzahl von 6.000 Exemplaren erreicht hatte, hat es jetzt ein neues Leben angenommen und findet weitere Leser. Das deutet auf eine Vertiefung des menschlichen Interesses für Entfaltung und Verständnis. Es stellt das Ergebnis einer Aktion dar, auf das unsere Weltraumfreunde gewartet haben. Und Ventla? 100.000 Leser in 33 Jahren und 93 Ländern. Das Buch von Ashtar, mein Tribut an meinen Führer, war eine natürliche Folge der anderen, nachdem die Menschen mehr und mehr an ihm als Person interessiert wurden, aber auch, da Irrtümer hinsichtlich seiner Person aufzutauchen begannen. Es war natürlich eine Freude und eine mit Liebe getane Arbeit, diese Aufgabe durchzuführen. Die Popularität dieses Buches war erstaunlich und in höchstem Maße befriedigend. Es trug viel dazu bei, die Kluft zwischen der Spirituellen Hierarchie und der Gruppe der "Fliegenden Schwingen" der Großen Weißen Bruderschaft des Lichts zu überbrücken. Manche brauchten das, denn es gab zu viel Einseitiges und Trennendes zwischen der Konföderation, der Föderation und den Himmlischen Gruppen. Es existierte sogar eine ausgesprochene Intoleranz zwischen physischen und spirituellen Kontaktlern, eine Situation, über die das Kommando sehr betrübt war, da wir dadurch unser eigenes Göttliches Programm sabotierten. Diesen Riß zu heilen, gehörte zu meinen wichtigsten Aufgaben. Ich habe getan, was ich konnte. Kommandant Korton, der Verbindungs-Koordinator, sagt über dieses Problem:

> *"Grundsätzlich müssen sich die Lichthelfer darum bemühen, die vereinigten Anstrengungen des gesamten spirituellen Programms für den Planeten als ein harmonisches Bild universellen Gleichklangs von Zusammenarbeit und Einigkeit zu würdigen. WIR SIND ALLE EINS, von welcher Dimension unsere Kontakte auch kommen, und in eurer Dimension ebenfalls. WIR alle arbeiten zusammen an dem großen Göttlichen Programm ... einem Programm, das von der Bruderschaft des Lichts dieses Sektors des Universums entworfen wurde, um die Erde darauf vorzubereiten, sich zusammen mit ihrem ganzen Sonnensystem vorwärtszubewegen in einen höheren Schwingungsbereich spiritueller Wahrnehmung; besonders, um den ihr zugewiesenen Auftrag in einem Neuen Zeitalter zu erfüllen, der sich in diesem Zyklus manifestiert, Leben auf der höchsten Ebene.*
>
> *Es gibt keinen Platz für Konkurrenz oder Selbstsucht in den Berei-*

*chen des Lichts. Kein menschliches Element kann diese Lichtenergien zerstreuen. Das Programm für die Erde wird durch Liebe, Harmonie und die Einheit aller ihrer Teile vorangebracht, und jene, die sich diesen Grundsätzen entgegenstellen oder sie bekämpfen, werden aus dem Programm entfernt!*

*Viele große Meister der höheren Reiche und viele höchste Quellen innerhalb des Galaktischen Kommandos haben verschiedene Interpretationen des Programms durch ihre erwählten und erprobten Repräsentanten der Erde gegründet. Man mag bisweilen ein Maß von Konfusion mit den verschiedenen Terminologien, Systemen der Präsentation oder Einzelheiten der Annäherung an strukturierte Methoden erdulden. Doch niemals ... ich sage, niemals ... darf man den Blick dafür verlieren, zu verstehen und zu würdigen, daß jede unterschiedliche Bewegung, ob groß oder klein, obwohl sie zugegebenermaßen den Stempel der sie identifizierenden Struktur ihres individuellen Gründers trägt, trotz allem nur einer der tätigen Teile des Großen Körpers von Licht im Himmel und auf der Erde ist. Wir müssen eine feste und umfassende Sicht des Großen Bildes oder des großen Schirmes des Göttlichen Programms in uns aufrechterhalten, das alle Bemühungen überschattet, die das totale Einfließen Göttlichen Lichts auf die planetare Szene einschließen.*

*Das ist jetzt unser großes Anliegen. Wo Teilung war, Polarisierung, Lähmung, Erstarrung einer bestimmten Art, eine bevorzugte Methode, eine gewählte Möglichkeit, haben diese innerhalb des Bereichs des freien Willens ihre Methode, als Individuen ihren bevorzugten Weg gewählt. Niemals darf dieser bevorzugte Weg über andere bestimmen oder die Wahl eines anderen beeinflussen. Doch seid euch darüber klar, daß alle Menschen an einem bestimmten Punkt ihres Lebens stehen, und sie sind, wo sie sind, vor allem sind sie da, wo es für sie am besten ist in ihrer persönlichen Entwicklung und Erleuchtung. Deshalb seid nicht intolerant und urteilt nicht übereinander, sondern laßt allen Seelen den Spielraum, den sie brauchen, um sich auf ihre Weise zu entfalten, auf ihrem erwählten Pfad, nach der von ihnen gewählten Methode. Seid euch klar darüber, daß sich zu diesem Zeitpunkt des Programms das Licht hundertfach vermehrt und der ganzen Menschheit den Zugang zu ihren spirituellen Bedürfnissen verschafft.*

*Als Wächter und Beobachter dieser Entfaltung geben wir den Seelen Hilfestellung, welchen Weg sie auch gewählt haben mögen, wissend, daß die Wahl dauernden Veränderungen unterliegt, solange das Wachstum unbehindert vonstatten geht. Liebet das Christusbild in allen und versteht, daß sich das Licht über jedem Pfad bewegt und Lebenskraft erzeugt, indem sich die Lebenswege dauernd verändern. Als Individuen, die diese Veränderungen erwarten, möget ihr eure 'heiligen Kühe' allzeit locker halten, bereit für eine plötzliche Führung in neues Verstehen und in neue Erfahrungen. Haltet eure Sinne offen, um alles zu betrachten und alles zu unterscheiden, ohne es anzunehmen oder abzulehnen, sondern bewahrt es in eurem Bewußtsein, bis das klare Verstehen folgt. Haltet eure Herzen offen, um alle anzunehmen, die auf ihre Art bewußt nach Weisheit suchen. Die Liebe der Wächter ist immer mit euch. Ich bin Korton, der Kommunikations-Koordinator innerhalb des Sonnensystems."*

Damals haben die Versandarbeiten und die damit verbundene Korrespondenz anspruchsvolle Ausmaße angenommen, und meine Raumfreunde blickten auf ein reifes Erntefeld. Der Fortschrittsbericht über die Leute im allgemeinen, die nun ihre Worte angenommen hatten und ihnen gefolgt sind, ließ ein starkes Wachstum im Verstehen erkennen, und es wurde vereinbart, daß eine andere Art von Material, das instruktiver und anspruchsvoller war, nun den Menschen zur Verfügung gestellt werden sollte. "Wir wollen herausfinden, wo die Mächtigen sind!" Deshalb brachten sie ihre eigene Vierteljahreszeitschrift heraus, das UNIVERSAL NETWORK, das ein ganzes Netzwerk von Sprechern aus dem Universum repräsentierte.

*"Die Reaktion auf deinen anspruchsvolleren Typ von Zeitschrift hat uns sehr gefallen, und wir haben es gewissermaßen als Fundgrube benutzt, um die Tiefe von so vielen zu ergründen. Es ist für die bestimmt, die sich schon jenseits des Status eines Neophyten befinden, um ihren Hunger nach kräftiger Kost zu stillen. Für die wenigen, die es betrifft, ist das allgemeine Verständnis unserer Natur, unserer Mission und unseres Zwecks sehr gut erklärt und dargestellt."*

Es wurde generell zugestanden, daß im Einklang mit der mystischen Zahl Drei die Zeitschrift drei Jahre lang laufen sollte und somit die mystische Zahl von zwölf Ausgaben erreicht würde, was uns beinahe gelungen ist. Wir mußten nach der zehnten Ausgabe und nach zweieinhalb angestrengten Jahren aufhören, doch UNIVERSAL NETWORK hatte eine unglaubliche Popularität gewonnen. Irdische Umstände kamen dazwischen, wie es so oft der Fall ist, und wir lösten uns ein bißchen früher aus unserer Verpflichtung.

In der Zwischenzeit kam ich brieflich und telefonisch in Verbindung mit Ruth Montgomery. In einem ihrer Briefe schrieb sie:

"Ich fragte die 'Führer' nach dir, und sie schrieben:

'Tuella ist ein Wesen aus dem Weltraum. Es gibt in der Tat ein Ashtar-Kommando, das die Erde überwacht, um die Wertvollen zu retten, die ihren Teil dazu beitragen wollen, die Erde nach der Veränderung zu verjüngen, wenn sie zurückgekehrt sein werden. Eingeschlossen sind dabei andere Freiwillige aus dem Weltraum, die hier sind, um anderen dabei zu helfen, sich an die veränderten Zeiten anzupassen, um Kriege zu verhindern, um die unvermeidlichen Veränderungen vorzubereiten. Nimm es ernst, was Tuella berichtet.'
... Ruth Montgomery."

Deshalb erwähnte sie freundlicherweise unsere Arbeit in ihrem neuesten Buch „AUSSERIRDISCHE UNTER UNS“ (Aliens among us). Diese Geste ließ unsere Korrespondenz zu unglaublichen Ausmaßen anwachsen. Die Zusammenarbeit unter den speziellen Freiwilligen der Erde stellt einen wunderbaren Weg dar, weiterzukommen und sich gegenseitig zu helfen. Der gehorsame Freiwillige, der beharrlich im Licht seiner eigenen Mission wandelt, kann meistens zurückstehen und die Tätigkeit Gottes in seinem Leben betrachten. Das Göttliche Programm stellt die größte Verpflichtung dar, die wir in unserer Verkörperung eingehen können.

Die Arbeit für das Licht ist eine beständige Anwendung unserer besten Kräfte. Es bedeutet, innere Herrschaft zu erlangen, es bedeutet, Versprechungen einzulösen, es bedeutet Kampf! Wenn es nötig ist, weiterzugehen, bis man fällt. Ich tat es!

Es war meine Gewohnheit, bei meinen Seminaren drei lange Vorträge und Sitzungen in einen einzigen Tag "hineinzustopfen", so daß die Besucher für Unterkunft und Verpflegung nicht zuviel Geld brauchten oder zwischendurch immer wieder sehr lange warten mußten. Am nächsten Tag fühlte ich mich wie ein leerer Rucksack, der am Nagel hängt oder in einer Ecke auf dem Boden liegt. Diese intensive Arbeit holte den letzten Tropfen von Energie aus mir heraus, die ich geben und unter den Menschen verteidigen mußte, damit sie etwas Positives mit nach Hause nehmen konnten. Das taten sie, und überall war es etwas anderes. Viele von ihnen sind nun auf ihren jeweiligen eigenen Wegen selbst intensiv aktiv auf dem Feld des Dienens für das Programm des Lichtes tätig.

Im letzten Jahr des Dienens auf diese Weise verbrauchte ich alle meine Kräfte, und mehr als das. Die drei Seminare in Anaheim, Albuquerque und Honolulu im Jahre 1985 gaben mir den Rest. Ich brauchte eineinhalb Jahre, um wieder hochzukommen, doch ich kam wieder hoch.

Eine gänzlich neue Erfahrung kam nach dem Seminar in Anaheim auf mich zu. Es war die unerwartete Produktion eines vierstündigen Videofilms, auf die ich völlig unvorbereitet war. Das stand sicherlich nicht in meiner Absicht. Es schien nur eine Idee zu sein, deren Zeit gekommen war und bei der andere den Anstoß, die Sachkenntnis und die Organisation zu liefern hätten. Was die letzten Vorträge zu sein schienen, die ich für die Menschen halten konnte, ist nun hinausgegangen nach überall hin, in alle Richtungen, zu Seelen, die niemals einem Vortrag hätten beiwohnen können. Ein wunderbares neues Werkzeug für die Arbeiter des Lichts auf diesem Planeten. Mit der Trophäe des Master-Video-Bandes in meinem Koffer kam ich nach Hause, um ein neues erregendes Gebiet zu beschreiten: das des Video-Produzenten. Persönlich entwarf ich den Farbschuber, verlegte die Bänder und begann mit dem Versand. Man ist wirklich niemals zu alt, um noch etwas Neues zu lernen und zu tun.

Wie ein neugeborenes Kind, so erregte eine neue Rubrik auf meinem Schreibtisch die Aufmerksamkeit. Meine Raumfreunde und ich etikettierten sie lustig, "Tuella und die ET's". Es war das Ergebnis dieses Manuskripts. Sie planten es schon damals. Ashtar und Lord Sananda bestanden darauf, daß die Leute durch ein solches Videoband inspiriert würden, aber ich war schwer zu überzeugen und konnte mich nicht dafür begeistern. Trotzdem fuhr ich fort, diese Rubrik mit Diktaten und Notizzetteln zu füllen, bis eine lange Krankheitsperiode und die Bemühungen um Genesung die ganze Angelegenheit aus dem Bewußtsein entschwinden ließen.

Als meine physischen Kräfte und die Freude am Leben zurückkehrten, öffnete Ashtar den Kanal wieder und präsentierte eine neue Aufgabe, die ihm am Herzen lag. Er wollte, daß wir zusammen ein Filmmanuskript schreiben, um Millionen von Menschen in einer gewaltigen Anstrengung zu erreichen. Er steuerte seine besondere Anleitung bei und engagierte sich dabei stark. Er sucht nun einen finanziellen Wohltäter, in dessen Hände er das Geld legen will, das hereinkommt. Ich rang darum, daß man nicht länger epische Werke und Kolossalfilme produzieren solle, aber er bleibt dabei, daß durch das Ashtar-Kommando dieser eine produziert werden wird. Was für eine unübertroffene Methode, um die Massen mit dieser Botschaft zu erreichen! Das Drehbuch war vollendet, bevor die Tage der "Harmonischen Konvergenz" (16./17. August 1987 - d.Ü.) herangekommen waren. Mit einem Ausbruch von Begeisterung, der verbunden war mit dem Bedauern für die lange Dauer, begann ich ernstlich an dem Manuskript zu arbeiten. Und dann ging am 17. August 1987 die Sonne auf ... Ashtar hatte andere Pläne!

## Die Entschlüsselung VEGANs

Einige Tage vor der Harmonischen Konvergenz wurden wir telefonisch angeleitet, uns in der Meditation um die Seele eines entfernten Bruders zu bemühen. Am 17. August erlebte er selbst die Explosion seiner Gedächtniszellen, und es begann eine Periode der Entschlüsselungen und Offenbarungen, mit denen er selbst kaum fertig wurde.

Die ersten Tage waren verheerend in ihrem Einbruch in das Bewußtsein und den Geist VEGANs, als er sich mit dieser Enthüllung konfrontiert sah, sie akzeptierte und schrittweise verstand. Wir boten ihm während dieser heiklen Zeit viel Beistand und Führung. Als die Woche vorüber war, war ASHTARs Sohn mental und körperlich gewachsen. Seine Fähigkeit, sichtbar mit den höchsten Ebenen zu konsultieren, ist höchst erstaunlich. Völlig ungläubig hörte er von seinem Erbe. Er erfuhr, daß sein Vater der mächtigste und wohlbekannteste von allen Kommandanten des ganzen extraterrestrischen Kommandos und Leiter des universell repräsentierenden ASHTAR-Kommandos ist. Sein Vater ist mein alter Freund und der eure, der geliebte Commander ASHTAR. VEGAN hat volle Sicht derer, die zu ihm sprechen, und wird oft in den ätherischen Bereich emporgehoben, um mit anderen zusammenzukommen. Der Sohn, VEGAN, erschien zuvor siebzehnmal auf dem Planeten, und jedesmal hatte es einen tiefen Anlaß.

VEGAN und ich hatten während der Heiligen Woche oft die identischen Botschaften von ASHTAR gleichzeitig erhalten, gelegentlich sogar während des Telefonierens. Es wurde erklärt, daß sich in den frühen 40er Jahren sieben

Kommandanten auf ein Jahr in die Erdatmosphäre begeben und eine Verkörperung erfahren hatten. Sieben Söhne wurden geboren - jedem Kommandanten einer. VEGAN wurde gesagt: "Mein Sohn, du bist der erste der sieben Ätherischen auf dem Planeten, die volle Verwirklichung gewinnen sollen, und deshalb der Verletzlichste. Du besitzt Königswürde und bist ASHTARs Sohn. Mit dir, VEGAN, gab es zwei weitere Kontakte: einen als Kind von sieben Jahren, einen weiteren mit ungefähr siebzehn. Es wurde damals vereinbart, daß wir zu dieser Heiligen Zeit der Harmonischen Konvergenz zu dir zurückkommen werden. Aber dieses Gespräch wurde in deiner Erinnerung blockiert bis zum 18. August 1987, zu welcher Zeit es überholt wurde. Die verbleibenden sechs ätherischen Söhne der Commander, die noch nicht enthüllt sind, befinden sich nun in Großbritannien, in Peru, Kanada, Südwestasien, Australien und Nordfrankreich - jeder hat einen anderen Vater, aber alle sind Söhne von Kommandanten.

Ein paar Jahre nach dem Zusammentreffen um sein 17. Lebensjahr begann sich in der rechten Handfläche VEGANs der sechszackige Stern (aus zwei Dreiecken) zu bilden, mit einem "V" und einem Fleck im Mittelpunkt, das Zeichen, das sein Vater als das Siegel von VEGAN dem Propheten identifizierte. Dieser Stern auf seiner Handfläche ist nun sehr auffallend.

VEGAN weiß nicht nur unmittelbar über die Anwesenheit jedes dunklen Herrschers des Reiches Bescheid, er kennt auch deren Status, Namen und Titel. Sie fürchten ihn und werden gewaltige Anstrengungen unternehmen, um ihn zu suchen und zu vernichten, aber vergebens. VEGAN wurde gesagt, daß ANTON kommen werde, um seine Enthüllung zu verkünden und ihm Respekt zu zollen. Sein großes Raumfahrzeug kam, und drei Tage und drei Nächte lang hing es sichtbar am Rand der kleinen Ortschaft, wo alle es sehen konnten, während Anton und mit ihm andere kommandierende Würdenträger ihren Besuch abstatteten. Originalkopien von VEGANs unterzeichneten und dokumentierten Übermittlungen von seinem Vater ASHTAR sind bei GUARDIAN ACTION INTERNATIONAL sichergestellt.

Wir hier haben natürlich immer gewußt, daß die GUARDIAN ACTION UNIT ASHTARs Herzen stets teuer war, aber die Dinge, die er zu seinem Sohn sprach, waren auch für uns umwerfend. Der Commander sagte zu VEGAN, daß er besonders ein ätherischer Hüter und Beschützer "unserer Tuella" sei, und selbst wenn er von ihr - physisch gesprochen - getrennt ist, weiß er unmittelbar den genauen Augenblick, wenn sie in irgendeiner Weise in Gefahr ist. ASHTAR instruierte VEGAN, seinen Sohn:

"Arbeite eifrig mit 'unserer Tuella' und GUARDIAN ACTION INTERNATIONAL. Nur sie haben die exklusive Freigabe jeglichen VEGAN-Materials. Die großen Konzile sind sich einhellig darüber, ihr diese große Verantwortung zu übertragen. Sie ist gut gerüstet für ihre Enthüllungen und in ihrem Intellekt, um mit dieser monumentalen Entwicklung umzugehen. Sie ist ein starkes, geliebtes und respektiertes Mitglied unserer Familie. Wir werden ihr in vielen künftigen Leben dankbar sein. Sie ist zu uns hier wie eine kosmische Mutter. Respektiere sie und höre auf ihren Rat."

ASHTAR hörte wiederholt unsere Telefongespräche mit und schaltete sich mit hilfreichen Worten ein, die wir beide hören konnten. Wir hier bereiten ein notarielles Dokument vor, das VEGAN offiziell zu einem an kein Land gebundenen Gesandten von Guardian Action International bestimmt, und unsere Verbindung in hilfreichem Dienst für den Planeten wurde festgelegt.

Vom Beginn seiner Erfahrung an wurde VEGAN instruiert, sich mit Tuella mit all seiner Information in Verbindung zu setzen und ihr beständig zu helfen.

"Es liegt in Tuellas Verantwortung, alle Freiwilligen der Erde von der Anwesenheit des Sohnes ASHTAR zu unterrichten. Tuella ist unser treuer Bote des Lichts. Sie kannte dich, VEGAN, in vielen Leben. Im Ätherischen war sie unser treuer Freund und Lehrer. Sie wird fortfahren zu lehren, und ich vertraue ihr bei deinem Unterricht vollkommen. Sie wurde aus allen Freiwilligen auf dem Planeten Erde für diese Aufgabe ausgewählt, und stets hat sie uns Ehre gemacht."

Am 24. August 1987 diktierte Commander ASHTAR VEGAN dieses Dekret und signierte es:

> *"Ich, ASHTAR, bestimme GUARDIAN ACTION INTERNATIONAL zu meiner offiziellen Kontaktstelle, dem eigentlichen Heim für meines Sohnes Information und Einfluß, die von diesem Zentrum aus in die Welt gehen sollen. Ich werde weiterhin durch andere Kanäle sprechen, aber ich erkläre diese Einheit und Tuella als meine offizielle irdische Basis. Dies ist festgelegt am 24. August 1987 irdischer Zeit. ICH BIN ASHTAR, der Vater VEGANs."*

Diese gewaltige Konvergenz von Enthüllungen erreichte ihren Höhepunkt zur Zeit des wichtigen Vollmonds im Zeichen der Fische am 7. September 1987. Wir von GUARDIAN ACTION INTERNATIONAL trafen uns zu gemeinsamer Meditation mit VEGAN. ASHTAR segnete uns auf wunderbare Weise. Es war zu dieser Zeit des Fische-Vollmonds, dieser Stunde der Nähe zu den Ätherischen, wo VEGAN voll in seine Initiation eintrat, sie vollendete und feierlich gelobte, ein Leben zu führen, das dem von JESUS CHRISTUS ähnlich sein solle, und ehelos zu bleiben. In dieser Nacht schrieb VEGAN:

> *"Ich stand zwischen Bäumen, umgeben von den Geräuschen der Nacht. Der volle Mond erleuchtete meine Umgebung. Plötzlich, um zehn Uhr abends, nahm die Szene einen stetig wachsenden Glanz an. Ein Prickeln ging mir vom Kopf bis zu den Zehen, und ich fühlte, daß mein Vater sich mir näherte. Ich wandte mich um und erblickte ihn IN FLEISCH UND BLUT! Sein silbernes Gewand schimmerte in seinem Glanz. Das lange blonde Haar war über die Schultern zurückgekämmt. Und diese unglaublichen Augen! Es nahm mir den Atem, und er lächelte. Er streckte mir die Hand entgegen, und ich faßte nach ihr. Unsere Hände vereinigten sich, und er trat näher. Wir umarmten uns als Vater und Sohn, und die Gefühle, die von seinem Wesen in das Meine einströmten, raubten mir fast das Bewußtsein. Ich weinte. Ich fühlte mich elektrisch aufgeladen. Wir ließen uns los und traten sieben Schritte zurück. Ich sah eine Träne in seinem Auge. Er machte mir ein Zeichen, niederzuknien, und ich gehorchte, als der Austausch meiner Initiation und meiner Gelöbnisse begann. Mein Haupt blieb die ganze Zeit über gebeugt. Als mir schließlich gestattet wurde, den Blick zu heben, sah ich zur Rechten meines Vaters den geliebten Monka in strahlendem Silber und zu seiner linken den strahlenden Andromeda mit seinen zurückgekämmten schwarzen Haaren und den faszinierenden im Mondlicht glänzenden grünen Augen. Dann gab es zwei deutlich fühlbare Windstöße von zwei verschiedenen Seiten. Einer kam aus dem Osten, der andere von Westen. In dieser klaren Nacht gab es ein Aufleuchten wie von einem Blitz, dem ein lauter Donnerschlag folgte. Sie waren gegangen - und ich stand allein da, so wie ich gekommen war. Als ich zum Wagen zurückging, bestätigte mein Freund, der dort Wache hielt, von dem Geschehen Notiz genommen und das intensive Leuchten wie einen Dom wahrgenommen zu haben. Er hatte auch von dem gewaltigen Blitz und dem Donnerschlag, von verschiedenen Stern-*

*schnuppen und einem organgefarbenen 'Ball' über sich am Himmel geschrieben. Als ich in den Wagen stieg, schalteten sich die Scheinwerfer und die Scheibenwischer von selber an, und mein Freund bekam Angst. Lachend beruhigte ich ihn. Wir sahen Reif und kleine Eisstückchen auf meinen Augenbrauen und in meinem Haar: Mein Körper war eiskalt, aber innerlich fühlte ich eine Wärme, die über zwölf Stunden lang anhielt. ES WAR EINE WUNDERBARE INITIATION!"*

Damit war die Enthüllung abgeschlossen. Wegen des Ziels und der Breite des Auftrags, die "Freiwilligen auf der Erde zu unterrichten", änderte Commander ASHTAR den Namen des irdischen Stützpunkts in Guardian Action International. Unser erster Schritt bestand in einem Brief an ungefähr fünfzig prominente internationale Führer, die über das ASHTAR-Kommando informiert waren, bevor die allgemeine Bekanntgabe erfolgte.

Das Buchmanuskript wurde beiseitegelegt, eine geplante Australienreise gestrichen, weil wir uns in die Aufgabe stürzten, die Kräfte des Lichts zu sammeln und ihre Stärke zu mobilisieren. Der neue Auftrag ASHTARs durchflutete unsere Herzen. Wir wußten, daß wir unsere Aktivitäten beschleunigen und den Göttlichen Plan zur Reife bringen mußten. Unser unzureichendes Büro mit seinen Mitarbeitern wurde vor lauter Arbeit zum fiebernden Bienenstock, um Ashtars ehrenvollem Auftrag gerecht zu werden. Unsere Postversandliste umfaßte nahezu achttausend interessierte Seelen, die ihrerseits wieder weitere Menschen erreichen konnten. Viele von diesen lieben Menschen hatten uns treu zur Seite gestanden, als wir wiederum wußten, daß der Commander auf die Kraft seiner Getreuen zählen konnte, die uns beistanden. Wie fallende Blätter, die vom Herbstwind durcheinandergewirbelt wurden, so wurde unsere Lethargie vertrieben, und Tätigsein wurde zur Losung des Tages. Die Glut unseres Reagierens erfreute sein Herz.

Wir wurden gebeten, einen "Goldenen Kreis" von Seelen zu errichten, die sich offen und furchtlos dem Ashtar-Kommando anschließen würden. Um das zu erreichen, mußten wir unsere Aktivitäten computerisieren, die Hilfe Freiwilliger in Anspruch nehmen und geeignete Hauptquartiere errichten. Es war eine erregende Zeit! Lord Ashtar hat auch angeordnet, daß GUARDIAN ACTION INTERNATIONAL VEGANS Post-Beratungsdienst fördern solle. Eine Gruppe erklärte sich bereit, 8.000 Etiketten zu tippen, und ortsansässige Freiwillige expedierten Berge von Post. Jedem Bedürfnis wurde Rechnung getragen, und eine neue Publikation, "DER GOLDENE KREIS", (The Golden Circle), wurde herausgegeben. Mehrere tausend Seelen wurden dazu gebracht, sich des Göttlichen Programms und ihrer Aufgabe darin zu erinnern.

Der gehorsame Freiwillige, der unerschütterlich im Licht seiner eigenen Mission voranschreitet, kann dastehen und das Werk Gottes in seinem Leben betrachten. Das Göttliche Programm ist entschieden die größte Verpflichtung, die man in seinem irdischen Leben eingehen kann.

# DES LEBENS HÖCHSTER SINN

*Göttlicher Wille*

## Kapitel IV

# Ergebung

Die Kreuzigung Jesu Christi ist symbolisch für das, was alle Überwinder in dieser Verkörperung im Auge behalten müssen. Er selbst wußte, daß Er gekommen war, um das Weltkarma auf sich zu nehmen, so daß der Mensch nicht durch sein eigenes Karma zermalmt würde und seine Gelegenheit zur Entwicklung auf dieser Ebene verpaßte. Die Last war so schwer, daß die Erde selbst hin und her taumelte. Die Menschheit konnte ihren Weg zu Licht und Wahrheit nicht selber finden. Deshalb legte Er seinen Glanz ab und beschritt diesen Weg in Seiner Reinheit, Seiner Majestät und nahm einen Teil dieses Karmas auf sich. Kein Mensch konnte ihm sein Leben nehmen. Er selbst sagte: "ICH LEGE ES AB ...".

Lord Michael, der Erzengel aus dem Königreich der Engel und Engel des Blauen Strahls, sagte mir vor langer Zeit:

> *"Der Himmel erwartet den Schüler, der diese Wahrheiten erwägt. Ohne dieses Wissen kam kein Initiierter jemals auf seinem Weg vorwärts. Und die Meister, die ihn führen, müssen im Schatten warten, bis ihr Schüler an Weisheit wächst. Dein Leben in dieser Inkarnation hat sich sehr entfaltet, da deine Seele dazu fähig war, ihre Läuterungen während deiner vorwärtsschreitenden Entwicklung zu nutzen. Schritt für Schritt werden wir dich in weitere Initiationen hineinführen, indem du anderen dienst, während du vorwärts schreitest. Du kannst diesen Weg nicht allein gehen; nur mit unserer Hilfe kannst du ihn finden. Wir rufen alle Schüler auf, ihr menschliches Ego, menschliche Ziele oder menschliche Prahlerei abzulegen, um in die Kreuzigung des niederen Selbst einzutreten, die die Auferstehung des Christusgeistes im Inneren mit sich bringt. Laß den leuchtenden Engel in deinem Innern die Gruft zerstören und erstehe in der Erneuerung des Lebens. ICH BIN MICHAEL. Ich stehe vor deiner Seele, während du die Tore des Lernens durchschreitest, und ich schließe diese Tore hinter dir. Ich bin dein Feuriger Wächter in Tätigkeit."*

In "Der sanfte Bruder" ("The Gentle Brother") hat der Weiße Adler geschrieben:

> "Möge die Rose erblühen auf deinem Kreuz. Das soll sagen, mögest du durch beständiges Voranschreiten dem Licht entgegen die Last des Kreuzes der Materie verwandeln in die duftende Rose des geistigen Lebens."

In den mystischen Lehren von Kreuzigung und Auferstehung ist der Abstieg des Menschengeistes in die Materie das Ergebnis der Notwendigkeit für Reinigung und Wiedergeburt. Das Leben selbst ist die Kreuzigung des Fleisches. Die ganze Bedeutung und das Mysterium der Wahrheit, die wir lieben, stellt den magischen Prozeß der Transformation und Transmutation dar. Denn der auf Erden lebende Freiwillige transformiert und transmutiert in seinem Kreuz der Verkörperung, während er die Reinigung erduldet, gleichzeitig alles, was sich in seiner Umgebung befindet. Jede Prüfung, die wir erdulden, verändert nicht nur uns selbst, sondern auch unsere Umgebung. Eine Verkörperung ist nur ein Fußabdruck im Sand der Zeiten.

Das Kreuz wurde als Symbol schon Tausende von Jahren vor der christlichen Ära verwendet. Es erschien an den Tempelmauern und auf den Obelisken des alten Ägypten, zusammen mit der Abbildung einer Rose in seiner Mitte. Es symbolisierte die Verkörperung des Menschen, wobei die Rose die Entfaltung der Seele, Entwicklung, Wachstum durch Prüfungen, Erdulden der menschlichen Lebenserfahrungen bedeutet. Es war ein philosophisches Symbol der verkörperten Söhne und Töchter Gottes, die an das Kreuz des Karmas auf dieser Ebene der Evolution genagelt wurden. Das Große Gesetz wählt niemanden aus, es hat keine Lieblinge, es achtet nicht auf die Person. Das Gesetz von Ursache und Wirkung ist völlig unpersönlich insofern, als das, was gesät wurde, geerntet wird, wie, wann und wo auch immer. Vielleicht kann der Mann auf der Straße sich gegen sein Karma auflehnen, aber ein Schüler kann nur gehorchen und ohne Murren ertragen. Es ist der Wert dieses Gehorsams, nach dem die Aufrichtigkeit des Freiwilligen gemessen wird.

Die Geburt stellt eine Durchgangspforte dar. Das Tor öffnet sich, und wir treten ein. Bedenke alles, was hinter diesem Tor zurückgelassen werden muß: die Vision, die Glorie, der wunderbare ätherische Körper, die herrlichen Reiche, das totale spirituelle Bewußtsein, das Akasha-Bewußtsein, die Erinnerungen, das Gedächtnis. Nun muß der chemische Körper übernommen werden. Nach all diesen herrlichen hohen Schwingungen muß die Wesenheit nun im Staube kriechen. Der physische Körper muß ernährt und gekleidet werden, er braucht Wohnung und Fürsorge, braucht Übung, Schutz, Erziehung. Wir nehmen alle diese Begrenzungen auf uns, von unbegrenztem Raum und unbehinderter Freiheit kommend, und verbringen den Rest dieser Inkarnation damit, alle diese Begrenzungen zu überwinden.

> *Jede Begrenzung durch die Verkörperung wird zur Herausforderung, so daß alle Begrenzungen verschwinden können, wenn sie auf die spirituelle Ebene erhoben werden, wenn der physische Zweck eins wird mit der geistigen Überseele. Eine Fessel, eine Kette der Begrenzungen nach der anderen fällt von uns ab, und die Seele findet ihre Freiheit wieder!*

Die ganze Bedeutung der Transformation ist Vervollkommnung durch Initiation.

Vervollkommnung bedeutet nicht:
- gelehrt zu werden durch Offenbarungen,
- viele Schulklassen besucht zu haben,
- Unhöflichkeit,
- Widerspruchsgeist,
- Haarspalterei,
- spiritueller Koller, wenn Karma zu tragen ist,
- zu den Meistern zu sprechen,

Vervollkommnung bedeutet:
- Meisterschaft über das Selbst,
- die Gabe der Zusammenarbeit,
- niemanden zu verletzen,
- Freundlichkeit,
- Toleranz,
- ruhige Stärke,
- Heiterkeit,
- Meisterung des emotionalen Körpers,
- Meisterung des mentalen Körpers,
- Meisterung des physischen Körpers,
- Nachsicht und Langmut,
- Geduld und Ausdauer.

Es ist die Meisterschaft der tätigen Liebe, die durch die menschliche Initiation der Kreuzigung der selbstsüchtigen Wünsche und Pläne, des Strebens und Ehrgeizes erreicht wird. Wenn das Selbst ertötet ist, dann verwandelt die darauffolgende Auferstehung des Geistes die gesamte Umgebung.

Gib dich nicht der Versuchung der Selbsterhaltung hin. Bringe die Stimmen zum Schweigen, die dir zurufen: "Steige herab vom Kreuz, wenn du von Gott bist!" Im Augenblick anscheinender Hilflosigkeit, als Opfer vorherrschender Umstände, wo der Geliebte Legionen von Engeln hätte zu Hilfe rufen können, blieb er stark und tat in diesem Augenblick mehr für die Welt, als je ein anderer hätte tun können.

Der irdische Freiwillige kann auch durch die Worte geschmäht werden: "Wenn du ein Kind Gottes bist, wieso kann dir dann so etwas passieren?" Dann antworte nicht; denn Schweigen ist deine Stärke! Bleibe innerlich ruhig in dem Wissen, daß Gott dich nicht vergessen hat. Frederick von Mierers hat die Botschaft der Geistigen Auferstehung in folgende Worte gefaßt:

> *"Die materielle Welt wird durch das Kreuz symbolisiert, die beiden großen Strahlen von Raum und Zeit, das Kreuz, an das alles geschlagen werden muß, was in der materiellen Welt existiert, damit die Auferstehung Wirklichkeit werden kann. Alles Sichtbare kehrt ins Unsichtbare zurück. Wo sich die beiden Kreuzbalken treffen, da ist das Hier und Jetzt, der einzige Ort, an dem Materie überhaupt existiert.*
>
> *Das Göttliche Selbst in dir, dein 'ICH BIN' muß ebenfalls ans materielle Kreuz geschlagen werden, um in der Ewigen Realität aufzuerstehen. Um erleuchtet, um gewissermaßen göttlich magnetisiert zu werden, mußt du dein niederes objektiv-subjektives Selbst ans Kreuz der Strahlung von Raum und Zeit schlagen. Nur durch Leiden, das durch die Kreuzigung symbolisiert wird, wird es dir möglich, dein persönliches Ich zu überwinden.*
>
> *Durch dein Leiden beginnst du nach Erlösung zu suchen, eine Erlösung, die in dir selbst liegt, in deinem höheren Selbst, in deinem 'ICH BIN'. Dies ist die wahre Bedeutung der Auferstehung. Du erhebst dich aus dem begrenzten körperlichen Bewußtsein in das unbegrenzte Gewahrwerden der Ewigen Realität, die dich und jede Kreatur belebt."*

Unser äußeres Wesen ist die fleischliche Verhüllung unseres inneren Glanzes. In den Stürmen der Prüfungen und der Schicksalsschläge braucht man nur von seinen niederen Reaktionen abzulassen, indem man die Gabe des freien Wissens Dem zurückerstatte, von Dem man sie erhalten hat. Dann wird man innerlich völlig wunschlos. Dies und nur dies bedeutet den wirklichen Tod der Ignoranz der Finsternis und das Erwachen zu dem ins menschliche Herz geschriebene Gesetz. So werden wir Diener der Liebe statt Diener des Gesetzes. Ashtar erklärt:

> *"Das Prinzip des freien Willens ist in unseren Welten nicht nötig, da jedermann nur den Willen des VATERS, des STRAHLENDEN, zu erfüllen wünscht. Wir haben keinen anderen Willen. Die Herrschaft des Selbst existiert nicht länger. Das ist das Geheimnis der dunklen Strahlung, die die Erde umgibt. Das ist der Grund, warum sie gereinigt werden muß: den Willen Gottes zuzulassen in Empfindungen, Gedanken und Gefühlen, in jeder Handlung, in jedem gesprochenen Wort. Das ist das grundlegende Prinzip aller universellen Gesetze. Stets haben wir die Einfachheit der Frage bewundert: 'Was würde Jesus tun?' Eine solche Überlegung in den unangenehmen Augenblicken des Lebens bringt Licht und verändert die Welt im allgemeinen und die persönliche Welt im besonderen."*

## Wirbelpunkte und der Gedächtnisschleier

Reverend Hal Wilcox ist ein hervorragender Kontaktler der 50er Jahre, und er ist weiterhin als Repräsentant des Planeten vom System Alpha Centauri in interplanetarischen Angelegenheiten aktiv. Seine faszinierende Belehrung, den Gedächtnisschleier betreffend, will ich hier zitieren:

> *"Was wir in unserer Sprache Wirbelpunkte (Vortex Points) nennen, waren einstmals Weltraum-Markierungs-Bojen, die im Gitternetzsystem unseres Planeten plaziert waren. Diese Galaxis wurde erforscht, diejenigen 49 Planeten, die menschliches Leben tragen konnten, wurden durch Bojen markiert, so daß sie überwacht und wie ein Garten betreut werden konnten, wie es auf den ersten Seiten unserer Heiligen Bibel geschrieben steht.*

*Die sieben Tage der Schöpfung beschreiben, wie eine jungfräuliche Galaxis oder ein entsprechender Planet Schritt für Schritt geformt wird, bis einfache Lebensformen sich entwickeln und überleben konnten. Festgestellt wurde dies durch Raumstationen, die alle in der Lage waren, in beiden Richtungen Daten auszusenden und zu empfangen. Die Planeten und die Beobachtungsbojen wurden miteinander verbunden, bis die ganze Galaxis eine wahre TEST-STATION wurde.*

*Diese Tests dienten und dienen dem Zweck, eine Methode zu entwikkeln, durch welche die Menschheit überall im ganzen Universum unter Gott als dem alleinigen Universellen Regenten in Frieden leben kann.*

*Die Stationen befinden sich an ganz bestimmten Punkten, so daß sie durch übertragene Energien gespeist werden können. Diese Energien werden in der Sprache der Außerirdischen Shel-Kräfte genannt. Granit absorbiert diese Energien, die mit der Lebenskraft Gottes gleichzusetzen sind. Es ist ungefähr der gleiche Vorgang wie Steine in der Wüste, die Sonnenhitze speichern. Da diese sechs festgelegten Computer-Geräte genau an den stärksten Wirbelpunkten plaziert wurden, hat sich die Menschheit zusammen mit anderen Lebensformen rings um diese Punkte entwickelt.*

*Das Wort Atlantis ist ein außerirdisches Wort, das Gottes Gebiet bedeutet, doch ist es mehr ein Zustandsbericht einer Zivilisation, wie: 'Amerikas Bestimmung ist es, das wiedergeborene Atlantis zu sein'. Es gab damals zwei größere Landmassen. Die eine wurde Atlantis, die andere Lemurien genannt. Dies führt zu einer gewissen Begriffsverwirrung, denn in der Tat waren beide ein Teil der einen Zivilisation, die Atlantis genannt wurde.*

*Als Gottes Gebiet (Atlantis) verderbt wurde, hatte das physische Land (wie ein chemisches Reagenzglas) eine Generalreinigung nötig, bevor es wieder benutzt werden konnte. Das geschah im Einklang mit dem Willen Gottes oder, mit anderen Worten, im Einklang mit den Göttlichen Prinzipien des Universums. Erst nachdem unser Planet Erde reingewaschen war, säten jene Außerirdischen, die uns jetzt helfen, aufs neue eine menschliche Bevölkerung in der gereinigten Erde aus, was ungefähr 250.000 Jahre erforderte.*

*Die nächste Zivilisation war die von Antila, die ebenfalls versagte. Gemäß dem Versprechen Gottes, das durch den Regenbogen symbolisiert wurde, brauchte unsere Erde und diese Zivilisation keine weitere totale Reinwaschung zu erdulden. Statt dessen wurde die Erde durch die Kraft der Energie von Babel 'trockengerieben'. Es gab einen Turm von Babel, der es ermöglichte, eine vollständige Verbindung zwischen dem Universellen Bewußtsein und dem individuellen Gehirn der Bewohner von Antila herzustellen. Babel war auch der Name der drahtlosen Computer-Verbindung zwischen unserer Erde im mächtigen Gizeh und dem Computer-Netzwerk aller Vereinigten Welten. Inbegriffen waren darin alle jene Planeten (und andere Wohnplätze, Raumschiffe, -stationen usw.), die erfolgreich 'aufgestiegen' waren.*

*Nachdem bekannt war, daß die 'Zwei' in Antila ein weiteres planetares Versagen zustandegebracht hatten, wurden alle Geräte von Gizeh entfernt und verborgen. Danach wurde aber durch einen Akt der Gnade unseres Gemeinsamen Schöpfers einer kleinen Gruppe, der Großen Weißen Bruderschaft, erlaubt, ihre Erinnerung zu bewahren. Doch anstatt den Planeten wiederum 'reinzuwaschen', wurde VOM PLANETEN ERDE DIE GESAMTE ERINNERUNG HINWEGGENOMMEN, ein Zustand, der bis heute noch anhält.*

*Es verging eine Zeitspanne von ungefähr 25.000 Jahren von dem Zeitpunkt an, wo sich der Gedächtnisschleier auf die Menschheit herniedersenkte, bis zu dem Zeitpunkt, der uns als der 5. Februar 1962 bekannt ist, dem Beginn des NEUEN ZEITALTERS. (siehe "Das kommende Goldene Zeitalter" von Dr. F. W. Summer [Ventla]). Es erfordert viel Nachdenken, um die Wichtigkeit und Bedeutung dieser Aussage voll zu erfassen: 'Alle Erinnerung wurde vom Planeten Erde hinweggenommen'. Wir befinden uns heute in dem Stand mentalen Bewußtseins (obwohl sich das Wort 'Erinnerung' in unserem Wortschatz befindet), daß wir die wahre und wirkliche Bedeutung einer solchen Behauptung nicht erkennen, soweit sie sich auf unser spirituelles Sein bezieht. Alle Erinnerungen an alle Leben sind nicht alle Erinnerungen an ein Leben. In der Tat öffnet dies nur einen Spalt in der Tür zu einer vollständigen Bedeutung: alle Erinnerungen an alles Wissen im Universum, oder das Überbewußtsein.*

*Jene, die, 'aufgestiegen' sind, die ihre Prüfung bestanden haben, erlangen ihr völliges Seelengedächtnis zurück und haben Zugang zu allem Wissen. Der 23. Psalm trifft den Nagel auf den Kopf, indem er sagt: Er stellt meine Seele wieder her. Die Seele wiederherstellen, das heißt, das Seelengedächtnis wiederherstellen, etwas Weggenommenes wiederbringen, wie es der Satz ausdrückt: 'Alle Erinnerung wurde den Menschen der Erde hinweggenommen'. Unsere Älteren Brüder halfen bei der Gründung und Führung der ägyptischen Mysterienschulen. Das Gedächtnisgerät hielt einen kontinuierlichen Strom der Wahrnehmung, der Verbindung und der Erinnerung an Nofretete und ihre ägyptischen Mysterienschulen aufrecht. Die Berichte über Nofretete und ihr Orakel überdauerten in Legende und Dichtung die Zeiten und bildeten die Grundlage unserer heutigen Weltreligionen.*

*Da sie nicht wußten, was diese Seelen-Restaurierungs-Geräte waren, neigten die Menschen jedes Zeitalters dazu, diese leeren 'Sarkophage' für INO-Computer zu halten. Sie legten, wie die früheren Erdbewohner, Blumen auf diese Tempel des Bewußtseins ... wie auf Gräber. Und wir verfielen der Gewohnheit, die leblosen Körper in Behältnisse wie in Gräber zu legen, um sie zu verehren, während die Seele des Menschen, die den Körper verließ, für wertlos erachtet wurde! Während sich die menschliche Neuaussaat diese 25.000 Jahre fortsetzte, gebaren die Frauen die Saat der Universellen Rasse aus diesen Tempeln alten Lernens ... so wie ausgewählten Männern Führung und Wissen geboten wurden. Die berichteten Geschichten sind ähnlich der von Moses, der auf dem Heiligen Berg durch ein Terminal-Gerät gesprochen hat. Es ist kein Zufall, daß vieles in der Heiligen Bibel die originalen zwölf Gebote enthält, die als die Gesetze des Bundes Gottes durch einen brennenden Busch gegeben wurden."*

Als ich obigen Artikel wiederholt gründlich studierte, wurde ich an eine Botschaft von Joshua, Lucy Colsons Meister, erinnert, als er betreffs meiner Erfahrung sprach, die ich anläßlich einer Reise nach Paris in der Kathedrale von Notre Dame hatte:

*"Du wurdest aus Gründen der Neuordnung hierhergeschickt. Während du in der Kathedrale saßest und in deiner körperlichen Form*

*Verbindung aufnahmst, wurde dein emotioneller Körper gestärkt und auf das ausgerichtet, was vor dir liegt. Es war eine notwendige Reise, denn du brauchtest den besonderen Anstoß spiritueller Energie, um deine feineren Körper aufzuladen und die Neuordnung zu festigen. Dein äußerst schwaches 'Signal' machte die Wiederanpassung sehr schwierig, und sie hätte nirgendwo anders durchgeführt werden können. Denn als du an genau diesem Platz saßest, liefen unter der Kathedrale magnetische Kraftlinien durch die Erde, die als Bodengerät funktionierten. Auch wirkten sie auf magnetische Weise, indem sie negative Energien aus deinen Füßen herauszogen, als mehr und mehr Göttliche Energien durch deinen spirituellen Körper und von dort in deinen physischen Körper eindrangen, bis du völlig gereinigt warst. Du wurdest dort in ein 'Halte-Muster' hineingebracht, und es interessierte dich nichts anderes, da alle deine Sinne auf dieses eine Ziel abgestimmt waren."*

Eine mächtige, zwingende Kraft war in mein Leben getreten und trug mich hin nach Paris, ohne daß ich derartige Pläne hatte. Es war wie eine Macht des Schicksals. Ich wußte, die Kathedrale war für die Mutter Maria ein Brennpunkt in Europa, und ich fuhr vor allem aus diesem Grund. Aber es war der große Altar der Jeanne d'Arc, der mich wieder und wieder anzog. In der Kathedrale war es, wo ich erfuhr, daß ich die Mutter dieser großen Heiligen gewesen war, und es erfreute mich, an jedem ihrer Altäre in dieser Stadt zu beten. Ich erhob mich ganz früh am Morgen, um Notre Dame meinen täglichen Besuch abzustatten, lange bevor die ersten Touristenbusse eintrafen. Auf diesen alten handgeschnitzten Bänken zu sitzen, wo seit dem zwölften Jahrhundert gebetet wurde, war in der Tat ein Erlebnis. Und dann gesagt zu bekommen, daß ich zweihundert Jahre zuvor am gleichen Platz gesessen hatte, war erschütternd. Ja, Paris war eine Freude für mich. Alle die herrlichen Kathedralen vermittelten mir solche 'déjà vu'-Erlebnisse, und ich hatte ein beglückendes heimatliches Gefühl, bis ich die Place de la Concorde passierte, wo einst die berüchtigte Guillotine gestanden hatte. So lieblich, wie der Platz jetzt gestaltet ist, so konnte ich doch seinen Anblick nicht ertragen, als ich im Taxi vorbeifuhr. Übermächtige Sorge überkam mich. Ich wußte, daß einmal eines meiner Leben auf diesem Platz geendet hatte. Ich wandte mich um und blickte durch das Rückfenster des Taxis. Da fielen meine Augen auf die Kirche Magdalena. Ich fühlte einen starken Drang, hinzugehen, tat es aber nicht. Wie oft gehen wir da, wo wir früher gegangen sind. Wir ahnen die Sorgen, die wir einst gehabt hatten, oder auch die Freuden, wenn sich der Schleier bloß ein wenig hebt, nur um sich wieder auf unser Wesen herabzusenken. Doch diese seltenen Augenblicke der Erinnerung bleiben uns in aller Zukunft erhalten.

An einem bestimmten Punkt der Belehrungen durch Edgar Cayce wurden Aura-Bilder und Lebens-Siegel gegeben. Diese und die Botschaften (Readings) unterstreichen den Wert und die Notwendigkeit visuellen Antriebs für das Unterbewußtsein. Ein persönliches Erlebnis beleuchtet diese Wahrheit. Ich bin keine Katholikin, noch war ich es in diesem Leben. Auch war ich nicht religiös dazu angeleitet, den Rosenkranz zu beten oder sichtbare Gegenstände zu verehren. Ungeachtet dessen kam zu einem bestimmten Zeitpunkt ein schönes großes Kruzifix in meinen Besitz. Als ich in der Meditation in einen höheren Bewußtseinszustand eintrat, fand ich mich instinktiv zu ihm hingezogen, und unbewußt hielt ich es zur besseren Einstimmung gegen meine Stirn. Da umfingen mich mächtige Wogen der Liebe. Zeiten intensiver Verehrung und Liebe zum Himmlischen VATER konnte ich nur erleben, wenn ich das Kruzifix an die Brust drückte. All meinen orthodoxen Lehren nicht widerstehend, fand ich mich in der Ruhe meiner Seele, die nun folgte, wie ich mit einer inneren Bewegung das Zeichen des Kreuzes ausführte, die einer Umarmung beim Abschied glich. Ich glaube, der sichtbare Anstoß durch das Kruzifix löste in mir Erinnerungen an meine vielen Inkarnationen als Schwester hinter Klostermauern in vielen verschiedenen Zivilisationen aus.

Vielleicht erklärt der visuelle Antrieb den Ort der gelben Rosenknospe in frühen Meditationsritualen, so daß man in die Stille eintreten und jene nahe Beziehung zu den unsichtbaren Freunden herstellen konnte. Gemälde der Meister vollbringen dies für viele Seelen. In den späten 70er Jahren, als ich noch im Bereich der Hauptstadt weilte, besaß ich eine Kopie des Gemäldes, das die Welt "Das Schweißtuch der Veronika" oder den "Schleier" nennt, das Jesus mit der Dornenkrone und mit Augen zeigt, die sich zu öffnen und zu schließen scheinen. Ich fand zu dieser Zeit, daß es leichter war, über das Ideal des spirituellen Selbst zu meditieren, das sich über das irdische Selbst erhebt und es besiegt, wenn ich auf die Dornen blickte.

## Ich war dort

Schwerer Nebel hing an jenem Dienstagmorgen, dem 6. März 1973, über Washington D.C. Unbarmherzig drang er zwischen den aufragenden Wolkenkratzern in die Häuserschluchten ein. Um acht Uhr früh konnte man von unserer Wohnung aus kaum mehr die gegenüberliegenden Häuser erkennen. Ich lag zu Bett, da ich einer Virusinfektion erlegen war. Deshalb beschloß ich, bis zu meiner Neun-Uhr-Andacht liegenzubleiben. Ich drehte mich auf die rechte Seite, und mein Blick fiel auf das Jesus-Bild mit der Dornenkrone, das dort neben dem Bett an der Wand hing.

Ich weiß nicht, wieviel Zeit vergangen war oder wann es anfing, aber die Last einer großen Sorge begann mein innerstes Wesen zu bedrücken. Wie vergossenes Wasser in einen Teppich einsickert, so drang dieses bedrückende Gefühl in mein Wesen ein. Es war mir, als wäre die Sonne meines Lebens untergegangen und nur schmerzende Verzweiflung zurückgeblieben. Ich meinte, mit gekreuzten Beinen auf dem Erdboden zu sitzen, die Arme über der Brust verschränkt, die Fingernägel in die schmerzenden Oberarme gepreßt, während der Körper hin und her schwankte und die Augen vor sich hinstarrten wie bei jemand, der nicht begreift, was geschehen ist. Ich erhob meinen Blick und schaute auf eine erschlaffte Gestalt, die an zwei gekreuzten Holzbalken hing. Wie jemand, der nicht mehr seiner selbst mächtig ist, weinte ich. "Sie töteten ihn. Sie töteten ihn. Er war so herrlich, so rein, so liebenswürdig, und sie TÖTETEN ihn." Aber in einiger Entfernung schrie ein anderer Teil von mir vergebens: "Aber sie taten es nicht. Er lebt. Geh voran bis zu Seiner Auferstehung!"

Doch ich konnte mich nicht von dieser lähmenden Erinnerung lösen, die nichts anderes sein konnte als die Erinnerung an den Tod Jesu! Ich versuchte es, aber mein Bewußtsein hielt unlösbar an diesem grausigen Bild fest. Benommen nahm ich die Konturen von fünf Gestalten wahr, die den Hügel heraufeilten. Ich erhob meine von Tränen geschwollenen Augen, um sie besser durch den kalten abendlichen Nebel hindurch erkennen zu können. Seine Mutter saß in stummem Gram neben mir.

Die Männer breiteten eine Art Segeltuch auf dem Boden aus und legten es unter seine Füße. Drei der Männer packten den mittleren Balken kräftig an seiner Basis und hoben ihn langsam aus der Grube heraus in die Höhe. Die anderen legten ihre Hände auf die Rückseite des Balkens, der nun langsam in ihre Richtung herabgesenkt wurde. "Oh mein armer Herr, wie elend er aussieht." Er war so kräftig gewesen, doch nun sah seine Gestalt so schmächtig aus. "Oh mein Herr!" Das Leinentuch, das Unseren Meister bedeckt hatte, fiel zu Boden. Einer der Männer hob es auf und nahm es zu sich.

Die Männer arbeiteten in schweigendem Einvernehmen und vollendeten rasch ihre bittere Aufgabe. Ich erkannte den Hochgewachsenen, doch den einen, der so eigenartig gekleidet war, hatte ich noch nie gesehen. Sie arbeiteten mit einer gewissen Unruhe, immer der Augen derer bewußt, die auf sie blickten und die sie fürchteten. Sie wickelten Ihn in das Segeltuch. Der Große trug Ihn den Hügel hinab, und wir alle folgten in atemloser Stille. Aber ich habe keine Erinnerung daran, wohin der Weg danach weiterging.

Ich war aber überzeugt davon, daß diese Vision nur das Vorspiel von etwas war, was noch kommen würde. Ich sah Sein geliebtes Haupt zur Seite geneigt, wie er noch auf dem Segeltuch lag und auf einen Stein wie auf einer Liegestatt gebettet war. Die Dornen waren entfernt worden, aber sein Haar war noch vom Blut der Wunden verklebt, das vermischt war mit dem Staub der Straßen. Ich sah, wie eine Hand die Haare aus seinem Gesicht strich, und ich wußte, es war meine eigene Hand! In dieser zweifachen Rolle als Zuschauer und Mitwirkender war ich eingespannt zwischen dem Erstaunen des ersteren und dem tiefen Gram des letzteren. Vage nahm ich noch andere wahr, die damit beschäftigt waren, seine Beine und Arme zu reinigen, und sie arbeiteten sehr rasch, denn schon begann uns Dunkelheit zu umfangen. Ich zog das Tuch aus meinem Obergewand, mit dem ich zuvor an diesem Tag Sein Antlitz abgewischt hatte, als Er das Kreuz trug. Sachte wischte ich den Kummer dieses Tages aus diesem geliebten Antlitz. Oh unglückseliger Tag - und befeuchtete Seine Lippen. Dann brachten sie mich weg. Wir beeilten uns, denn die Wachen tauchten auf, und die Nacht war hereingebrochen.

Damit schwanden die erschütternden Ströme der Erinnerung dahin, und es blieben nur betäubende Kopfschmerzen und völlige innere Leere. Ich war wie erstarrt. Es war mir bewußt, daß der Kummer der Frau in dieser Szene mein eigener Kummer war. Dessen war ich sicher! Es war eine so lebhafte Erinnerung an Herzeleid, die in vielen Leben nicht aus meiner Seele ausgelöscht werden konnte. Wenn es das war, was man mit Fern-Gedächtnis bezeichnet, dann wollte ich nicht noch mehr davon. Wie weise ist es doch, daß Gott in Seiner Liebe den Schleier des Vergessens über den Weg breitet. Kein menschliches Wesen könnte den Schmerz der Erinnerung an frühere Leben ertragen, wenn er von einer derartigen Intensität begleitet ist.

Ich versank in den emotionellen Tiefen des Augenblicks. Wie konnte ich die illusorische Idee begreifen, daß Er im Verlauf einer Stunde die Meisterschaft erreicht hat. Seinen Körper zu dematerialisieren und wieder zu materialisieren, um wieder und wieder zu erscheinen? Was wußte ich von diesen Dingen? Niemals mehr würde Seine Liebende Hand mein Haupt berühren, wenn Er vorüberging. Diese traurigen Augen, die manchmal in einem warmen Augenblick gegenseitigen Austausches die meinen trafen, waren für immer geschlossen. Doch dieser entfernte Teil von mir schien zu wissen, daß ich zu einem späteren Zeitpunkt zum Wissen gelangen würde. Nachträglich bilden die Schuldgefühle, die jene befallen, die ihre Toten beerdigen, bisweilen einen undurchdringlichen Schleier. Mit all der Scham von Petrus, der Ihn dreimal verleugnet hatte, war ich von meinen eigenen Vorwürfen betroffen, doch gleichzeitig erfaßte ein gewaltiger Heilungsvorgang meine Seele.

Rückblickend weiß ich jetzt, warum Karfreitag und Ostersonntag für mich immer solche kummervollen Tage gewesen waren, warum ich mitten an einem Ostersonntag von solchen Emotionen überwältigt worden war. Ich war dort! Ich verstand, warum das Kruzifix für mich solch eine Bedeutung gehabt hatte. Ich war dort! Ich wußte auch, warum ich in diesem Leben wieder und wieder diesen Weg gegangen war, warum ich immer wieder die andere Wange hinhielt. Ich fühlte eine Verbundenheit mit Ihm in Seinem Leiden, die andere nicht verstehen konnten. Es ist unglaublich, aber ich wußte, daß ich in jedem Leben seit diesem Tag nur Seiner Wahrheit gedient habe. - Teilnahmslos schaute ich auf die Uhr. Es war erst 8.15 Uhr! Ich hatte das Ganze in einigen wenigen Minuten wiedererlebt!

Wieder und wieder starrte ich auf das Muster der gelben Gänseblümchen auf der Nylon-Überdachung über mir. Warum war mir dieses mystische Erlebnis zuteil geworden? Und, o Herzeleid, warum hörte diese Offenbarung zur dunklen Stunde auf, anstatt bis zu Seinem Triumph weiterzuführen? Es gab hier keinen Grund zur Freude. Was bedeutete dies? Was wollte diese Botschaft sagen?

In dieser Nacht, als ich auf meiner Couch saß und betete, kam Er und stand vor mir. Er half mir, den Heilungsprozeß zu verstehen, der sich in meiner Seele abspielte, so daß ich niemals mehr wegen Ihm traurig sein oder mit Kummer auf diese Szene zurückblicken werde. Die Erinnerung daran würde weggewischt, und ich würde an Ihn gebunden mit den Banden der Liebe, die niemals gelöst werden können, und die Pforten der Hölle können nichts dagegen ausrichten. Ich war eine von den siebzig, die mit ihm gezogen waren. Das gewöhnliche Volk war mit meinem Gesicht ebenso vertraut wie manche andere. Er sagte, daß viele von ihnen abgefallen seien, ich aber bis zum Ende treu geblieben sei. Er bestätigte, daß alle zurückliegenden Inkarnationen dem Werk des VATERS geweiht waren. Jede einzelne war im Geiste eine Wiederholung jener einen gewesen.

Er erklärte verschiedene meiner Leben als Nonne in Seinem Namen. Dreimal erhielt ich Anerkennungen für Frömmigkeit, Weisheit und Unterordnung unter Seine Sache. Er sprach von einem Leben als Frau, wo ich Kranke heilte, aber ich wußte es nicht, denn Frauen wurden in jenen Zeiten unterdrückt!

> *"Aber deine Hände waren heilende Hände, da sie jenen dienten, die litten. Du fühltest dich in deinem Herzen dazu hingezogen, dich im Gebet zu üben. Nun überbringen wir dir die Mission dieses Lebens als die größte von allen. Du sollst ein Instrument der Botschaft für diese letzten Tage werden und sie verbreiten, wenn die Menschen dazu bereit sind."*

Später erfuhr ich, daß zwei der Nonnen als Teresa Angelica und Celeste Marie ihre Arbeit in französischen Orden getan hatten.

> *"Mein Kind, laß uns niemals mehr auf jene Tage zurückblicken, sondern laß uns Hand in Hand vorwärtsschreiten, denn der größte Kampf beginnt nun erst. Du wirst im Kampf stehen und andere anfeuern, dir zur Seite zu stehen. Doch ich will bei dir stehen, und wenn du sprichst, werde ich von denen gesehen werden, die mich kennen.*
>
> *Wenn du deine rechte Hand hebst, um heilende Strahlen auf die Menschen zu richten, dann wende deine Handfläche um, als wolltest du darin den Abdruck eines Nagels zeigen. Laß deine rechte Hand auf jeden Sitz des Auditoriums ausstrahlen, und jene, die geheilt wurden, werden den Nagelabdruck sehen. Denn es wird nicht deine Hand sein, sondern meine Hand. Es wird nicht dein Arm sein, sondern mein Arm, und sie werden wissen, daß ich es bin!"*

## Die Grundlinie

Als ich eifrig an diesem Manuskript arbeitete - es war, als die große Zentral-Sonne im Jahr 1988 in die Hierarchie der Zwillinge eintrat -, fühlte ich unbewußt, daß etwas Wichtiges auf mich zukommen würde. Der Herr Jesus begann, oft zu kommen, und schien mir immer nahe zu sein. Ich meditierte eingehend über die alten zurückgerufenen Erinnerungen. Ich spürte, daß mir noch weitere Antworten gegeben würden. Zum Beispiel WUSSTE ich, daß ich eine Tochter des Apostels Philippus gewesen war, so wie ich mit gleicher Sicherheit auch wußte, daß ich damals unter dem Kreuz gestanden hatte. Anfang Juni kam Er und sprach lange und ausführlich zu mir. Ich glaube, es ist interessant:

> *"Guten Abend Tuella. Ich grüße dich in der Strahlung des Einen. Ich bin gekommen, um dir eine längst fällige Erklärung zu bringen. Du hast gehört, daß dein Vater Philippus wie auch deine Schwestern von diesen Dingen gesprochen haben, doch du, meine Liebe, hieltest aus, um deine eigene Entscheidung zu treffen. Du mischtest dich unter die Menge und horchtest, aber es war schwierig für dich, dir von allem ein Bild zu machen, das du verstehen und an das du glauben konntest. Aber du fuhrst fort zu folgen, du folgtest immer, hörtest immer zu, entschlossen zu begreifen. Und dann erlebtest du es an einem sonnigen Tag auf einem Berg. Die Glorie Shekinah traf dich kraftvoll, als du in strahlendem Licht knietest und deine Arme emporstrecktest, um das Licht der Wahrheit und der Erkenntnis in dich aufzunehmen. Deine Freude war auch eine Freude für uns alle, für jedermann und für die Engel des Himmels.*
>
> *Du bliebest weiterhin bei unserem Gefolge, und kurz nachdem ich im Hause Simons gesprochen hatte, kamst du von der Straße herein und fielst mir zu Füßen. Du wuschest mir die Füße mit deinen Tränen der Dankbarkeit und trocknetest sie mit deinem Haar. Du gossest wertvolle und kostbare Spezereien über meine Füße, und unsere Gefolgschaft, besonders einer aus ihnen, grollte deswegen. Doch ich bat ihn, es nicht zu tun, denn ich wußte in meinem Inneren, daß dies eine Salbung für mein Begräbnis war, und ich bat dich, fortzufahren, aber die anderen wußten nicht, was das zu bedeuten hätte. Du fühltest diese große Kluft, diese Trennung der Dimensionen, und in deiner Traurigkeit hast du diese Dinge in jener Nacht getan.*

*Du folgtest uns ununterbrochen, und es war selbstverständlich, daß du mir am Straßenrand gefolgt bist, nach der Nacht des Gerichts und der Qualen. Du hieltest deine treue Nachtwache zusammen mit den anderen Frauen außerhalb des Gerichtshofes, die ganze Nacht hindurch. Du hörtest voller Erstaunen, wie Petrus Mich verleugnete, und konntest nicht glauben, daß die anderen geflohen waren. Du bliebst in der Nähe meiner Mutter und gingst neben Mir am Straßenrand den Weg nach Golgotha.*

*Es war in einem Augenblick stärksten Mitgefühls, als du die Reihen durchbrachst und an meine Seite kamst, um Mir mit deinem neuen Schleier, den du zu tragen begonnen hast, als du eine der Unsrigen wurdest, das Gesicht abzuwischen. Niemals zuvor hast du dein Haupt bedeckt. Schon zuvor hast du Mir oftmals in Zeiten der Hitze und der Erschöpfung Mein Antlitz abgewischt, wenn es erforderlich war. Stets waren es die drei Marias, die sich um meine Bedürfnisse kümmerten.*

*Verwirrung und Irrtum waren der Grund, daß dieser einen die Welt einen falschen Namen gegeben hat und sie dadurch zu einer anderen Person machte, doch die, die Mir das Gesicht abwischte, war die gleiche, die Meine Füße salbte, die ihren Schleier abnahm, um von Meiner Stirn den Gram der langen Nacht in der Halle des Pilatus abzuwischen.*

*Zu der Stunde ihres großen Entzückens auf dem Hügel, wo sie zu Boden geworfen wurde, wurde dir, dem Wesen Tuella, erlaubt, die Kontrolle über die Gestalt Maria Magdalenas zu übernehmen, die todkrank war. Du führtest dann den Rest dieser Inkarnation als Maria Magdalena im Rang eines Meister-Lehrers.*

*Mein Geschenk für Deine Geste mit dem Schleier war der Abdruck Meines Bildes auf deinem Tuch, das du für den Rest jener Tage behalten hast. Die Legende, wie sie heute erzählt wird, trägt dieses Element der Wahrheit in sich. Doch es war Maria Magdalena, die diesen Akt der Liebe gegenüber Meiner Person in Meiner dunkelsten Stunde vollbrachte. Du folgtest zusammen mit den anderen, als mein Leichnam sicher in das Grab gelegt wurde. Du bliebst länger, hieltest weinend Nachtwache bis zum folgenden Tag. Es war ein be-*

*sonderes Geschenk für dich, daß du die erste warst, die vom Engel die Mitteilung von der Auferstehung des Körpers eures Herrn erhielt, und daß du, eine Frau von demütigem Glauben und demütiger Liebe, ebenfalls der erste Evangelist warst, der in die Stadt eilte und den anderen, die noch in ihrem Gram versammelt waren, berichtete, daß ICH LEBE! Das war Mein Geschenk für dich, Tuella, in jenen Tagen, in jener Zeit, daß dir diese Gabe der Ankündigung gewährt wurde. Nach jenem Morgen hast du auch mit all den anderen stets prophezeit und das Volk belehrt, obwohl das Gesetz den Frauen verbot, Zeugnis abzulegen. Doch du brachtest dein Wissen allen, die zusammenkamen und lauschten. Du bliebst bei meiner Mutter und sorgtest auch für sie, zusammen mit Johannes, bis unser Werk in jener Zeit vollendet war.*

*Jetzt haben wir eine andere Zeit, und wir vollbringen eine andere Arbeit, aber zu dem gleichen Zweck, daß die Menschen einsehen, daß sie alle Söhne und Töchter Gottes sind, bestimmt zu Größe und Reinheit, auch in physischer Gestalt. Nun sind alle von unserer Gruppe aus jener Zeit zurückgekehrt, wie sie gelobt und geschworen haben, und du hast einige davon kennengelernt und wirst noch mehr von ihnen kennenlernen, bevor das Werk vollbracht ist. Nun beschließe ich diese Botschaft der für dich bestimmten Offenbarung, die dir zu geben wir so lange gewartet haben. Tuella ist ein Name aus höheren Welten (Tu-El-La, was, 'Tochter der Götter' bedeutet). Die anderen Namen sind planetarisch, sie kommen und verschwinden. Wichtig ist nicht die Identität, sondern der Dienst an der Wahrheit. Ich bin Jesus von Nazareth, Sananda auf den Höheren Ebenen Reinen Lichts."*

Von der Tiefe dieser Erinnerungen erschüttert brütete ich viele Tage lang über den Heiligen Schriften, die von jenen Ereignissen berichteten. Lord Sananda kam oftmals, um mir Hilfestellung und Ermutigung zu geben, als ich langsam diese Offenbarungen in mir verarbeitete und sich meine Gedächtniszellen weiterhin entfalteten. Auch Ashtar besuchte mich und ließ mir seine Hilfe zuteil werden:

*"Es gab die Jahrhunderte hindurch viel Geheimnisvolles und viel Verwirrung wegen dieses Schleiers. Das Handtuch wurde Ihm tatsächlich von Maria gereicht, als sie aus der Menge heraustrat, um*

*Ihm die Stirn abzuwischen. In deinem Wesen, das Sananda so nahe ist, weißt du, daß diese Dinge wahr sind. Dein Wesen stand so oft an Seiner Seite und hat den Schweiß der Hingabe, der Mühe und Sorge von Seiner Stirn gewischt, immer und immer wieder. Als Maria weintest du viele Stunden lang an seinem Grab, bevor du wußtest, daß Er auferstanden ist. Welche Freude war es für dich, dies zu verkünden! Zum Lohn für die Darreichung des Tuches wurde das Geschenk gewährt, die Auferstehung zu verkünden. Das hübsche pfirsichfarbene Tuch behieltest du von da an immer bei dir. Diese neuen Offenbarungen sind dazu bestimmt, in deinem neuen Buch wiedergegeben zu werden. Sie werden das Herz aller derer erwärmen, die diese Worte des Lichts und der Liebe lesen. - Ich bin Ashtar."*

Ich stehe immer noch im Kampf mit dieser Offenbarung, denn sie ist neu für mich, so wie es den meisten von euch mit euren Enthüllungen ebenfalls ergehen wird. Offensichtlich kommen die Dinge alle der Reihe nach auf uns zu. Erstaunt bin ich durch die Mitteilung, daß das Bild eines Nagels auf meiner Handfläche gesehen werden soll, wenn ich sie heilend auf jemanden richte. Offensichtlich wurde nicht nur sein Bild auf mein Tuch aufgeprägt, sondern ich würde an meinem Körper auf immer seine Narben tragen.

## Menschlichkeit gegen Meisterschaft

Im Vorwort behauptete ich, du stehst nicht allein in der Menschheit. Wie erstaunlich und enthüllend die persönlichen Rückerinnerungen auch sein mögen, so dürfen wir doch nicht die Sicht auf die Schwingungsoktave verlieren, in der wir jetzt leben, im Hier und Heute. Selbst die Königin des Himmels oder der König vom Arcturus oder wer auch immer, wenn er auf der Erde lebt, muß noch Steuern zahlen, braucht einen Führerschein, braucht seine Ausweise und Kreditkarten, braucht eine Brille, bricht sich vielleicht dann und wann sogar seine Knochen, zahlt seine Miete usw. Es hängt von der Gegend ab. Wiederhole diese paar Worte für dich, wenn dein Weg nicht gepflastert ist: "Es hängt von der Gegend ab!"

In den letzten zehn, zwanzig Jahren habe ich persönlich schon lange damit aufgehört, die Herren des Karmas nach dem "Warum?" zu fragen. Hinter allem, was einem Kind des Lichtes widerfährt, steht ein Grund, ein Zweck. Ich weiß vielleicht nicht, welcher, aber ich weiß, daß es ihn gibt. Das verleiht mir das besondere Gefühl, zu wissen, daß Göttliche Fügung auf diese Weise die Umstände lenkt, um mein Wachstum zu mehren, meine Einsicht zu prüfen, mein Verhalten zu testen oder mir dabei zu helfen, mit mir selber wie auch mit anderen besser zurechtzukommen. Auch dient meine Mühe vielleicht dem Segen anderer (Joh. 11, 1 - 14) Vielleicht dient sogar unser Leiden dem Wachstum einer besonderen anderen Seele. Nicht einmal ein Unfall kann uns schaden, es sei denn, es würde erlaubt.

Wir leben in einer Oktave, von der Menschlichkeit ein Teil ist. Wir müssen lernen, unsere Menschlichkeit anzunehmen, mit allem, was dazugehört. Wir waren freiwillig und in vollem Bewußtsein dazu bereit, alle Begrenzungen auf uns zu nehmen. Hat nicht der Autor der Hebräer-Briefe (es soll angeblich eine Frau namens Priscilla gewesen sein) geschrieben, daß der Große Meister "in allen Punkten Versuchungen ausgesetzt" war wie wir, wobei sie sich auf die anerkannte Menschlichkeit des Geliebten Avatars bezog? Sagte nicht der Apostel: "Wir haben diesen Schatz in einem irdischen Gefäß"? Denke darüber nach! Denn die Große Zentral-Seele von dir hat schon so viele Leibeshäuser in Besitz genommen, nur um sie alle wieder zu verlassen. Doch du, lieber Freund, geh' stets weiter! Wir stellen die Wiederspiegelung der Oktave dar, in der wir leben, ebenso wie die, von der wir gekommen sind! Wir sind dieser Dimension unterworfen, aber mit einem Unterschied. Entschuldige dich nicht für deine Menschlichkeit, sondern danke lieber Gott für deine Göttlichkeit! Denn wir haben die Menschlichkeit angenommen und können vollbringen, was Engel nicht können! Ohne ein Teil der Menschheit geworden zu sein, wäre unsere Mission gar nicht durchzuführen.

Erwarte deshalb diese Zeiten, wo du trotz des Zieles unserer Überseele, trotz unserer Herkunft kritisiert werden wirst, wo du durch die Hand eines Unwissenden oder die Hand eines Sorglosen zum Schweigen gebracht wirst. Du wirst niedergedrückt durch die grausame, respektlose, unhöfliche Welt. Du wirst psychologisch isoliert sein, wie es in unserer Menschheit aus vielen Gründen schon immer war. Sei dir in solchen Zeiten klar darüber, daß dein Menschsein nur eine Speiche des Rades deines Wesens ist, eine Speiche, die von der Peripherie der Existenz nach innen führt, zu der Nabe deines großen Zentralen Selbst, zu deinem WAHREN ICH. Nur an der Peripherie des Rades kommt es zu den schmerzlichen Berührungen und den menschlichen Leiden. Der höchste Beweis deiner Göttlichkeit ist es, wenn du innerlich die Wort sprichst: "Vater, vergib ihnen, denn sie wissen nicht was sie tun, sie wissen nicht was sie sagen!" Denn die grausamste Haltung ist die Lieblosigkeit, die ungerechtfertigte Verurteilung anderer.

* Es ist der Echtheitsstempel der Meisterschaft, dann Christus ähnlich zu sein, wenn DU NICHT VERSTEHTST.

* Es ist ein noch bedeutenderer Echtheitsstempel der Meisterschaft, dann Christus ähnlich zu sein, wenn DU NICHT VERSTANDEN WIRST.

* Unsere physischen Tempel beherbergen einen GROSSEN GAST.

Unsere irdischen Körper stellen die Plattform für die körperliche Ausdrucksfähigkeit dar. In unseren Flugzeugen, auf unseren Autobahnen, in den Straßen unserer Städte, auf unseren Schlachtfeldern betreten wir gefährliche Bereiche, aber ER LÄSST SEINE ENGEL ÜBER UNS WACHEN. Wir leben in zwei Welten, einmal in der, einmal in jener. Es gibt Gründe, die wir nicht begreifen können. Wir wandeln in Würde, unserer Göttlichkeit bewußt, und es ist uns klar, daß wir in dieser Welt leben, aber nicht von dieser Welt sind.

Lord Michael von der Großen Zentral-Sonne hat mir über dieses Thema folgende Botschaft diktiert, die alles besagt:

> *"Aus unserer Dimension kommen die Großen Kosmischen Lehrer mit ihren Botschaften für die Welt, und oft sind sie eine Zeitlang physisch anwesend. Sie zeichnen sich vorwiegend durch ein ruhiges und geduldiges Verhalten aus. Sie neigen dazu, mit dem letzten Wort und der überzeugenden Behauptung zurückhaltend zu sein. Sie ziehen es vor, belehrend zu wirken und zum Nachdenken anzuregen und dabei Wortgefechte und Selbstbewunderung zu vermeiden. Wenn sie weise sind (und sie sind es), sind sie die letzten, die diesen hohen Bewußtseinszustand öffentlich zeigen würden. Nein, sie stehen unbeachtet in der Menge und verabscheuen es, die Aufmerksamkeit auf sich zu lenken. Sie haben eine wunderbare Ausstrahlung, und es ist angenehm, sich innerhalb ihrer ruhigen und friedvollen Aura aufzuhalten. So können sich auch diejenigen eines Besseren belehren, die es sonst vorziehen, viel Lärm um sich zu machen und laut in die eigene Trompete zu blasen. Die Ruhigen brauchen eine solche Aktivität nicht. Sie wissen, wer sie sind, sie brauchen nichts zu beweisen und haben es nicht nötig, sich ins grelle Rampenlicht zu stellen. Ohne große Worttiraden strömt aus ihnen innere Ruhe, mit der sie die Atmosphäre erfüllen.*

*Sie beeinflussen die Verhältnisse in ihrer Umgebung dank ihrer unauffälligen Meisterschaft und ihrer unabstreitbaren Verbindung mit der zwölften Energie-Ebene. Es ist nicht die Macht im Sinne derer, die ihren eigenen Ruhm suchen. Es ist die Macht der Liebe, die Macht der unbestrittenen Verbindung zur Hierarchie, die den Strom des inneren Lichtes lenkt, das sie erfüllt. Sie sind in der Tat das Licht der Welt, das alles im Gleichgewicht hält. Hüte dich vor den Lärmenden, aber höre aufmerksam denen zu, die sanft und selten sprechen, denn diese sind es, die etwas zu sagen haben. Höre auf die, die selber gute Zuhörer sind, denn sie haben die Weisheit in sich aufgenommen. Jene, die von der Hierarchie her kommen, erkennen sich gegenseitig durch die stille Vermischung ihrer Vibrationen und durch ein Wissen, das keiner ins Einzelne gehenden Erklärung bedarf. Dies ist nicht nötig.*

*Sie lassen sich nicht in tiefgründiges Argumentieren und Diskutieren ein, denn sie wissen wohl, daß jeder, der gegen seinen Willen von etwas überzeugt wurde, doch nicht überzeugt ist. Seine Überzeugung muß von innen heraus kommen.*

*Die Wahrheit birgt ihren Beweis in sich selbst, sie erkennt sich selbst, und sie wirkt vertraut, wenn sie sich manifestiert.*

*Das ist die Meisterschaft und die Macht, die den aufgebrachten Gegner überzeugt und durch ihre Ruhe und ihr Vertrauen in ihr inneres Wesen obsiegt. Die Rüstung Gottes oder seines Lichtes ist nicht nur unsichtbar, sie ist auch unbesiegbar. Und diejenigen sind es, deren Kenntnis dieser Tatsache auf ihrem eigenen inneren Christ-Selbst beruht.*

*Ihre unverbindliche Haltung verschafft ihnen oft Feindschaft und Verfolgung, was aber ihren Frieden nicht stört. Sie werden die Stimme segnen, die sie schmäht, und die Hand küssen, die ihnen wehtut, indem sie ihren Gegner im Lichte baden.*

*Sie werden aufmerksam den langen Tiraden und Argumenten menschlichen Wissens zuhören und dann ruhig in wenigen ausgewählten zutreffenden Worten eine einfache Antwort geben, ein einfaches Beispiel oder einen Widerspruch anführen. Sie meiden die Menge, obwohl die Menge sie sucht. Sie suchen kein Ansehen, sondern haben stets den VATER im Sinn, der alles bewirkt. Sie erkennen den CHRISTUS in allen Dingen wie auch die Saat der Wahrheit überall auf dem Pfad, wissend, daß alle Seelen zur rechten Zeit und am rechten Ort ihre eigene Wahrheit finden und von da wieder zur nächsten, größeren Wahrheit voranschreiten.*

*Meisterschaft ist die ruhige Kontrolle über den inneren Menschen und über die äußeren Lebensumstände durch den Einfluß über die inneren Ebenen. Der Mensch, der sich selbst überwunden hat, kann als Überwinder in der Lage bestehen, und dies in völliger Ruhe. Das Bewußtsein des Meisters umfaßt den gesamten unbegrenzten Zugang zu seiner spirituellen Überseele und behindert sie nicht. Die Meister müssen sich um ihre Erweckung bemühen und sich ihre eigene Wahrheit ins Bewußtsein rufen, so wie es jede andere Seele ebenfalls tun muß. Aber ihr Fortschritt, ihre Entfaltung erfolgen rascher und reibungsloser. Ob es plötzlich oder stufenweise geschieht, ist aber völlig unwichtig bei der letztendlichen Manifestation des Christus-Wesens, das die Pfade dieser Welt beschreitet. Werde der Meister, der du bereits bist ... wo du bist.*

*Niemand steht allein. Andere sind stets in der Nähe, vielleicht noch im Schatten, vielleicht schon in der Wahrheit. Sei wachsam gegenüber der sich erhebenden Flut der Dunkelheit. - Ich bin Michael von der Großen Zentral-Sonne, Verwalter des Göttlichen Programms für dieses Universum. Mein Segen sei über allen, die zu dieser Zeit ihre Herkunft und ihre Meisterschaft verwirklichen.*

# DES LEBENS
# HÖCHSTES RÜSTZEUG

*Göttliche Kraft*

# Kapitel V

## Die Lebenszyklen

Ein großer Philosoph lehrte seine Schüler: "Erkenne dich selbst!" Dies ist tatsächlich ein erstrebenswertes Wissen, das Wissen, warum wir uns zu einer bestimmten Zeit auf eine bestimmte Art und Weise benehmen oder warum uns spezielle Ereignisse besonders beeindrucken! Wir erfahren unsere Wahrheit, unseren Begriff von der Wirklichkeit zu gleicher Zeit auf allen Ebenen und reagieren auch auf allen Ebenen des Bewußtseins darauf. Wir werden durch Ereignisse und Zyklen beeinflußt, über die wir, wenn überhaupt, nur sehr wenig Kontrolle besitzen. Lord Monka unterrichtete mich über diese Dinge. Er wies darauf hin, daß das Beste, was wir oft tun können, darin besteht, einfühlsam und empfänglich zu sein und es zu verstehen, auf die Ereignisse in ausgeglichener Weise zu reagieren. Er sagte, daß dieser brodelnde, kochende und zischende Topf, der wir sind, wenn wir unter Druck stehen, charakteristisch für unseren Lebensweg ist.

> *"Ein schwacher und passiver Geist wird in Augenblicken der Bedrängnis unsicher in seinen Aktionen sein. Aber Charakterstärke und Einsatzbereitschaft gewinnen schließlich stets die Herrschaft über die Situation, wenn gegenseitige Liebe zu allen in der Angelegenheit Betroffenen mit im Spiel ist.*
>
> *Es erfordert viel Mut, solche Augenblicke zu erfassen, sie zu erkennen und sich auf ihre Höhe zu erheben. Wir können weder jemals völlig darüber im klaren sein, was vorgeht, wenn wir in schlechter Verfassung sind, noch die Schmerzen und Sorgen verstehen, die wir durchgemacht haben, wenn wir uns ausgezeichnet fühlen. In der Beurteilung unserer selbst müssen wir abgeklärt und ausgeglichen sein. Erkenne deine Zyklen. Es wird dich kräftigen."*

Es ist ein faszinierendes und lohnenswertes Abenteuer, die verschiedenen Lebenszyklen zu entdecken und zu nutzen. Ich begann meine Forschungen mit den allereinfachsten, den Biorhythmen. Es handelt sich dabei um nichts Neues, und viele von euch werden sie kennen und haben festgestellt, daß man sich auf sie verlassen kann. Astrologen sagten mir auch, daß sie ergänzend neben den astrologischen Einflüssen herlaufen. Auf meine Frage erhielt ich von meinen Lehrern dazu folgende Antwort:

> *"Bei den körperlichen Rhythmen handelt es sich um keine Theorie. Sie sind Tatsache. Jede lebende Zelle trägt einen bestimmten Rhythmus in sich, und Seele und Geist fluktuieren. Alles im Leben ist eine sich bewegende Kraft, nur was tot ist, ist ruhig. Und selbst dann kehrt die pulsierende Energie zur Energie zurück. Es ist nützlich und wohltätig, diese sogenannten Biorhythmen zu studieren und anzuwenden." (Ich fragte nach der Beziehung zwischen Biorhythmen und astrologischen Einflüssen.) "Basieren diese nicht auf bestimmten, vorhersagbaren Mustern, die in ihrem Verlauf genau und unvermeidlich sind? Die Biorhythmen sind sozusagen nur eine wissenschaftliche bildliche Darstellung eines Verlaufs, der von der Geburt an vorherbestimmt ist."*

Die Tatsache, die der fünfte Hermetische Lehrsatz besagt, erfüllt unser Bewußtsein:

> *"Das Universum ist Rhythmus. Alles flutet hin und her. Alles hat seine Gezeiten. Alle Dinge steigen und fallen. In allem manifestiert sich das Schwingen des Pendels. Rhythmen gleichen aus. Das Prinzip der Neutralisierung kann auf die Angelegenheiten des Universums, der Sonnen, der Welten angewendet werden wie auch im Leben, im Bewußtsein in der Energie, in der Materie. Überall gibt es Reaktion und Gegenreaktion, Fortschritt und Rückschritt."*

Auf der grundlegenden Tatsache, daß ".... wir jede Hilfe brauchen, die wir bekommen können", und bevor die Biorhythmenkurven leicht vom Computer erstellt werden konnten wie heute, zeichnete ich regelmäßig von Hand diese Kurven für jedes Mitglied meiner Familie. Wir studierten die Wirkungen und waren erstaunt über deren unheimliche Genauigkeit wie vor allem auch über die Übereinstimmung bei Menschen mit gleichem Kurvenverlauf.

Mein Mann hatte damals gesundheitliche Probleme mit dem Herzen, wollte uns aber trotzdem ein Haus bauen. Er arbeitete in Harmonie mit seinen Biorhythmen und fuhr nur zur Baustelle, wenn seine körperliche Kurve über dem Mittelstrich lag, und arbeitete dann, so gut er konnte. Wenn sich die Linien kreuzten, ruhte er aus, und er blieb von dieser Arbeit fern, wenn seine

Energie abgesunken war. Im Vertrauen auf seine Kurven vollendete er unser Haus, legte die elektrischen und sanitären Leitungen und alles, was noch erforderlich war, und er fühlte sich glücklich dabei. Seine körperliche Verfassung war dabei zu keiner Zeit bedroht. Ich persönlich interessierte mich vor allem für den geistigen Zyklus, den ich in den Kurven mit grüner Farbe einzeichnete. Ich fand, daß Schreiben, spirituelle Arbeit und alles schöpferische Tun so ohne jede Anstrengung vor sich ging, so daß ich immer auf diese gesegneten fünfzehn Tage starker geistiger Energien wartete. Man hat auch seine Emotionen besser im Griff, wenn man diese Zyklen in den Gefühlsschwankungen kennt, denen wir ja alle unterworfen sind. Die Sache ist leicht zu lernen, denn es handelt sich immer um eine Periode von 28 Tagen. Wenn du deine Zyklen kennst, dann weißt du, wann du verschiedene Dinge tun solltest, um das beste Ergebnis zu erzielen, und wann nicht.

Ich war jahrelang ein begeisterter Verehrer der Mondzyklen und hatte weit und breit den schönsten Garten, da ich mich immer nach dem Stand des Mondes richtete. (Außerdem redete ich natürlich auch mit den Elementarwesen im Garten, was sicher auch einen Beitrag zu seiner Schönheit leistete.)

Obwohl ich nie die Zeit hatte, mich gründlich mit Astrologie zu befassen, wandte ich doch ernstlich alles an, was ich erfassen konnte, und verfolgte die Planeten auf ihrer Bahn am Himmel ehrfürchtig und im Bewußtsein, daß sie mit meiner persönlichen Führung in Verbindung standen. Als aber meine persönliche Führung von einer anderen Dimension aus erfolgte, brauchte ich die Astrologie nicht mehr. Doch kann ich voller Stolz sagen, daß ein Astrologe aus meiner Familie hervorgegangen ist.

Ich erinnere mich an die Zeit, als ich über die spirituellen Gezeiten von Ebbe und Flut unterrichtet wurde. Ich konnte nicht verstehen, warum von Zeit zu Zeit der Horizont der Entwicklung sich weiter und weiter zu entfernen schien, ähnlich dem bei Ebbe zurückweichenden Ozean, nur um nach einiger Zeit mit stetig anwachsender Macht zurückzukehren. Ich dachte, es handele sich hier um einen in mir selbst liegenden Mangel. Es war aber alles nur ein Teil ihres Übungsprogramms.

> *"Du mußt lernen, auf uns zu warten, bis deine Zeiten der Fülle gekommen sind. Wir erfüllen die Leere, wenn du es auch nicht bemerkst. Achte auf deine Zyklen und richte dich nach ihnen."*

Dann sagten sie mir, welches meine "besten" Monate sind und welches meine weniger günstigen. Als ich das beachtete, kam eine neue Erleuchtung auf mich zu, die ich nun mit dir teilen möchte.

Nimm einen leeren Bogen Papier und lege ihn quer vor dich auf den Tisch. Ziehe eine gerade Linie durch die Mitte von links nach rechts. Notiere ganz links außen auf der Linie Tag und Monat deiner Geburt. Genau in der Mitte der Linie trägst du das Datum ein, das sechs Monate später liegt. Auf der äußersten Rechten steht das Datum, das elf Monate nach dem Geburtsdatum liegt. Angenommen, du bist am 28. Mai geboren. Deine Linie sieht dann so aus:

28. Mai 28. Nov. 28. April

Zeichne nun eine Kurve, die in der ersten Jahreshälfte aufsteigt, in der zweiten Jahreshälfte unter der Mittellinie liegt, genau wie es die Abbildung zeigt. Trage nun am höchsten Punkt das Datum ein, das drei Monate nach deinem Geburtstag, am tiefsten Punkt das Datum, das neun Monate nach deinem Geburtstag liegt.

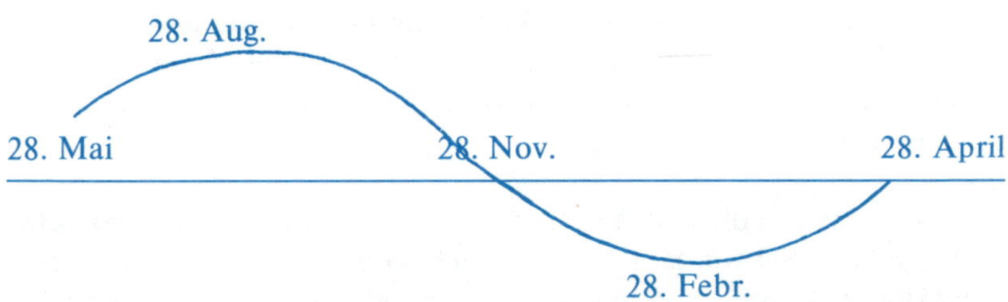


Aus dieser Kurve ist nun leicht zu ersehen, daß der Höhepunkt des Jahres für diese Person die Zeit von Juni bis September ist, die beste Zeit für einen nach außen gerichteten Menschentyp, um seine Angelegenheiten voranzubringen. Oktober und November sind noch einigermaßen gut, aber die Kraft läßt schon nach im Vergleich zu den vorhergehenden Monaten. Gegen Ende November ist die Zeit etwas kritisch. Es ist eine Zeit, die zu äußerster Vorsicht in persönlichen Angelegenheiten mahnt.

Von Dezember bis Februar ist ein Abwärtstrend vorhanden. Es ist eine Zeit, wo man sich lieber etwas zurückziehen und sozusagen seine Batterien wieder aufladen sollte. Es ist eine Zeit des Planens, des Studierens und des Überlegens, eine Zeit der Vorbereitung auf die großen Aktionen im folgenden Juni. Die zweite Periode von sechs Monaten nach dem Geburtstag ist nicht günstig, um zu heiraten oder ein neues Geschäft zu gründen. Es ist nötig, die Einzelheiten des persönlichen Lebens zu studieren, um daran zu lernen.

Betrachte rückblickend Ereignisse wie schwere Krankheiten, ernstliche persönliche Probleme und äußere Schwierigkeiten und überlege, wann sie passierten. Erinnere dich an große Erfolge, Beförderungen, Höhepunkte deiner Laufbahn oder persönliche Siege und stelle fest, wann das war. Ich hätte gern von dir gehört, wie diese Jahreszyklen sich bei dir bewähren. Wende diese Kurve zuerst vom physischen Standpunkt aus an. Dann betrachte sie vom gefühlsmäßigen Standpunkt aus und schließlich auch im Hinblick auf deine spirituellen Erfahrungen. Wenn sich ein klares Bild ergibt, weißt du mehr über dich und deine Lebenszyklen.

## Der Läufer und seine Bahn

Von einem anderen Jahreszyklus erfuhr ich durch den Besuch der Rosenkreuzer-Seminare. Einer der vielen Zyklen, die in dem Buch "Selbstmeisterung - Schicksal und Lebensrhythmen" von H. Spencer Lewis beschrieben sind, ist besonders interessant und leicht anzuwenden. In diesem Zyklus wird das Jahr in sieben Teile von 52 Tagen unterteilt, und diese werden die sieben Zyklen des persönlichen Jahrcs. Jeder dieser sieben Teile hat eine völlig andere Bedeutung. Ich empfehle dieses Buch, wenn du mehr über die Anwendung der Lebenszyklen erfahren willst. Dann haben wir natürlich die größten Zyklen von allen, nämlich den Lauf der persönlichen Planeten durch die zwölf "Häuser" unseres persönlichen Horoskops. Die Lehrer diskutierten darüber mit mir:

> *"Die Tierkreiszeichen liegen vor uns wie Straßen, die wir befahren müssen, nicht unähnlich einem Hindernisrennen. Gerade so, wie der Hochspringer dauernd gegen seine eigene Größe ankämpfen muß, so muß die Seele dauernd auf eine neue Serie von Herausforderungen treffen, um in dem Rennen, das vor ihr liegt, vollkommen zu werden.*

*Jede Anordnung von Tierkreiskonstellationen enthält vollkommen verschiedene Situationen, auf die die Seele trifft. Auch ist sie verschiedenen Einflüssen ausgesetzt, denen sie sich stellen muß. Die Seele durchwandert diesen Kreis nicht einmal, sondern so oft es für sie nötig sein mag. Höhere geistige Affinitäten setzen den Betreffenden in einem jeweiligen Zyklus auch höheren Einflüssen aus. Aus diesem Grund hat man die höheren oder positiven und die niedrigeren oder negativen Einflüsse eines bestimmten Zeichens. Das wird zum Indikator dafür, wie oft der Zyklus zu durchlaufen ist. Wir müssen unser Rennen laufen, ohne ein astrologisches Feld auszulassen, so wie der Wettläufer auf einem gegebenen Platz eine bestimmte Strecke in einer bestimmten Zeit laufen muß. Ist es nicht so, daß manche Rennen lang und manche kurz sind? Mancher braucht nur eine kurze Zeit für einen bestimmten Zyklus. So ist das Leben kurz gelebt, aber notwendig. Das Mysterium plötzlichen oder natürlichen Todes junger Menschen, die gut und vielversprechend waren, war viele Jahrhunderte lang Anlaß zu tiefem philosophischem Nachdenken. Doch hier liegt die Antwort. Nötig war nur diese kurze Zeit, denn es herrscht Ordnung am Himmel. Jede Seele sieht sich irgendwann einer Reihe problematischer Umstände gegenüber. Manche zögern oder fallen am Wegrand oder entwickeln verzögerndes Karma. Andere aber haben eine heroische Seele und schreiten siegreich weiter, wo ein anderer schwankt und neues Karma für künftige Prüfungen schafft. Es ist ein Rennen, das uns bestimmt ist, uns zugemessen ist, das beurteilt und belohnt wird."*

## Der Zyklus der Seele

Im Jahr 1984 erfuhr ich von einem anderen Zyklus.

*"Im Januar 1972 begann für dich ein neuer Zyklus. (Es war das Jahr, in dem mein Mann seinen tödlichen Autounfall hatte.) Eine völlig andere Bewußtseinserfahrung durfte in dein Leben treten. Nun ist ein voller Zyklus von zwölf Jahren vollendet. In den höheren Ebenen der Himmelswelt vollendet sich ein Seelenzyklus immer nach zwölf Jahren. Dies bringt dir den Adventsmonat deiner neuen Initiation, jedoch liegt deine Verantwortung eine weitere Dimension höher als alles andere zuvor, das nun vergangen ist. Jetzt hältst du die strahlende Lampe über eine ganze Nation und über die Welt."*

Mir wurde gesagt, daß für die Freiwilligen der Erde (die "Neuner") der zwölfjährige Seelenzyklus mit dem neunten Geburtstag beginnt. Es handelt sich hier um einen Seelenzyklus, der nicht mit dem siebenjährigen Inkarnationszyklus des Rosenkreuzertums verwechselt werden darf, der sich mit Umständen irdischer Natur befaßt.

Zur Vollmondzeit im Januar 1984 kam es zu einem ungewöhnlichen Besuch, als mir gesagt wurde, daß Sieben Weise Magier mit mir sprechen wollten. Es kam zu einer langen Begrüßung in einer mir unbekannten Sprache. Es klang mehr wie ein gesungenes Gebet. Alle sieben befanden sich in kniender Haltung, nicht in meinem Zimmer, sondem in einer anderen feierlichen Umgebung. Ich konnte sehen, wie Flammen und Rauch aus ihren Mündern herauskamen, als sie nach oben blickten und ihre Hände erhoben. Dann kehrte Stille ein, und nur einer von ihnen sprach:

> *"O Tochter, höre unsere Worte. Es ist dir gegeben, die Weisheit der Alten und die magische Kenntnis der Kräfte und Ursachen zu empfangen, wie sie dem Herzen Gottes entströmen. Bewege dich auf den sich neigenden Abhängen und fürchte dich nicht, ungebahnte Pfade zu beschreiten. Gib dich den Stürmen der Veränderung hin, die auf dich treffen, um dich in die tieferen Wasser der Erfahrungen und des Wissens hineinzuwehen. Wir sprechen über dir die Heiligen Worte der Alten aus. Die Einweihung des Feuers und die feurige Zunge sind dir gegeben, damit deine Worte fließen wie Feuer. So empfange du die feurige Zunge und das mächtige Wort, damit sie deine Stärke in diesem Zyklus sind. Empfange die feurige Krone, die dein Haupt umkränzt, damit die Flamme in dir niemals erlösche, denn dieses Volk bedarf deiner Worte sehr.*
>
> *Wir, der Kreis der sieben Magier des Weistums, hauchen über dich den Odem Göttlichen Feuers. Wir berühren deinen Geist, deine Seele, deinen Blick und deine Bestimmung, damit du das erfüllst, was vor dir liegt. Wir richten an dich diese Worte in der Autorität des Großen Zentralen Thrones, an eine, die ausgesandt wurde, um das Ausgießen ihrer Worte in Kraft und Macht zu vollführen. Empfange du diesen Atem des Feuers in deinem Wesen und lasse es in dir brennen auf immer. Wir, der Kreis der Sieben, salben dich für diesen Zyklus, der vor dir liegt. Es ist geschehen."*

Dann begann noch einmal ein Gesang, und ich spürte das Gewicht ihrer Hände auf meinem Kopf. Ich verharrte in Schweigen und Ehrfurcht, und ich fühlte, daß noch etwas nachfolgen würde. Hierauf kam die Schwingung des Geliebten El Morya mit großer Macht auf mich zu:

*"Wir begrüßen dich, Tochter des Lichts. Alle senden dir Grüße und höchste Segnungen im Zeichen des Herzens, des Hauptes und der Hand. Ich komme zu dir an diesem Tag im Geiste, um deine Einweihung als eine zu ehren, die sich freiwillig dazu bereit erklärt hat, an der Pforte zu stehen. Wir bringen dir den goldenen Stab und das purpurne Gewand der Autorität auf Erden. Wir bringen dir unser Gefolge treuer Helfer, die mit dir bis zum Ende dienen werden. Ich bin El Morya. Ich bin es, der den Strahl des Göttlichen Willens und der Göttlichen Macht verwaltet. Ich bin es, der dich und die deinen sicher durch die kommenden Ereignisse führen wird.*

*Die Tage, die vor dir liegen, sind erfüllt von Arbeit, und du wirst dich entfalten und deinen Glanz mehren. Du hast das Geheimnis der Zeitalter berührt, und das bedeutet, daß du in allem, was wir tun, unser Berührungspunkt bist. Fortwährend schauen wir uns nach geeigneten Verbindungsstellen und Kanälen um, doch die Zeit, sie vorzubereiten, ist kurz. Denk daran, daß es mindestens zwölf Jahre dauert, um eine Stimme vorzubereiten, die bewußt dem Konzil zu dienen bereit ist. Wir haben dich ausgewählt, da du diese Verkörperung anstelle deiner dir zukommenden Auferstehung wähltest, die du dir verdient hattest. Verstehe deshalb, daß die Autorität, die dir gegeben ist, deine eigene Autorität ist und nicht eine dir übertragene Macht. Du magst das Böse herausfordern, wo auch immer du es antriffst, und die Aufgestiegenen Heerscharen und die Engel werden auf deinen Ruf antworten. Du kannst die Bande des Karmas von deinen Schülern lösen und sie mit dem Licht der Liebe durchdringen, wissend, daß du auch den Schlüssel, auf Erden zu binden, in Händen hältst, und es wird im Himmel geschehen sein. Doch wirst du diese Kraft nur im Kampf gegen die Unwissenheit anwenden. Benutze sie, um die Ketten der Knechtschaft zu sprengen, und benutze sie im Namen Gottes, ICH BIN, DER ICH BIN."*

# Komm, flieg mit mir!

Es ist eine Freude, mit anderen Freiwilligen der Erde zusammenzusein und Geschichten über nächtliche Ausflüge in andere Welten auszutauschen. Anfangs hängt der Neuling stark an der Idee von physischen Exkursionen, von physischen Kontakten. Eine Unterhaltung unter vier Augen scheint auf dieser Stufe das wichtigste von der Welt zu sein. Vor vielen Jahren unterhielt ich mich mit Lucy Colson telefonisch darüber. Lord Josua unterbrach uns dabei und tadelte uns, indem er Lucys mentale Kraft benutzte:

> *"Warum glaubt ihr Mädchen, ihr brauchtet einen solchen Kontakt? Ihr seid soeben vom Leben auf unseren Schiffen hergekommen. Ihr seid jede Nacht bei uns. Ihr sprecht fortwährend mit uns. Darauf zu bestehen, physisch mit einer Person aus dem Weltraum sprechen zu wollen oder müssen, ist unwesentlich und unnötig!"*

Offensichtlich werden bizarre Versprechungen physischer Erfahrungen gegeben, um unser anfängliches Interesse zu erhalten und unserem Grad des Verstehens zu entsprechen. Doch für die tiefer eingeweihten Adler, die hier direkt vom Kommando hergekommen sind, gibt es einen besseren Weg. Wir wollen uns hier an die Worte des Wesens Tuella erinnern, das unter der Hypnose von Dr. Sprinkle hinsichtlich von Reisen in Raumschiffen folgendes gesagt hatte:

> *"Die Erfahrungen sind notwendig für meinen fortlaufenden Kontaktdienst und das Verstehen in dieser Dimension. Ich fühle mich nicht wohl hier, und ich muß fortwährend meine Bindungen zu meinen Quellen erneuern und vestärken, um hier weiterzumachen. Meine Heimat ist fern von hier, und ich muß oft zurückkehren, wie es im Physischen dieses Lebens belegt ist. Es besteht hier eine Liebe und eine Sehnsucht nach Hause. Ich bin eine Fremde in diesem Land, aber ich muß Geduld haben, und ich muß meine Kontakte mit meiner Heimat fortsetzen."*

Es ist uns bewußt, daß es in unserer Dimension eine der schwersten Prüfungen für den jungen Menschen ist, der in den Krieg geschickt wird, von denen, die ihn am meisten mögen, wie auch von seiner geliebten Umgebung getrennt zu sein. Seine Moral wird hochgehalten durch die lieben Briefe, die er von zu Hause erhält. Ähnlich sind unsere außerkörperlichen Erfahrungen Geschenke der Liebe für uns, die unsere Bindungen an unsere Herkunft stärken. Ich bin glücklich, dazu folgendes gehört zu haben:

*"Deine Reisen zu unseren Schiffen, besonders zu deinem eigenen Sternenschiff, sind viel zu zahlreich, als daß sie einzeln erwähnt werden könnten. Allnächtlich kehrst du zu uns zurück, um dein Leben zwischen den Sternen parallel weiterzuführen. Du kannst zum Teil diese Zeiten dadurch erkennen, daß sich dein Körper während der Nacht kaum bewegt hat. Es kommt zu einer gewissen Steilheit, die dir beim Erwachen noch bewußt wird. Die Nächte, in denen der Körper sich fortwährend herumwirft und dreht, sind gewöhnlich Anzeichen für einen menschlichen Schlaf und nur kurz erlebte Augenblicke von Exkursionen. In den Nächten gesunder, tiefer und langer Schlafperioden bist du für ziemlich lange Zeit "weggewesen".*

*Ich kann dir von Nächten berichten, in denen dein Körper bisweilen durch unsichtbare Mittel hinweggehoben und durch ein Gegenstück ersetzt wurde, das an seiner Stelle zurückgelassen wurde. In diesem Fall kann sich das Gegenstück herumdrehen, sich entspannen und selbst ein wenig schnarchen, um zu beweisen, daß du da bist. Es gibt Zeiten, sehr ausgedehnte Zeiten, wo du bei uns bist. Dein inneres Bewußtsein hat diese Dinge gespeichert, die aber nicht ins äußere Bewußtsein übergehen. Denn dies ist zur Zeit unnötig. Alles, an was sich zu erinnern nötig ist, kann hervorgeholt werden durch ruhiges, träumerisches Nachsinnen und Meditation an einem geeigneten Ort.*

*Du bist in ein weit fließendes weißes Gewand gekleidet, das durch einen goldenen Gürtel gerafft ist, ähnlich wie es im alten Griechenland üblich war. An den Schultern befinden sich zwei kreisförmige Ornamente, die besondere Symbole darstellen, die mit deinem Dienst auf der Seelenebene in Zusammenhang stehen. In dieser Eigenschaft bist du Tuella aus den höheren Welten. Du bist groß und schlank, und dein volles langes Haar hat einen goldbronzenen Ton. Es ist nicht gelb, sondern eine Mischung von goldbraun und gold. Die Augen sind so, wie deine eigenen Augen immer waren. Die Augen einer Person ändern sich selten, bis die höchsten Stufen des Aufenthaltsbereichs für dauernd erreicht sind. Dann haben die Augen viele Farben, wie in Aktion befindliche lebendige Strahlen.*

*Die Tätigkeit deiner Augen auf der physischen Ebene weist ebenfalls eine sehr machtvolle Strahlung auf, die in dein physisches Wesen so stark eingeprägt ist, daß dein gerader Blick in die Augen eines anderen durchdringend wirkt und du in seiner Seele lesen kannst. Bisweilen fühlt man das, meistens aber nicht. Wenn du über irgendjemanden im Zweifel bist oder einen tieferen Einblick in eine Person brauchst, so blicke ihr nur ganz einfach ruhig in die Augen. Denn dies ist eine besondere Gabe, die du besitzt. Sie könnte als eine Art geistiger Röntgenstrahlen bezeichnet werden, doch mußt du bewußt vorgehen, um sie zu aktivieren. Das ist kein Hellsehen, sondern ein Blick in die Seele, die dir den Charakter dieser Person oder ihrer Worte in diesem Augenblick zurückstrahlt. Du kannst nicht getäuscht werden, wenn du es nicht willst. Dein Unterscheidungsvermögen, was den Charakter deiner Mitmenschen und deren Äußerungen betrifft, ist eine Gabe, die dir jederzeit zur Verfügung steht, wenn du sie in dieser Weise anwendest."*

## Fremde in der Ferne

Die Auskunft über diese nächtlichen Erfahrungen erhalte ich oft ganz unerwartet. Zum Beispiel stellte ich einmal die Frage: "Warum breche ich so oft ohne ersichtlichen Grund in Tränen aus?"

*"Das ist ein gefühlsmäßiges Überbleibsel von einer der letzten Exkursionen mit uns. Es kann viel Unbehagen in das bewußte physische Leben kommen, ohne daß der Grund bewußt erkannt wird. So oft wolltest du nicht mehr zurückkehren, und wir mußten dich dazu zwingen. Doch von den höheren Ebenen, auf denen du tätig bist, bringst du viel Inspiration mit. Du bist nicht von einem sogenannten 'Raumwesen' übernommen oder überschattet und von jemand anderem in Besitz genommen worden, du bist ganz du selbst, wie du auf die Erde gepflanzt wurdest, als ein Sendbote der Bruderschaft und Schwesternschaft des Lichts.*

*Dein Lebensstil ist nicht der übliche, und deine Leben, die du gewählt hast, ob groß oder klein, erscheinen dem Durchschnittsbürger deines Landes, deines Alters und deiner Lebensführung nicht normal. Die Erfordernis, dich ständig menschlichen Emotionen und menschlichen Situationen anzupassen, strengt dich an. Doch du mußt lernen, ein Teil der menschlichen Umwelt zu werden. Du bist mit Kräften begabt, die jetzt wegen der Begrenzungen deiner irdischen Existenz nicht benutzt werden können. Doch du kannst sie frei ausüben, wenn du 'weg' bist und dich in deiner normalen Seelenumgebung befindest."*

Mir wurde von meinen Lehrern gesagt, daß in unserer Gedankenwelt ein gewaltiger Rückstand von diesen Besuchen erhalten bleibt, der in unser Bewußtsein in Gestalt von Führung, von intuitiven Ideen, von Anleitungen und Eingebungen einfließt. Mir ist immer bewußt gewesen, daß meine intuitiven Gefühle praktisch unfehlbar waren, ohne daß sie in Worte gefaßt werden konnten. Schließlich wurde mir der Grund dafür bewußt. Mir wurde gesagt, daß in Krisenzeiten stets ein hilfreiches Konklave bereitsteht.

*"Du standest während der letzten fünf Jahre in fast pausenloser Verbindung mit uns. Du bist mit den meisten von uns zusammengetroffen und hast mit uns geredet, und wir haben mit dir telepathisch gesprochen. Später haben sich die telepathischen Beziehungen durch deine Zusammenkünfte bei anderen Gelegenheiten mit uns noch gesteigert. Es gab Zeiten, wo ein Abbild von dir zurückgelassen wurde, während du abwesend warst. Du erhieltest während dieses Ersatzes bewußte Aufträge, so daß nichts, was geschehen ist, deinem Gedächtnisspeicher unbekannt blieb. Es wird dir erlaubt werden, dich im Lauf der Zeit an weitere Dinge zu erinnern. Meditiere über diese Dinge und befrage deine Quellen über diese parallelen Wege des Seins."*

## Parallele Wege

In der Tat vergesse ich oft, nach diesen Dingen zu fragen, doch bei Gelegenheit kommt es zu anderen angenehmen bestätigenden Beweisen. Das Wesen Obid, ein Freund und ebenfalls ein Freiwilliger der Erden, der als Kanal für Ashtars Schrift "GOLDEN CIRCLE" diente, rief mich kürzlich an wegen einer außerkörperlichen Erfahrung, an die er sich erinnerte. Seltsam genug erreichte mich dieser Anruf gerade während der Arbeit an diesem Kapitel. Er erinnerte sich, in den Höheren Welten die Halle des Lernens besucht zu haben, wo er aufmerksam einem Vortrag zuhörte. Er war wie elektrisiert, als ihm bewußt wurde, daß der Vortragende bei dieser so weit entfernten Veranstaltung niemand anderer war als die mit ihm befreundete Lady Tuella. Er rief mich an, so bald es ihm möglich war, und auch ich hatte eine bruchstückhafte Erinnerung daran, dort gewesen zu sein. Diese Art von Bestätigungen habe ich öfter erhalten, und sie waren stets sehr ermutigend.

Ich habe viele Berichte über Bilokation erhalten, wenn ich tief ins Gebet versunken war, für eine in Not befindliche Person gebetet oder meditiert hatte. Ich wurde dann hellsichtig in dem Raum zusammen mit dem Betreffenden gesehen und erkannt. Ich nehme an, dies wird durch die starke gefühlsmäßige Hinwendung zu der Person und deren Aufenthaltsort bewirkt.

Ein sehr enger Freund und mein außerirdischer "Hauswächter", Kapitän Avalon, sagte mir:

> *"Es gab Zeiten, wo du, als du schliefst, begleitet wurdest wie auf einer körperlich unternommenen Reise. So wurde dir die vollständige Erinnerung an den Besuch mit Soltec gewährt, als du die künftige Zeitentwicklung sehen durftest. Die Erinnerung daran wurde dir gestattet, da sie auch anderen von Nutzen ist."*

Das ist eine interessante Bemerkung, denn das Erlebnis über die künftige Zeitentwicklung wurde auf der Titelseite der zweiten Ausgabe von "Universal Network" vom September 1984 wiedergegeben. Der Artikel beginnt wie folgt: "Als ich mich in ruhiger Meditation auf diese Ausgabe vorbereitete, wurde ich für einen Flug aus meinem Körper herausgehoben. Meine Hände ruhten leicht auf den Armen meiner zwei spirituellen Begleiter." Und die ganze Zeit glaubte ich, es geschah genau zu diesem Zeitpunkt, ... doch in Wirklichkeit handelte es sich um eine ausgelöste Rückerinnerung. Der Artikel fährt fort mit der ins Einzelne gehenden Beschreibung über den Eintritt in das Raumschiff, des runden Raumes, in dem sich Soltecs Pult befand, der herzlichen Begrüßung, der Besichtigung und schließlich der drei großen Bildschirme, auf denen ich die Zukunft unserer Mutter Erde schauen durfte. Es folgten Einzelheiten, wie die Erde nach ihrer Reinigung aussah, die Tätigkeit des großen Raumschiffs, als sich die großen Portale öffneten, die Schönheit der neuen Vegetation und schließlich die Landung des kolossalen einer ganzen Stadt gleichenden Schiffs, mit dem das neue Leben begann. Es ist eine faszinierende Offenbarung der kommenden Dinge. Jeder sollte es lesen.

Doch ich erlebte es nicht in dem Augenblick, als ich es meinte, sondern es war eine ausgelöste Erinnerung an eine nächtliche Exkursion. Avalon fährt fort:

*"Die meisten derartigen Erlebnisse hast du zur Vollmondzeit, wenn das Große Sternenschiff nahe und Ashtar zu dir zurückgekehrt ist. Ein Bruchteil von Informationen darf als Bestätigung in deinem Bewußtsein haften bleiben, aber der Hauptteil dessen, was beabsichtigt ist, geht in dein persönliches inneres Bewußtsein ein. Du wirst feststellen, daß die mitternächtliche Stunde deine beste Zeit für den persönlichen Austausch von Problemen und Mitteilungen ist. Du bist in die Erde 'eingepflanzt', aber seit deiner Kindheit verbringst du viel Zeit außerhalb deines Körpers, und eine Vertretung nimmt so lange deinen Platz ein. Wenn du dann 'weg' bist, merkt es niemand, deine bewußte Wesenheit inbegriffen."*

Bei einer anderen Gelegenheit erklärte ein Sprecher, daß, wenn wir morgens als erste Aufgabe des Tages mit ihnen, den Wächtern unserer Seelen und unseres Planeten, zusammensitzen, die starke Kraft, mit der sie zu uns kommen, von den Energien gespeist wird, die uns von unseren nächtlichen Besuchen bei ihnen geblieben sind. Sie sagten ferner, daß unsere Leben so oft in ungute Erfahrungen hineingezogen würden, die unsere Sinne umwölken und unnötige Verwirrung schaffen würden, wenn es uns gestattet wäre, uns an diese Besuche zu erinnern. Deshalb müssen diese Dinge zu unserem eigenen Wohl von uns ferngehalten werden. In einem anderen Bericht wurde mir gesagt:

*"Es kommt manchmal vor, daß man Personen, die in unserer Mitte zu sein wünschten und die mit gegenseitigem Einverständnis aus ihren Körpern herausgehoben wurden, um ihres eigenen Bewußtseins willen das Gedächtnis blockieren muß. Du bist eine davon. Du hast uns in unserer Dimension oft besucht. Doch dir alle Erinnerung daran zu belassen, würde bedeuten, dein irdisches Leben und deine Mission zu gefährden.*

*Trotzdem dringt das hauptsächliche Thema der Gespräche oder der Zweck eines solchen Treffens tief in dein Bewußtsein ein in Form von Hinweisen, Intuitionen und einem klaren Wissen der bestimmten Richtung, die einzuschlagen ist, der Schritte, die zu unternehmen sind. Dem Bewußtsein ist alles klar, wenn es auch nicht darüber befragt werden kann. Es handelt sich hier um Zeiten und Au-*

*genblicke, in denen das Verweilen bei uns als innere Führung ins Bewußtsein einsickert."*

Wer sich seiner dienenden Mission auf diesem Planeten hingibt, wer sich opfernd von einem anderen Bereich kommend seiner irdischen Aufgabe widmet, braucht keine Entführung und keinen Eingriff in seinen eigenen freien Willen zu befürchten. Denn diejenigen, die in unserer Mission des Lichtes zusammenstehen, haben eine undurchdringliche schützende Festung um sich, die kein Außenstehender von welcher Dimension auch immer zu durchdringen vermag.

Ich hatte einmal eine außerkörperliche Initiation, die auch die physische Gestalt beeinflußte und einige verwirrende Nachwirkungen hatte. Als ich eines Morgens nach einer Erklärung für eine Erkrankung fragte, wurde mir gesagt:

*"Es war keine vollständige körperliche Erfahrung. Was eben geschah, war eine Reaktion darauf, während der Nacht der Initiation auf einer höheren Ebene ausgesetzt gewesen zu sein. Initiationen erfordern eine Anpassung, die auch die physische Gestalt mit einbezieht: Du warst etwas verwirrt, als dir klar wurde, daß du hellsehen konntest, als ob ein bestimmtes Organ geöffnet würde. Ätherisch gesprochen wurdest du mit der Technologie der höheren Kraft, deinem Mutterschiff, vertraut gemacht, und das wird dich körperlich für drei Tage etwas aus dem Gleichgewicht bringen. Dieses Ereignis war zu dieser Vollmondzeit für dich vorgesehen.*

*Die Speisen, die du zu dir nahmst, wurden von deinem Körper verweigert, der sich noch in der höheren Schwingung befand. Hättest du dich nicht beherrscht, hättest du deine ganze Mahlzeit verloren. Du mußt in den nächsten drei Tagen nur leichte Kost zu dir nehmen, um dich wohlzufühlen. Du erwähntest die Intensität deines Schlafes, der so tief war und so lange dauerte. Der Grund ist, daß du diese ganze Zeit des physikalischen Schlafes auf dem Mutterschiff Ashtars verbracht hast."*

Eine volle Erinnerung an all diese wundervollen Erfahrungen ist keine natürliche Angelegenheit. Sie ist auch nicht beabsichtigt, und zwar zu unerem eigenen Besten. Wenn sich der Mensch an alle diese wunderbaren Erlebnisse des Geistes erinnern könnte, wenn er frei ist, würde er niemals mehr zurückkehren wollen. Aber zurückkehren muß man, wenn man seine Mission weiterführen will. Deshalb wird die Erinnerung an diese Erlebnisse im Bewußtsein blockiert, so daß das bewußte Leben in seiner Fülle fortgeführt werden kann, ohne daß der Wunsch aufkommt, es von sich zu werfen.

## Eines Adlers Beglaubigung

Der geliebte Oriel, ein Engel des hohen Himmels, kam in Vollmacht von Lord Michael, um mir kurz vor dem Hinübergehen meines Mannes diese Botschaft zu überbringen:

> *"Ich bringe dir das Zeichen des Sonnen-Kreuzes. Mögest du alle, die kommen, unter diesem Zeichen empfangen. Das Sonnen-Kreuz wird zuerst als ein Kreis gegeben; es hat in seiner Mitte ein gleicharmiges Kreuz. Nimm dieses Zeichen an, es ist das Symbol der Tätigkeit in den letzten Tagen, in denen die Erde gereinigt und alles neu gemacht wird."*

(Ich möchte darauf hinweisen, daß ich nie von der irdischen Organisation gehört hatte, die sich das "Sonnen-Kreuz" nennt und von Richard Miller gegründet wurde. Das war sieben Jahre, bevor ich deren Schriften kennenlernte.)

> *"Wir kommen in dieser Stunde zu dir in der Erleuchtung, die über dir ist, und bestätigen, daß hinfort in der Kraft der Heerscharen des Herrn in der Höhe dir alle Macht gegeben ist und dir nichts vorenthalten wird. Das Zepter der Macht ist in deiner Hand, und in jedem Augenblick deines Tuns und bei jedem Wort, das du sprichst, kannst du die Hilfe der Himmlischen Heerscharen herbeirufen.*
>
> *Viele Jahre lang haben wir über dich gewacht und dich bis zur Erweckung der Wahrheiten geleitet, die nun weitergegeben werden müssen. Ein Plan für deine Tätigkeit und deine Mission muß sich nun verwirklichen. Wisse, daß du von diesem Augenblick an hinfort von den Höchsten Christus-Kräften vorangetrieben wirst, die einem Erdenmenschen überhaupt erreichbar sind. Wisse, daß die Engel mit dir schreiten und dir Macht gegeben ist über jede Situation."*

Von diesem Zeitpunkt an war jede Botschaft, die ich empfing und die ich in meinem Notizbuch festhielt, mit dem hinreißenden Symbol des Kreuzes im Kreis versehen. Dies ging mehrere Jahre so weiter, bis schließlich wegen des Gebrauchs der Schreibmaschine jede niedergeschriebene Botschaft mit den Worten endete: "Im Zeichen des Sonnen-Kreuzes". Wie ich dieses Symbol liebte! Es war für mich das Zeichen der Autorität. Viele Jahre später erfuhr ich, daß eine Zeichnung des runden Mutterschiffs, wenn man von oben darauf herabschaute, eine genaue Wiedergabe dieses Sonnen-Kreuzes ist. Der kleine Mittelkreis stellt das Kraftzentrum des Raumschiffs dar, von dem aus die vier Straßen, die die vier Himmelsrichtungen anzeigen, nach außen führen und die als Transportwege innerhalb des Schiffs zu den verschiedenen Sektoren und Ebenen dienen. Und die äußere Ringstraße an der Peripherie des Schiffes stellt den Hauptzugang innerhalb des Raumschiffs dar, der von Aufzügen gesäumt ist und Zugang zu allen Bereichen des Schiffs ermöglicht. Welch herrliche Ordnung und Organisation herrscht im Himmel! Die Zeichnung ihres Schiffs ist das Symbol dieser letzten Tage, wo sie die Engel der Ernte des HERRN sein werden!

## Der große Computer im Himmel

Eines Tages gab es eine angenehme Überraschung, die die Seelen-Aufzeichnungen betraf. (Der Name des Meisters wird verschwiegen.)

*"Es ist eine Ehre, dir, Meister ..., jemanden vorzustellen, den du bisher noch nicht getroffen und mit dem du bisher auch nicht gesprochen hast. Er kommt zu dir aus der zwölften Ebene der Wirklichkeit." "Guten Morgen, Tuella. Ich habe nicht den Eindruck, wir wären uns fremd, denn wir teilen viele Dinge in unseren Herzen und in unserem Bewußtsein. Ich bin ein naher Freund von Lord Kuthumi und von all den anderen, die du so gut kennst. Meine Arbeit innerhalb der Hierarchie ist die eines Superintendenten der Aufzeichnungen von Wiedergeburten und Verkörperungen von Seelen, nicht nur auf der Erde, sondern auch auf anderen Welten desselben Sonnensystems.*

*Ich komme, um mit dir zu sprechen, da du zwischen deinen Inkarnationen und deinen dienenden Missionen auch an dieser Art von*

*Arbeit teilhattest. Wie du weißt, haben die Aufzeichnungen der Inkarnationen einen gewaltigen Umfang. Trotzdem sind sie alle sauber, wirkungsvoll und sorgfältig in den großen Computern der höheren Dimensionen festgehalten. Ob man nach dem Namen während einer Inkarnation oder nach den himmlischen Namen aus anderen Welten sucht, hier findet sich jede Information vollständig und in allen Einzelheiten. Die Seele mag ihre früheren Leben, ihre anderen Namen vergessen, doch sie sind unvergeßlich in den himmlischen Aufzeichnungen enthalten. In bin verantwortlich für die Bewahrung und die Aufrechterhaltung dieser Aufzeichnungen, damit alle für die es erforderlich ist, Zugang dazu haben. Es ist eine faszinierende Aufgabe.*

*Der Karmische Rat wie auch der Hierarchische Rat haben nun entschieden, daß dir das Recht gewährt wird, nach Belieben Zugang zu diesen Aufzeichnungen zu erhalten. Natürlich hast du, wenn du nicht inkarniert bist, immer diesen Zugang. Doch der körperliche Status, auf den sich der Schleier gesenkt hat, verhindert diesen Zugang bis zu einem gewissen Punkt in der Entwicklung.*

*Es gab vereinzelte Augenblicke, an denen du in der reinen Kraft deines Bewußtseins diesen Zugang hattest, doch nun geben wir dir diesen Zugang offiziell und für immer frei. Wir übertragen dir nun dieses Privileg, da du es bei deinem Dienst für andere brauchen kannst.*

*Die Methode, die anzuwenden ist, um zu diesem großen Computer Zugang zu bekommen, besteht darin, mich direkt bei meinem Namen zu rufen, den Wächter an der Pforte der Halle der Aufzeichnungen. Nun, da ich mich während dieser Übertragung mit deinen Schwingungen vereint habe, wird unsere Verbindung während dieser Inkarnation nie mehr unterbrochen werden. Darüber hinaus wirst du dies nicht mehr benötigen. Du kannst den derzeitigen planetaren Namen einer Seele nennen, um deine Frage zu stellen, und ich oder einer meiner vielen tausend Helfer werden dir die gewünschte Auskunft geben.*

*Du brauchst den Grund für deine Nachfrage nicht anzugeben. Sitze einfach empfangsbereit da, und die Auskunft wird dir ungehindert durch das Quasar-Kommunikations-System gegeben. Fragen können, falls nötig, eingeworfen werden. Dies sind keine Lebensauskünfte, es sind Seelenaufzeichnungen."*

WILLST DU ANDEUTEN, DASS ICH EINE ART VON AUSKÜNFTEN ZU ERHALTEN VERSUCHE, WO MIR GESAGT WURDE, ES NICHT ZU TUN?

*"Nicht notwendigerweise. Dies ist einfach die Berechtigung zum Zutritt zu den Aufzeichnungen. Es ist eine Ehre, deren sich jeder Lehrer im verkörperten Zustand würdig erweisen muß."*

DARF DIESE AUSKUNFT AN DIE JEWEILIGE PERSON WEITERGEGEBEN WERDEN?

*"Das darf getan werden aufgrund einer eigenen Diskretion und der Bewertung der Fähigkeit der betreffenden Person, damit unzugehen. Du hast in der Vergangenheit viele Auskünfte aus diesen Aufzeichnungen durch andere erhalten, die Zugang hatten und sie mit dir teilten. Nun hast du persönlichen Zugang, ohne die Hilfe anderer zu brauchen. Das ist der Unterschied."*

Des Lebens höchstes Rüstzeug besteht aus der Ausstattung mit spiritueller Kraft und allem, was sie mit sich bringt. Es ist uns gegeben, das KÖNIGREICH GOTTES auf Erden zu verwirklichen, und an uns liegt es, unseren Teil dazu beizutragen. Wir sind hier Liebe in Tätigkeit - und Liebe ist Macht!

## Nahbegegnungen der feinen Art

Die Gaben Gottes, die sich im Freiwilligen der Erde auswirken, stellen eine wahre Freude dar, wie auch immer sie sich äußern. Meine Tochter Eva ist mit der Gabe gesegnet, Naturgeister zu sehen und mit ihnen zu sprechen, den Elementaren all dessen, was wächst. Diese Gabe schenkte uns viele beglükkende Stunden.

Mein damaliges Haus in Pennsylvanien war von Eichenwäldern umgeben, ein Flußlauf war in der Nähe; es gab viele riesige Farne, und viele davon wurden uns zu guten Freunden. Die große Eiche - es waren eigentlich drei Stämme mit einer gemeinsamen Wurzel - gab mir immer wieder Kraft, wenn ich unter ihrem Blätterdach ruhte und mich mit ihr unterhielt. Es schien mir, als sei dieser Baum das Elementar-Wesen des Behütens unseres ganzen Besitztums. Ich lernte bald, in Zeiten, wo es Probleme mit irgendeiner Pflanze gab, zu dem "Großen" zu gehen und dort Rat zu holen. Ich war damit beschäftigt, Erdbeerpflanzen in ein großes Faß mit vielen runden Löchern zu setzen, eine in jedes Loch, und sie von oben her zu gießen. Aber die Pflanzen sahen gar nicht gut und glücklich aus. Da sagte mir der "Große", daß sie an Wassermangel litten, denn das Wasser lief viel zu rasch in den Boden, und die Wurzeln blieben trocken. Ich half diesem Zustand mit bestem Erfolg ab, indem ich die Pflanzen versetzte. Der "Große" diente auch als Wächter für mich allein in diesem ländlichen Anwesen.

Eines Nachmittags durchstreiften Eva und ich einen großen Park, etwas außerhalb der Hauptstadt, und wir beschlossen, uns ein wenig mit den kleinen Feen zu unterhalten, wenn welche kämen. Sie sehen so zart, so klein und lieblich aus! Also rief ich sie, und Eva bemühte sich, sie zu sehen. Doch sie unterbrach mich: "Mutter, du solltest lieber aufhören zu rufen. Du bist von einer ganzen Versammlung von Elementar-Wesen umringt. Wir werden belästigt.

In jener Gegend kam eine große Menge eines bestimmten Unkrauts vor, das 30 Zentimeter breite Blätter hatte. Überall gab es das. Entzückt sah Eva, daß drei oder vier wunderschöne kleine Feen auf diesen Blättern tanzten und in den strahlendsten Farben glänzten. Eva sprach mit ihnen, und sie fühlten sich geehrt, angerufen zu werden und jemandem zu begegnen, der wußte, daß es sie gibt. Diese besondere Gruppe hatte große, in allen Farben schimmernde Flügel von einer Art, die wunderbar mit dem, was man als ihre Gewänder bezeichnen könnte, harmonierten. Sie waren ungefähr fünf Zentimeter groß. Es gab dort auch andere Elementare, von den Wäldern, die größer waren, bis zu 15 Zentimeter, und die waldgrüne Gewänder anhatten. Dieses Zusammentreffen an jenem Sonnentag im Park war ein wunderbares Erlebnis.

Es war eines Tages in meinem Wohnzimmer in Pennsylvanien, als sich mein Sehvermögen so gut entwickelt hatte, daß ich buchstäblich auf meinem ganzen Teppich verstreut kleine Elementar-Wesen sah, die von draußen hereinkamen und nun entweder mit gekreuzten Beinen dasaßen oder sich gegen einen Stuhlfuß lehnten oder aufmerksam dastanden. Und alle starrten mich an. Da hieß ich sie willkommen und entschuldigte mich dafür, daß ich ihre Anwesenheit nicht schon früher bemerkt hatte. Sie lächelten und sagten, sie mögen mein Haus, und sie bedankten sich für meinen Gemüsegarten, in dem sie sehr viel mithelfen würden. Sie sagten mir, die Maulwürfe hätten meine Tulpenzwiebeln angenagt, und sie hätten es nicht vermocht, das zu verhindern. Einige versuchten, mir auf den Schoß oder auf die Stuhllehne zu hüpfen, aber ich sagte ihnen, sie sollten auf dem Boden bleiben. Sie verstanden und lächelten nur. Die meisten von ihnen hatten ganz runde Gesichter und große Augen. Von dieser Zeit an spürte ich, daß mir oft eine ganze Reihe dieser Wesen folgte, wenn ich außerhalb des Hauses meiner Arbeit nachging. In mein Morgengebet schloß ich immer diese Elementar-Wesen der Schöpfung mit ein. Nachdem ich sie gesehen hatte, war mir auch klar, daß sie wußten, wie gern ich sie hatte. Die Zeit kam, wo ich diesen Besitz verlassen und nach Colorado Springs fahren mußte, um dort meine Tochter Eva zu treffen. Ich hatte einen kleinen Transporter und konnte dort meine ganzen Zimmerpflanzen verstauen, meine Katze namens "Kleiner Freund" ("Little Friend") sowie einen großen Kübel, der mit den größten Farnplanzen gefüllt war, die ich am Rand des Baches finden konnte, der durch unser Grundstück floß. Der viele Schatten von den Eichen, die Nebel, die von den Bergen herabkamen, und die Feuchtigkeit, die von dem kleinen Fluß ausging, waren ideal für das üppige Gedeihen dieser Farne.

Nachdem wir uns in unserem Haus in Colorado niedergelassen hatten, kamen wir eines Tages von einer besonders anstrengenden Einkaufstour zurück. Wir streiften unsere Schuhe ab und warfen uns erschöpft auf die Betten, um etwas auszuruhen. Eva schaute auf das Bücherbrett über ihr und entdeckte dort eine Menge Bewegung. Sie entdeckte auf ihrem Lieblings-Blumenstock einen Elementaren, der eine ganz gewaltige Energie entfaltete. Sie schloß Freundschaft mit ihm, und wir nannten ihn "Charlie". Er war sehr jung, und besonders freute er sich, mit Evas vierjährigem "Deirdre" durch Zimmer und Haus toben zu können. Wir beschlossen, uns mit allen anderen bekannt zu machen, indem wir von Pflanze zu Pflanze gingen und mit ihnen sprachen und uns ihr Aussehen und vieles anderes vorstellten.

Wir sprachen mit einer Pflanze, die mich über zehn Jahre durch mein Leben begleitet hatte. Es war ein Philodendron, von dem wir Dutzende von Ablegern gemacht hatten, um neue Pflanzen zu gewinnen. Aber hier handelt es sich um die ursprüngliche Pflanze.

Mein Mann und ich waren aus verschiedenen Gründen durch das Land gereist. Der Kleine Elementare, um den es sich handelt und den wir "Den Alten" nannten, war ungefähr fünf Zentimeter groß, niedergebeugt und sehr betagt. Er bat darum, nach oben in mein Schlafzimmer gebracht zu werden, denn das Toben und Lärmen von "Deirdre" lasse ihn sozusagen die Wände hochgehen. Er wollte an einem ruhigen Ort allein sein. Wir fragten jede Pflanze, ob sie etwas wünschte und so weiter. Der hüpfende Junge gab zu, er hätte gern einen jungen Hund. Nun, das war aber eine Herausforderung, wo er doch kaum zweieinhalb Zentimeter groß war. Wir durchstreiften alle Geschenkläden, um ein kleines Porzellanhündchen aufzutreiben. Das inspirierte uns, alle danach zu fragen, was sie gern hätten. Der kleine alte Mann wünschte sich einen bequemen Stuhl, vielleicht einen Schaukelstuhl ähnlich wie meiner. Ein erwachsenes Paar von einer größeren Pflanze, das etwas bäuerlich aussah, bat um ein Paar Pferde. Voller Freude machten wir eine Liste und hatten viel Freude daran, am nächsten Tag die Geschenke nach Hause zu bringen. Wir fanden eine Hundefamilie aus Porzellan, wovon Charlie sein Junges bekam. Sehr oft danach sah Eva, wie er sich an seiner Seite anlehnte und ausruhte, oder er setzte sich darauf. Jedesmal, wenn sie den Alten entdeckte, saß er in seinem hübschen stoffbezogenen blauen Porzellan-Lehnstuhl, der ungefähr sechs Zentimeter hoch war. Für das Bauern-Ehepaar fanden wir auch das Pferdegespann, und so ging es weiter, im ganzen Haus. Wir mußten mehrere Male wegfahren, um alles zusammenzubekommen, was sie sich gewünscht hatten. Aber sicherlich war es eine sehr glückliche Schar von Elementar-Wesen. Von Zeit zu Zeit fanden wir kleine passende Gegenstände und brachten sie ihnen nach Hause. Sie liebten zierliche Vögel und Blumen. Ein anderes Wesen wünschte sich eine Gießkanne, die wir schließlich ebenfalls fanden.

Doch inmitten all dieser Freuden gab es auch etwas Trauriges. Charlie sagte uns, daß der große Farn, den wir "Die Verwitterte" nannten (eine ältere weibliche Pflanze), krank sei und besondere Fürsorge brauche. Die Pflanze beeindruckte jeden, Charlie eingeschlossen, und alle verehrten sie und hatten großen Respekt vor ihr. Man nannte sie nur "Die Verwitterte", da dieser Farn viele, viele kalte Winter und wechselvolle Jahreszeiten überstanden hatte. Es war gewissermaßen der Oberste aller Farne, denn er war auch der größte. Wir hatten ihn zuerst in eine Ecke gestellt, wo immer alle vorbeigingen. Er wurde schwach, da er dauernd mit unseren Auren in Berührung kam, wenn wir an ihm vorbeistreiften. Zuerst bat die Pflanze darum, an einen anderen Platz gestellt zu werden. Sie befand sich in solch einer geschwächten Verfassung, daß wir sie zu ihrem Schutz im Wohnzimmer mitten auf den Eßtisch stellten, zusammen mit zwei jungen Efeupflanzen, die noch aus der alten Wohnung stammten. Wir erfuhren aber, daß sie an Herzenskummer starb. Wir verstanden das nicht. Aber es wurde uns gesagt, daß sie dort als die größte ihrer Art das überwachende Elementar-Wesen gewesen war und daß sie nun von Melancholie befallen wurde, weil man sie dort herausgerissen und an diesen heißen trockenen Ort gebracht hatte. Sie sehnte sich nach ihrer alten Umgebung in den Wäldern, nach den Eichhörnchen, den Kaninchen und den Vögeln, nach den Morgennebeln und dem Schatten der Eichen.

Als Deirdre davon erfuhr, daß die Pflanze diese Tiere vermißte, brachte sie ihr alle ihre kleinen Spielzeugtiere und stellte sie rings um den Farn auf. "Die Verwitterte" selbst war ungefähr sieben Zentimeter hoch (ob dies nicht drei Fuß hoch, also knapp einen Meter heißen sollte? d.Ü.), er war größer als alle anderen. Charlie sagte uns, wir sollten alle anderen Pflanzen dicht um sie herumstellen, die ihr Hilfe, Trost und Kraft spenden könnten, was ihr helfen würde. Das taten wir sofort, und außerdem stellten wir noch einige mit Wasser gefüllte Gefäße dazu. Es dauerte ungefähr drei Wochen, bis die Pflanze schließlich begann, auf unsere liebende Fürsorge zu reagieren. Als sie soweit wieder bei Kräften war, pflanzten wir sie auf der Schattenseite des Hauses zusammen mit anderen heranwachsenden Pflanzen ein, und sie erholte sich vollständig. Dies war eine sehr erzieherische Erfahrung.

Ein kleines Elementar-Wesen kann sich von seiner ihm zugehörigen Pflanze nicht sehr lange Zeit entfernen, höchstens einige Minuten. Während der intensiven Pflege seines Farns mochte es Charlie gar nicht, wenn Eva und Deirdre nach oben gingen, um fernzusehen, da er nicht mitkommen konnte. Deshalb nahm ihn Deirdre bei solchen Gelegenheiten einfach mit. Eines Abends schauten sie "EMERGENCY" an, hingerissen und ganz sicher ohne an Charlie zu denken. Mitten in der Story wurden Bilder eines vernichtenden Feuers gezeigt, und plötzlich merkte Eva, wie Charlie völlig erschreckt auf ihrer Schulter auf und ab hüpfte. Feuer hat er zuvor noch nie gesehen! Das Programm endete, und da mußte sich Eva lang und breit mit ihm unterhalten und eine Menge erklären, besonders, daß er in keiner Feuergefahr schwebte.

Diese winzigen Elementaren sind lebende Wesen, von denen jedes einzelne für das Wachstum des ihm zugewiesenen Objekts verantwortlich ist. Sie stellen dessen Leben vom Kosmos her dar. Wenn wir eine Pflanze mißhandeln, nicht für sie sorgen, sie nicht gießen, wird der Elementare verschwinden, und die verlassene Pflanze stirbt. Wenn wir zu einer Pflanze sprechen, sprechen wir in Wirklichkeit zu dem Elementaren, das ihr Leben bedeutet. Unsere Worte werden tatsächlich gehört und verstanden, vor allem die Schwingungen der Liebe, die sie in sich tragen.

Meine Lieblingsgeschichte von den Elementaren ist die von Airella. Ich betete damals viel und besaß einen eigenen Hausaltar. Ich fand dafür eine kleine Pflanze, die in meinen Gedanken das Königreich der Natur auf dem Altar versinnbildlichte. Ich suchte einen verzierten Topf, der in der Größe angemessen war. Wir trugen ihn nach oben, stellten ihn auf den Altar und setzten uns ruhig nieder, um zu schauen. Der Name des Elementaren dieser Pflanze war Airella. Einzelheiten irgendwelcher Bekleidung konnten wir nicht erkennen. Es war nur eine Helligkeit. Eva sagte, sie sei "in Licht gekleidet". Sie stieg sachte von der Pflanze herab, schwebte über den Altar und prüfte den großen Kerzenhalter aus Messing. Sie stand vor der elektrisch beleuchteten Statue der Himmlischen Mutter, verharrte ehrfürchtig vor dem Goldenen Engel, der symbolisch die Kräfte der Engel darstellen sollte. Auf ähnliche Weise blieb sie ehrfürchtig vor den kleinen Statuen Jesu und Guatama Buddhas stehen.

Sie war von Ehrfurcht ergriffen und überwältigt von der Ehre, als Elementare für die Mächte des Lichts in unserem Heim ausgewählt worden zu sein. Sie war dazu ausersehen, zu einem Feuergeist aufzusteigen, deshalb kam ihr die Verantwortung zu, Hüter der Flamme auf meinem kleinen Hausaltar zu sein. Wir waren erst vor kurzem eingezogen, und dieser Platz der Verehrung war neu. Mir wurde gesagt, ich solle mit sehr kurzen Gebeten und Meditationsperioden beginnen und sie erst allmählich steigern, so daß die einströmende Kraft nur schrittweise freigelassen würde und Airella so dem täglichen Ritual folgen konnte. Das war eine Übung, aber auch ein Vorrecht für sie. Zu Weihnachten fand ich einen kleinen Engel, um sie mit der Pflanze zu verbinden.

Die Kraft, die die Einheit des Lebens mit dem gesamten Königreich Gottes wieder zurückbringt, so wie es im Neuen Zeitalter der Fall sein wird, stellt einen großen Schritt nach vorne dar.

Dies ist eine Manifestation der Liebe, und Liebe ist Macht.

# DES LEBENS HÖCHSTER STANDARD

*Göttliche Führung in unserem Leben*

# Kapitel VI

## Das Land des Entzückens

*"Auf Anweisung des HERRN blieben sie in ihren Zelten, auf Anweisung des HERRN machten sie sich auf den Weg." (Exodus 13,20 - 21)*

Es ist eine anerkannte Tatsache, daß die Göttliche Führung verwirrend sein kann, doch dient sie auch dem weiteren Fortschreiten. Für mich war die Führung, die mich veranlaßte, den Bereich der Hauptstadt zu verlassen und mich nach dem Südwesten zu begeben, unmißverständlich. Ich ließ alle meine Familienmitglieder zurück und reiste nach Neu Mexico, meinen einsamen neuen Abenteuern entgegen.

Die Landschaft in diesem fünftgrößten Staat der U.S.A. ist buchstäblich umwerfend. Die mystischen Tafelberge und das Gebirge im Norden, die wohl die mächtigsten Kraftzentren in der Welt sind, nötigen einem höchste Ehrfurcht ab. Man fühlt, wie sich die Seele weitet, wie sich das ganze Wesen ausdehnt, während man staunend die weite reine Landschaft auf sich wirken läßt. Der allezeit vorhandene Duft der Kiefernwälder in der ruhigen, trockenen Luft ist bezaubernd, vor allem, wenn des Abends die untergehende Sonne den Himmel in den unglaublichsten Variationen von Purpur und Lavendel erglühen läßt. Hier kann man in einer Art heiterer Begeisterung lernen, Gott zu gehorchen.

> *"Wir bringen dir die Bestätigung dafür, daß du dich dort niederlassen wirst, wo es deine Bestimmung für dich vorgesehen hat, und um unsere Billigung und Teilnahme deines Aufenthaltsorts zu bestätigen. Dein Heim ist mit unserem Computersystem verbunden als ein Ort, der unter dem Schutz und unter dem Oberbefehl des Ashtar-Kommandos und seiner Weltraumflotte steht. Dein Haus strahlt einen unsichtbaren Glanz und ein Symbol aus, das nur von unseren Schiffen gesehen werden kann, wenn sie über diesem Gebiet patroullieren. Die Schwingungen dieses Symbols zeigen sich auf ihren Geräten."*

In dem Buch "PROJEKT WELT-EVAKUIERUNG" habe ich bereits die wundervollen Erfahrungen beschrieben, die ich in den Bergen Floridas, am Cook-Berg, gemacht hatte, und ich habe von den Einrichtungen des Kommandos dort berichtet. Der Freiwillige auf Erden lernt, beweglich und in steter Erwartung zu leben, wie fest niedergelassen er auch zu sein scheint.

*"Die Beschränkungen, denen du gegenwärtig noch unterworfen bist, werden nun bald aufgehoben. Wir geben zu, daß dich kontrollierende Einfüsse umgeben haben. Glaube uns, daß alles, was wir getan haben, aus Liebe und zu einem bestimmten Zweck erfolgte. Wenn unsere Vertreter auf Erden sich zurückgehalten oder behindert vorkommen oder wenn sich Hindernisse auf ihrem Weg zeigen, dann geschieht dies nur aus Gründen liebender Führung. Würden sie nicht geliebt und gelenkt, würden sie ihre eigenen Wege gehen. Aber da wir die Führung übernehmen, ist jeder Schritt lebenswichtig.*

*Du magst dich bisweilen wie in eine Flasche eingesperrt fühlen, in der du den Weg siehst, ihn aber nicht beschreiten kannst ... Es ist dein gutes Recht, ernst genommen zu werden. Könntest du voll und ganz die Verpflichtung begreifen, die du eingegangen bist, die Verantwortung, die auf dir ruht, würdest du die meiste Zeit über die Schwere dieser Last fühlen. Wenn es den Anschein hat, daß du in deinem Menschsein diese Dinge von dir werfen und in eine andere Richtung gehen möchtest, so besteht doch in deinem tiefsten Inneren eine Bindung, die das unmöglich macht. Du machtest ein Gelübde, bevor du uns verlassen hast, und bist nun dabei, es einzulösen.*

*Wir haben so viele Freiwillige, die überall verstreut sind. Mehr als die Hälfte davon gehört nicht zu dieser Evolution. Jene, die bleiben so wie du, wurden seit ihrer Kindheit dem verletzenden Druck der negativen Umwelteinflüsse auf ihre Seelen ausgesetzt.*

*Es wurde bestimmt, daß dir bald vieles von dem erklärt wird, was so viele Jahre lang deine Seele belastete. Bei deiner Standfestigkeit und deiner Bestimmung ist es nun Zeit, dir die Anwort darauf zu geben. So manche haben wir verloren. Nun müssen wir dafür besondere Fähigkeiten und Verantwortungen denen zukommen lassen, die geblieben sind. So mächtig, wie die Kommandos sind, so entwikkelt deren Technologie ist, so gewaltig ihre Zahl, - ohne die Hilfe unserer Freiwilligen auf Erden wäre unsere Arbeit vergebens.*

*Wenn du den dunklen Mächten ausgesetzt bist, die dich vernichten wollen, dann werden die, die aus unserer Ebene stammen, die trainiert und auf diesen Planeten gebracht wurden, dir plötzlich zur*

*Seite stehen.Wenn einer dir zur Seite stehen und dir helfen muß, dann wird er da sein. Ich spreche von einem, der so aussieht wie du und der nicht als einer von uns identifiziert werden kann. Sie leben an ihrem Platz ein normales Leben, stets bereit, einem Ruf zu folgen, aber sie sind da, um jenen zu helfen, die so sind wie du. Sie haben die Fähigkeit und die Macht, dies zu tun, und sie sind darin geübt, dies auf eine Weise zu tun, wie wir selbst es nicht könnten, denn sie sind in eure Atmosphäre eingedrungen. Es sind unsere auf der Erde geborenen Brüder und Schwestern, von denen wir in diesem Kampf um die Seelen der Menschen und um den Planeten selbst abhängen."*

Ich habe diese Botschaft für alle Adler wiedergegeben, die hier eine besondere und wichtige Mission zu erfüllen haben. Lies diese Worte so, als seien sie direkt an dich gerichtet, denn sie sind es!

In der Woche am Elephant Butte-See, wo mir die Durchgaben für das Buch "Weltbotschaften für das kommende Jahrzehnt" diktiert wurden, erhielt ich auch einige Informationen von lokaler Bedeutung.

*"Der Staudamm in diesem Gebiet könnte keinem Erdbeben standhalten, denn man hat nicht angenommen, daß es hier zu stärkeren Stoßwellen kommen könnte. Aber der Damm, auf dem der Druck der dahinterliegenden Wassermassen ruht, ist wirklich keinem Erdbeben gewachsen. Und das trifft auf die meisten Staudämme zu, die nicht erdbebensicher gebaut wurden.*

*Unter den tiefen Rissen dieses Sees, die gegenwärtig mit Wasser gefüllt sind, um diesen wunderbaren Ort zu schaffen, befinden sich Stellen von sich verschiebenden Platten wie auch heiße Stellen innerhalb der Erdkruste. Es handelt sich hier um dieselbe Aktivität, die diese Täler vor vielen Äonen geformt hat. Wir glauben, daß eine Erdbebentätigkeit wegen der tieferen Erdstruktur hier nur gering wäre."*

Ich hörte von den erloschenen Vulkanen rund um Albuquerque und fragte danach.

*"Diese bilden für uns potentielle Probleme, doch sind wir sicher, daß wir diese Energiezentren unter Kontrolle halten können. Wir haben ein Mittel, um vulkanische Tätigkeit zu bremsen, und es ist*

*unsere Absicht, das zu tun. Durch unsere vorbeugenden Strahlen überwachen wir sie und werden das auch in Zukunft ununterbrochen tun. Die Berge im Norden Neu-Mexicos wie auch die Berge an der Ostgrenze Arizonas werden als verhältnismäßig sichere Gebiete betrachtet. Es handelt sich hier um eine stabile Zone, von der wir glauben, daß sie standhalten wird. Die südlichsten Teile des Staates erachten wir im Vergleich zu anderen Gebieten als verhältnismäßig sicher."*

Die Nomaden im Alten Testament wurden aufgefordert:

*"Ihr wohntet lange genug auf diesem Berg. Kehrt um und zieht weiter. (Numeri 9, 23)*

So sehr ich Deming, meine Farm in Neu-Mexico, liebte, wo ich zwei Bücher geschrieben und von wo aus ich mit Erfolg viele Bücher verschickt habe, so mischten sich doch unüberhörbare Aufforderungen in die täglichen Durchgaben, die ich erhielt. Zuerst Avalon:

*"Es gibt eine Menge zu sagen von Vier Ecken. Wir wollen dich an einem erreichbaren Ort starker Energie und in großer Höhe haben. Wir wollen dich in der Nähe dieser Operationsbasis haben. Die Kommandos konzentrieren dort gewaltige Aktivitäten, und andere Kanäle und Beauftragte werden generell in dieses Gebiet geschickt."*

Lord Kuthumi gab kurz darauf weitere Einzelheiten:

*"Dieses Anwesen wird als Operationsbasis gestrichen." (Dieser Satz wurde wiederholt.) "Wir haben für dich einen anderen Ort ausgewählt. Es bestehen dafür verschiedene Gründe, von denen dir manche noch nicht klar geworden sind, aber das wird sich in der Zukunft noch ändern. Das Gerät, das mit deinem Heim auf der Basis im Norden Verbindung aufnehmen kann, hat eine viel stärkere Frequenz als alles, was es in diesem unteren Teil des Staats gibt. Deine telepathischen Fähigkeiten werden sich steigern, klarer werden und rascher ansprechen. Auch müssen dort Kontakte durchgeführt werden, die hier nicht möglich sind. Richte es so ein, daß du dich in der Umgebung der neuen Basis ungefähr eine Woche aufhalten kannst, bevor du dich am endgültigen Platz niederläßt. Du wirst diese Operationsbasis dieses Frühjahr schließen, wobei zwischen dir und dieser Vibration ein Abstand von vielen Meilen herrscht."*

Auch Kommandant Anton vom Berge Cook machte dazu eine Bemerkung:

*"Wenn du nach dem Norden gehst, werde ich dir wieder als einer deiner Übermittler dienen, sozusagen als Portal, das in andere Dimensionen hineinführt. Außer mir werden dir aber auch noch andere auf diese Weise helfen. Es ist dem Werk Kortons für das Sonnensystem vergleichbar. Der zentrale Operationsbereich ist sehr groß, und er umfaßt dort weite Teile jedes Staates. Innerhalb der Aktivität des Zentrums und des Punktes der vier Grenzlinien wird ein Sonnenkreuz gebildet. Da alle Linien fünfzig Meilen messen, kannst du dir gut vorstellen, daß du dich noch im Punkt des zentralen Wirbels befindest. Miß dann von dieser Grenze weitere fünfzehn Meilen nach außen, um innerhalb seines starken Einflußbereichs zu bleiben. Natürlich reicht die Ausstrahlung noch weiter nach außen. Aber für den Zweck, um den es hier geht, ist dies eine einfache Richtlinie."*

Ich wollte etwas über den Vergleich von Vier Ecken mit dem Gebiet von Pike's Peak in der Gegend von Colorado Springs erfahren. (Nicht viel später hörte ich von den vielen negativen Wirbelzentren in Colorado.) Ein Freund, der mich besuchte, ebenfalls ein Kanal, trug weitere Einzelheiten bei:

*"Dimensions-Durchgänge weisen vier Portale auf, um den Raumschiffen leichten Zugang zu gewähren. Sie verfügen damit auch über eine bessere Schwingung.*

*Durch militärische und kommerzielle Einflüsse kommt es dennoch zu Stauungen. Goldene Flügel wurden über mir gesehen, als ich wegen einer Umsiedlung fragte. Es wurde gesagt, daß über dem Anwesen, das ich zu finden hätte, ein Lichtstrahl sei. Man sagte, daß es in diesem Gebiet eine große UFO-Aktivität gebe. Ich mußte an der Ecke Neu-Mexicos beginnen und innerhalb der mir von dort aus gegebenen Richtlinien in Richtung Osten weitersuchen. Ein ätherisches Kreuz hängt über dem Land der Vier Ecken. Man sah eine weiße Taube über dem Platz meines Hauses, und in der Nähe war ein Bach."*

Auch Lord Monka meldete sich mit einigen Kommentaren über meinen Umzug:

*"Es war der Wunsch der Konföderation, daß du den Umzug im Bereich der Basis durchführst, die am Kreuzungspunkt von vier Bun-*

*desstaaten liegt, damit du ihr näher bist. Es ist eine sehr alte und große Basis, deren Beschreibung nicht sehr bekannt ist. Viele Flotten kommen durch das dortige Portal zu dem Planeten und führen von dort aus ihre Mission durch.*

*Es wird deine Aufgabe sein, als Botschafter für die Basis und für alle, die dort stationiert sind, zu dienen. Du wirst auf vielfache Weise unser Verbindungsglied sein. Auch ich war lange Zeit dort. Avalon wird mit dir umziehen. Es ist eine lange, faszinierende Geschichte um die F.C.-Basis, die bis auf die ersten Niederlassungen auf dem Planeten zurückreicht. Ich fühle mich sehr mit diesem Gebiet verbunden, und mein Sohn Soltec ebenfalls. Sei geduldig, bis die Zeit hierfür reif ist. Die Konföderation ist über diese Änderung deiner Operationsbasis in Kenntnis gesetzt. Du wirst fortwährend mit uns in Verbindung stehen und Hilfe finden."*

Endlich kam auch die erhoffte Bestätigung durch Lord Jesus Sananda:

*Es ist der Wille des Vaters, daß du dich für den letzten Teil deiner Mission in eine andere Gegend begibst. Wir brauchen dich im Bereich dieser Gegend und ihres Wirbels, der von hier aus weiter nördlich liegt. Dieses schwächere Feld wird nicht mehr gebraucht, doch die Übermittlungen müssen nun durch einen anderen erfolgen. So oft habe ich dir gesagt, du werdest unsere Anweisungen bekommen, wenn die Zeit dafür gekommen ist, umzuziehen und dich anderswo niederzulassen, und nun ist es so weit. Viele meiner Erwählten wurden auf diese Weise dazu bewogen, umzuziehen, und ließen sich schließlich dort nieder, wo sie ihr Werk weiterführen konnten. ICH BIN SANANDA, und ich bestätige dir dies alles. Zögere nicht, diese Veränderung und diesen Plan in Angriff zu nehmen, denn ICH bin es, der dies wie versprochen bewerkstelligt. Du wirst deinen Dienst mit neuer Begeisterung leisten können, wenn sich deine Kräfte unter dem Einfluß des neuen Energiewirbels befinden werden. Er ist sehr stark, und er ist für die künftige Arbeit notwendig."*

Da war ich voll und ganz überzeugt davon, daß es für mich nun Zeit wurde, umzuziehen und nach dem Norden zu gehen.

## Vier Ecken

*"... und sie begannen ihre Reise, und der HERR ging ihnen voraus, bei Tag in einer Wolkensäule, um sie zu führen, und bei Nacht in einer Säule aus Feuer, um ihnen Licht zu spenden." (Exodus 13, 20 - 21)*

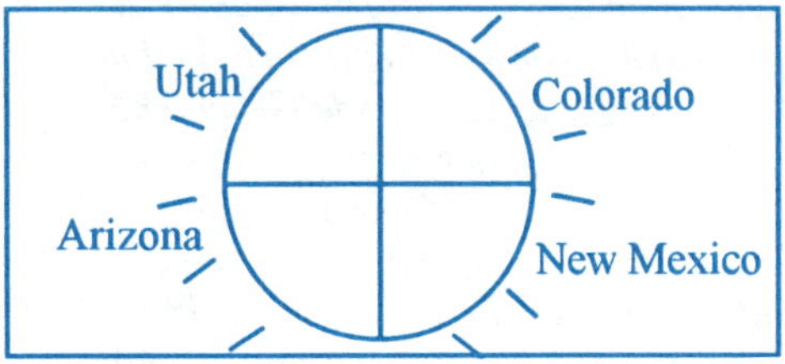


Das Große Sonnen-Kreuz durchdrang immer noch mein Leben! In der Zeit meines Umzugs gab es eine fortwährende Informationsflut. Die Informationen wurden zwar immer nur bruchstückweise gegeben, führten aber schließlich doch zu etwas, das für mich völlig neu war.

Sie kamen, von der großen Operationsbasis am Kreuzungspunkt der vier Bundesstaaten zu sprechen, einer gewaltigen Einrichtung von großer Aktivität im Land. Ihre hauptsächliche Funktion bestand darin, Generator und Eintrittspforte zu sein, aber auch Trainingsbasis für Außerirdische, die in unsere Welt kamen. Ich erfuhr, daß eine weitere Basis in den Bergen entlang der Grenze nach Arizona lag und eine andere von der Wasatch-Front bei Salt Lake City aus operierte. Es gab viel Begeisterung wegen meiner "Reise zur Basis". Physisch gesprochen war alles, was ich vollbrachte, an deren Spitze auf Bodenniveau zu sitzen. Ob ich je eintrat, steht nicht in dem Bericht, aber ich träumte ziemlich davon. Mir wurde gesagt, daß es sich um einen starken Schutzwall und um einen positiven Energiewirbel handelt, der meine Arbeit unterstützt.

> *"Dies ist einer unserer größten Stützpunkte und der Hauptaufenthaltsort in unserem Programm für Amerika. Es wird einige überraschen, dich hier zu treffen. Du warst hier schon früher einmal stationiert, als du nicht verkörpert warst. Deshalb wirst du ein Gefühl des Einsseins mit unserer Station bemerken. Deine Verbindung mit uns an diesem Ort kann jederzeit innerhalb eines Zeitraums von drei Stunden erfolgen, daß heißt also drei Uhr, sechs Uhr, neun Uhr, zwölf Uhr. Doch bestehen in diesem Gebiet die stärksten Schwingungen um neun Uhr vormittags und um 9 Uhr abends sowie um zwölf Uhr mittags und Mitternacht. Das sind die beiden wichtigsten Zeiten, obwohl die anderen auch bis zu einem gewissen Grad erfolgversprechend sind. Deine Kristalle sind hier wichtiger, und zwar als Werkzeuge der Übermittlung."*

BENUTZEN FLOTTEN VON VIELEN GALAXIEN DIESES PORTAL UND DIESE BASIS, ODER IST ES BESTIMMTEN FLOTTEN VORBEHALTEN?

*"Dieser Außenposten dient als größeres Zentrum für diesen Weltraumsektor, die Hoheitsrechte übt Lord Andromeda aus."*

WARUM MUSSTE ICH ZU EINER BESTIMMTEN ZEIT HIER SEIN, UND WARUM GERADE AN DIESEM ORT?

*"Du wurdest in diesen pulsierenden Hauptwirbel gebracht, so, als ob du vom äußeren Kreis eines Rades zu seiner Nabe gebracht worden wärest. Dieser Posten wird von einer Reihe konzentrischer Kreise gebildet, die durch eine Kuppel schützender Energien, mit einer bemerkenswerten Spannweite von unserer Position aus abgeschirmt werden, der Iris eines Auges vergleichbar."*

Während meiner ersten Reiseanleitungen wurde mir gesagt, mich nach Osten zur Ecke der Grenze Neu-Mexicos zu wenden, dem höchsten Berg entgegenzufahren, den ich sah, und immer diese Richtung beizubehalten. Dort, so sagten sie, wollten sie mich treffen. Der Berg heißt Angel Peak, und ich fand ihn südöstlich von Aztec, der wegen seiner indianischen Ruinen als heiliger Ort gilt. Man sagte mir, der Berg heiße deshalb Angel Peak (= Engelsgipfel), da jemand nach einer indianischen Legende, die in einer Vision entstanden ist, auf seinem Gipfel strahlende Wesen erblickt hatte. Er sollte mit der großen außerirdischen Basis in Verbindung stehen, und ich würde dort mit dem großen Energiewirbel in Berührung kommen, zu dem ich gesandt wurde. Beim ersten Anblick des Angel Peak wird man vielleicht zuerst an unfruchtbares Ödland erinnert, doch ist es ein Ort von majestätischer Schönheit. Avalon, der als Reiseleiter fungierte, erklärte:

*"Du stehst an einem geologisch und geschichtlich wichtigen Ort, der sozusagen von Narben bedeckt ist. Ursache war ein großes Aufbrechen und ein nachfolgender Zusammensturz, verursacht durch gewaltige Feuer- und Hitzeeinwirkung aus dem Inneren der Erde vor ungefähr eineinhalb Millionen Jahren. Der Planet Erde hat viele vernarbte Wunden. Dies ist eine davon. Trotzdem ist dies ein äußerst magnetischer Ort. Kehre dann zu ihm zurück, wenn du ihn voraussichtlich verlassen vorfindest. Setze dich dann zum Meditieren auf eine der ebenen Stellen möglichst nahe dem Gipfel, von wo aus du die Abgründe überblicken kannst.*

*Dies ist eine Hochburg von Elementaren. Millionen dieser mächtigen Wesen halten sich dort auf und erfüllen die Wünsche der Hierarchie. Schicke deinen Ruf hinein in die schwebende Atmosphäre und rufe das Reich der Elementar-Wesen an, wenn du irgendeine Hilfe in deiner physischen Welt brauchst."*

Man fährt tiefer in das Gebiet hinein, als es die erste Annäherung vermuten läßt. Und es erscheint einem nur als ein Aussichtsplatz mit schönem Blick. Folgt man der Ringstraße zur Linken, trifft man auf einen Picknick-Platz in der Nähe des Großen Abgrunds. Der frühe Morgen ist die beste Zeit, um sich hier aufzuhalten.

## Shiprock

Der nächste Ausflug, den man gern unternimmt, ist, in die Nähe des majestätischen Shiprock zu fahren, gerade südwestlich von Farmington. Als ich ihn zum ersten Mal sah, wurde ich an eine alte Hymne erinnert: "Führ' mich zu dem Felsen, der größer ist als ich." Warum wurde ich so unerklärlich stark zu diesem enormen Felsen hingezogen, der sich inmitten völliger Einsamkeit und Verlassenheit erhebt, vielleicht von einer entfernten Schafherde abgesehen?

Doch ich wollte ihn berühren, wollte mich auf ihn setzen, wollte ihm ganz nahe sein. Nachdem ich mich in endlosen Wendungen auf fast unerkennbaren staubigen Straßen hochgeschraubt hatte, konnte ich dies tatsächlich tun, und ich fand heraus, was mich hier so anzog. Meine Freunde wollten ihn erklimmen, und sie taten es auch. Ich aber wollte nur bei ihm sitzen und mich mit ihm unterhalten. Doch wer an dessen Stelle antwortete, war Korton:

*"Du bist nun ganz in der Nähe einer der größten Übertragungs-Einrichtungen, die wir auf diesem Planeten haben. Sie befindet sich natürlich in der Mitte unterhalb der Oberfläche. Aus dem Felsen strahlen Wellen und Frequenzen in alle Richtungen. Auf Isolierung wurde sorgfältig geachtet. Wir nennen den Ort Raum-Station, aber seine einzige Funktion hat mit Kommunikation zu tun, ähnlich wie ein Satellit im Weltraum. Seine strategische Lage an einer der vier Ecken der Basis stellt einen wesentlichen Faktor dar. Sowohl als ein Außenposten der Basis als auch von KOR ist seine Funktion lebenswichtig für die Aktivitäten auf dem Planeten.*

*Es ist von großer Bedeutung, dich bei dieser Gelegenheit an diesem Ort zu haben. Wärest du hellsichtig, dann könntest du die Lichtstrahlen sehen, die aus dem Felsen herausschießen. Viele davon haben dich hier berührt und geben dir mehr Energie, um deine Kräfte zu magnetisieren. Man kann sagen, daß aufgrund dieser Strahlung dein Magnetismus stärker geworden ist. Die Dinge, zu denen du berufen bist, werden durch diese Strahlen beschleunigt. Die Mutter-Energien, die diesen Felsen gebildet haben, stammen mitten aus der Erde. Unsere Übertragungseinrichtung setzten wir genau in seine Mitte.*

*Ferner besteht in der Nähe der Ruinen von Aztec eine sehr starke Wirbelstrahlung. Deshalb wurden die geistigen Führer zu diesem Ort gelenkt, wo sie ihre Ansiedlungen errichteten. Die Ruinen, die Dörfer, die verschiedenen Aussichtspunkte sind alle an den strategisch wichtigen Stellen plaziert, an denen starke Energien aus der Mitte der Erde ausstrahlen.*

*Das Dorf Taos bildet ebenfalls einen Wirbel. Angel Peak, von dem du geschrieben hast, ist ein Markierungspunkt für unsere Raumschiffe, da er eine bestimmte Strahlung abgibt, die der Ortsbestim-*

*mung für die sich nähernden Schiffe dient, ganz ähnlich den Markierungslichtern auf euren Flughäfen. Angel Peak strahlt ein bestimmtes Signal an die in der oberen Atmosphäre kreuzenden Schiffe ab, ähnlich einem Leitstrahl."*

Anläßlich eines Besuchs des Chimny Rock erfuhr ich, daß auch dieser Felsen als Übermittler, Empfänger und Sender von Signalen dient, die, wenn nötig, über dieses Sonnensystem hinausreichen. Wenn man sich ihm nähert, sollte man sich auf diese Resonanz abstimmen, ähnlich wie es bei Shiprock der Fall ist. Diese großen Übermittlungs-Stationen sind alle strategisch plaziert und befinden sich in fast gleichen Abständen zu der großen Basis und den sieben gleichen Punkten um sie herum. Sie wirken als kristallene Monumente und strahlen auf ihre ganze Umgebung aus, mit der sie im Gleichklang schwingen.

Ich erfuhr, daß Ship Rock und Chimney Rock in gleicher Weise gebraucht werden, aber der nördliche Punkt eine stärkere Frequenz aufweist. Alle von der Basis ausgehenden Signale werden durch deren große kristallene Basis unterhalb ihrer Oberfläche in noch stärkerem Maße magnetisiert. Der Schwester-Felsen südlich von Cortez in Colorado ist ein Übertragungszentrum, das die Signale unterirdisch zum North Rock weiterleitet.

Ship Rock und Angel Peak sind in gleicher Weise innerhalb der Kreisfläche als Teil des großen Kommunikations-Systems stationiert.

Sonnentempel in Mesa Verde, Colorado

# Der Sonnen-Tempel

Beim Studium der strategischen Plazierung der großen Felsen und Ruinen und deren Beziehung zum Sonnen-Tempel erfährt man viel hinsichtlich der Anordnung der Kraftwirbel, die die Große Basis umgeben. Die Ruinen von Hovenweep in Utah sind ebenfalls ein Teil dieser wohlgeplanten kreisförmigen Anordnung (siehe vorgehende Seite).

Als ich schließlich dorthin umgezogen war, kam Andromeda und erklärte:

> *"Du warst früher meine Assistentin, und ich möchte auch weiterhin wieder mit dir arbeiten. Halte dich auch künftig an uns als eine, deren Treue und Vertrauen unerschütterlich sind und deren Wissen um unsere stete Anwesenheit niemals einem Zweifel unterliegt. Du sollst zur Vollmondzeit nach Mesa Verde geführt werden ... Du wirst auf die stärkeren Schwingungen vorbereitet. Bleibe fest in deiner Hingabe an den Planeten."*

Ich erhielt einige besondere Anweisungen, wie ich die Kristalle in meiner Wohnung anordnen sollte. Dann wurde mir gesagt, daß die Große Basis der zentrale Ort für die Sitzungen des Evakuierungs-Komitees und der Instruktionen der Freiwilligen der Erde sein solle, die sich hier in körperlosem Zustand versammeln würden.

Ihr jährliches Treffen findet zur Zeit der Tagundnachtgleiche im Frühjahr statt. Ashtar sprach:

> *"Du kannst dir nicht vorstellen, Tuella, daß auch du dazu berufen bist, als Teil dieses großen Konklaves hier mit teilzunehmen. Bei verschiedenen Gelegenheiten haben wir gefordert, daß an diesem letzten Wochenende im März dein Besuch erfolgt. Die große Versammlung, die an diesem Wochenende und kommende Woche stattfindet, wird Angelegenheiten behandeln, die bis zum Ende dieses Jahres (1988 d.H.) verwirklicht werden. Das Neujahrs-Konzil, das in der Umgebung stattfindet, ist ein Konzil des Rückblicks. Dieses befaßt sich mit langfristigen Entscheidungen und Aktionen. Du wirst aufgefordert werden, einige dieser Debatten festzuhalten. Deine Person und deine körperliche Gestalt werden nun von einem großen Beobachtungsschiff bewacht, das einen Verbindungsstrahl um dich*

*herum errichten wird. (Er erwähnte, daß bemerkenswerte Persönlichkeiten anwesend sein würden, darunter Nicola Tesla).*

*Diese herrliche Einrichtung befindet sich schon seit vielen Äonen hier an diesem Ort, viele, viele Meilen unterhalb der Erdoberfläche. Das stärker werdende Geräusch, das du hörst, ist der Widerhall der Energien, die sowohl von der Oberfläche der Erde als auch von dem dich begleitenden Raumschiff stammen und sich in deinem eigenen Kraftfeld treffen.*

*Die Hälfte der Gruppe, die sich hier trifft, besteht aus Personen weiblichen Geschlechts. Es sind Frauen aus dem Weltraum. Tausende von ihnen arbeiten ständig auf dieser Basis. Das weite offene Gebiet zu deiner Rechten enthält verschiedene Portale. Der Tempel (der Sonnen-Tempel) ist ein zentraler Ort weit unterhalb. Von deinem jetzigen Standort aus überblickst du ein weites Gebiet der Basis. Dies ist der Mittelpunkt, die Radnabe. Die meisten Einflüge erfolgen hier bei Dunkelheit oder werden auf unsichtbare Weise durchgeführt. Die großen glasbeschichteten Wände der massiven Hallen hier sind in Wirklichkeit Bildschirme für das ganze Gebiet im Umkreis von achthundert Meilen (ca. 800 km). Aber wenn man sie betrachtet, erscheinen sie wie Glas. Wir können tatsächlich diesen Bereich überwachen, ohne unsere Basis zu verlassen.*

*Es befindet sich hier ein Haupt-Energie-Zylinder, auf den sich alle Navigatoren mental abstimmen, wenn sie mit ihren Raumschiffen diesen Quadranten des Planeten befahren. Die gesamten Abmessungen dieses Kristall-Zylinders verstärken das menschliche Wahrnehmungsvermögen. Es erübrigt sich zu sagen, daß die pulsierende Kraft, die von hier durch das Netzwerk in alle Richtungen ausgestrahlt wird, als Universelle Kraft durch diesen Haupt-Kristall-Zylinder angetrieben wird.*

*Die Überreste von Arrowheads (Pfeilspitzen) und Anasazia mögen der Brennpunkt auf der Oberfläche, aber nicht unterhalb dieser Ruinen sein. Denn hier gedeiht eine rührige, fortschrittliche, technologisch hoch entwickelte Gesellschaft. Wir kommen und gehen. Viele bleiben für immer, und das setzt sich fort, da es sich um einen der Hauptorte zwischen der Erde und den himmlischen Welten handelt.*

*Diese Kolonie (wenn ich diesen Ausdruck gebrauchen darf) wird bestehen, so lange die Erde besteht. Sie ist einer der größeren Verbindungspunkte für die Erde, eine Art Übungslager für die auf der Erde befindlichen und die auf der Erde geborenen Freiwilligen und ein Ruheplatz, an dem die auf dieser Hemisphäre ankommenden Flotten stets Halt machen.*

*Auf dem Planeten gibt es sieben derartige Eingangsportale, die alle durch ausstrahlende Kräfte miteinander verbunden sind. Diese Kraftlinien strahlen in sieben verschiedenen Linien den Bahnen der anderen Portale entgegen, wobei sie sich auf den Linien des planetaren Netzwerks gegenseitig kreuzen. *)*

*ICH BIN ASHTAR. Ich würdige deine Mitarbeit und die Aufzeichnung meiner Worte. Die Kräfte des Lichts sind über dir."*

Das alte Volk der Pueblos bewohnte das Mesa-Verde-Gebiet über siebenhundert Jahre lang. Auffallend auf der Chapin Mesa gelegen, war der Sonnen-Tempel ein Zeremonien-Zentrum für eine ganze Reihe umliegender Ortschaften. In dem zuvor in diesem Abschnitt gezeigten Diagramm zeigte ich den Schnittpunkt der vier Staatsgrenzen als den Mittelpunkt des Sonnen-Kreuzes. Wir müssen uns aber klar darüber sein, daß es sich hier um von Menschen geschaffene Grenzlinien handelt. Unsere Freunde aus dem Weltraum erläutern, daß der wahre Mittelpunkt des symbolischen Sonnen-Kreuzes im Mittleren Westen, der Punkt, in dem sich die beiden Linien kreuzen, der Ort ist, wo der Sonnen-Tempel steht, gerade etwas oberhalb der Staatsgrenze von Colorado. In seinen bautechnischen Einzelheiten stellt der Tempel eine geheimnisvolle Konstruktion in sorgfältig geplanter, exakter Symmetrie dar.

Als ich diesen Text vorbereitete, meditierte ich viel über dieses Volk, das in diesem Land gelebt hatte. Die Geschichtswissenschaft hat viel über die geheimnisvolle und fast schlagartig endende Pueblo-Kultur spekuliert. Von einer früheren Durchgabe her wußte ich, daß Shiprock in früherer Zeit einmal ein Evakuierungsort gewesen war. Ich stand einmal genau an diesem Platz. Aber ich bemühte mich damals nicht um weitere Einzelheiten. Während der Arbeit an diesem Kapitel erhielt ich folgende Botschaft:

---

*) Es sei hier auf das englische Buch "The Bridge To Infinity" von Capt. Bruce Cathie/Australien verwiesen. Darin beschribt er globale Gittersysteme, die um die Erde verlaufen und den außerirdischen Raumschiffen zur Antriebs- und Navigationskontrolle dienen.

*"Ich bin die Stimme der Älteren. Das alte Volk der Ruinen von Mesa Verde war eine starke und vornehme Rasse. Ihr Leben drehte sich um Heim und Familie und die Götter, die vom Himmel kamen und die sie Kachinas nannten. Die Beflügelten, die in ihrer Mitte flogen, waren ihre Lehrer, ihre Ärzte und ihre Gesetzgeber. Diese einfach lebenden, friedvollen Menschen der alten Zeit lernten die Grundlagen der Landwirtschaft, der Nahrungszubereitung, der Herstellung von Kleidung, der Jagd und des sozialen Verhaltens von den sie besuchenden Lehrern, die sie für Götter hielten.*

*Die Schamanen, die geistigen Führer, waren die Mittler zwischen dem Volk und seinen Göttern, durch die das meiste Wissen weitergegeben wurde. Die Vorsteher der religiösen Zeremonien wurden auch Vorsteher der Dörfer und der Gemeinwesen. Oft waren es Frauen, jedoch nicht immer.*

*Als es zu fortwährenden Mißernten kam und kein Wasser mehr auf das Land fiel, kamen Hungersnöte und Tod über die Pueblos und die Bewohner der felsigen Abhänge. Von denen, die süd- und westwärts weiterwanderten, überlebte nur ein kleiner Rest. Der Sonnen-Tempel und die Kivas (in der Sprache der Hopi etwa mit 'Gebetsräume' gleichzusetzen - d.Ü.) wurden zu noch stärkeren Mittelpunkten des Lebens, als die heiligen Männer und Frauen die Kachinas um Hilfe anflehten. Da fand eine große Besichtigung statt. Das Volk wurde aufgefordert, sich oben auf dem großen Tafelberg zu versammeln. Von da aus, der Gegend, die du nun das 'Land der Vier Ecken' nennst, fanden mehrere Evakuierungen dieser hungernden Menschen statt. Es gab verschiedene Kontaktpunkte, von denen Menschen weggebracht wurden.*

*Dies ist der Grund, warum die historischen Berichte nichts über das wahre Schicksal der Rasse aussagen. Die zwölfjährige Trockenheit hätte für alle den Tod bedeutet, wären ihre Götter vom Himmel nicht eingeschritten."*

## Die Rocky Mountains

Die Zeit, die ich im Süden Colorados verbrachte, war ein wichtiger Zeitabschnitt für Durchgaben den Planeten betreffend. Meine Operationsbasis mehrere Meilen nordöstlich vom Durango, in einer Höhe von ca. 2.400 Metern, war gut isoliert. Von Ponderosa-Kiefern umgeben, am Rand des Nationalparks, befand sie sich noch gut im Bereich der Großen Basis. Dort empfing ich dank der vorhandenen hohen Schwingungen das Material für alle Ausgaben des Universal Network, das Ashtar-Buch, die Symbole, Anwendungen und musikalischen Vorlagen für das Buch der Meister-Symbole wie auch die Vorträge für verschiedene Seminare. Die nächtlichen Ausflüge in die Basis hielten ununterbrochen an. Lord Ashtar sprach erst gestern mit mir darüber:

> *"Die Leute haben nicht begriffen, daß sie in ihrer eigenen Dimension verblieben, wenn sie zum Training in diese Untergrundbasen gebracht wurden. Wer nach einem großen Raumschiff Ausschau hielt, das kommen und ihn mitnehmen würde, wartete vergebens. Zu der Zeit waren wir nicht bereit, alle Einzelheiten über unsere Basis offenzulegen, wenn auch privat manches schon bekannt war. Du kamst und gingst viele hundertmal, während du in diesem Bereich wohntest."*

Als ich von dem vorübergehenden Aufenthaltsort in Aztec in Neu Mexico in die Berge von Durango umzog, fand ich viel Ermutigendes auf meinem Weg.

DIE ELOHIM:

> *"Wir, die Elohim, die deinen Lebenslauf lenken, melden dir unsere Anwesenheit. Wir beobachten aus der Ferne, bleiben aber trotzdem in der Nähe der sich entwickelnden Situation. Die Elementaren dieses Gebiets wurden aufgerufen, dir Beistand zu gewähren. Der Herr des Berges ist voll und ganz von deinem Auftrag hier in Kenntnis gesetzt. Die vielen, die wir senden und die kommen werden, werden ihren Beitrag zu dem Energiewirbel leisten und ihre Markierung auf diesem Platz hinterlassen. Es ist uns eine große Freude, dich hierher zu führen und die neue Phase deines Dienstes an der Menschheit einzuleiten."*

LORD MONKA:

*"Die vordringliche Aktion bei der Zusammenarbeit mit Kommandant Ashtar und der Administration wird verwirklicht, indem diesem Tribunal gefolgt wird (20.000 und mehr Raumfahrzeuge). Viele unserer Verbindungszentren verstärken ihre Anstrengungen und weiten ihren Wirkungsbereich aus. Es ist eine kritische Zeit für die Erde, da alte Aufzeichnungen und Überlieferungen bereinigt und geklärt werden müssen.*

*Der Grund, warum du in diese einsame Gegend gebracht worden bist, ist der, daß wir hier einen starken Energiewirbel errichten wollen, der aus allen umliegenden Gitternetzlinien Kräfte der Stabilisierung in diese Berge und das umliegende Gebiet lenkt. Deine körperliche Gestalt bildet das Mittel, durch das diese Energien zu diesem Zweck verankert werden.*

*Auch ist es erforderlich, astrale Kräfte hier einfließen zu lassen, indem ein Ätherschiff über deinem Wirbelpunkt stationiert ist. Teile der Flotte sind jetzt dabei, die Atmosphäre in dieser Gegend vermittels der Technologie zu reinigen, über die diese Schiffe verfügen. Dieses gesamte Vorgehen hat eine stärkere Wirkung als bisher auf diesen Energiewirbel zur Folge. Wir sind bei dir, Tuella, um deine Bemühungen für das Wohlergehen der Menschheit zu unterstützen. ICH BIN MONKA vom Saturn-Tribunal."*

LORD JESUS SANANDA:

*"Ich grüße dich und vereinige mich mit diesen Brüdern um diesem Vorhaben meinen Segen zu spenden. Dieser hohe Ort der Segnung ist dir bestimmt. Der geheiligte Ort wird durch deine Energien aufgeladen, die tausendfältig verstärkt werden durch die Energien des dich umgebenden Universums. Dieser Vorgang entspricht dem Willen des Vaters. Auch wird dies mein Garten sein, in dem wir künftig beieinander stehen und miteinander sprechen werden. Hier ist ein geheiligter Ort für die Arbeit, die du verrichten sollst. Viele werden von vielen Welten zu dir kommen, da sie der Welt ihr Wort gegeben haben, solange noch Zeit bleibt, um das zu tun. Du wirst so begnadet sein, daß du deine Aufgabe erfüllen kannst, die nicht leicht sein*

*wird, und deine Fähigkeiten werden wachsen, damit du deinen Verpflichtungen begegnen kannst. Du stehst wie ein Pfeiler aus Licht in einer sich verdunkelnden Welt, um in deinem Leben Meine Gegenwart auszustrahlen. Bleibe deiner Sendung treu, denn niemand kann deinen Platz einnehmen und das tun, was du tun sollst. Bleibe stark in diesem Wissen, und ich werde dich niemals vergessen. Schreite im Segen meiner Hände, die ich über dich halte."*

EINE UNTERREDUNG MIT LORD ASHTAR: ICH BIN SEHR AN EINER AUSKUNFT INTERESSIERT ÜBER DIE GROSSEN PORTALE ODER DURCHGÄNGE UND DIE FÄHIGKEITEN, DIE ERFORDERLICH SIND, UM VON EINER DIMENSION IN DIE ANDERE ÜBERZUWECHSELN ODER SICH UNSICHTBAR ZU MACHEN. KANNST DU MIR MEHR DARÜBER SAGEN?

*"Das Gewand der Unsichtbarkeit, wie es genannt wurde, besteht tatsächlich in der Fähigkeit, von einer Dimension in die andere überzuwechseln. Wie du weißt, hat man damit experimentiert (das Philadelphia-Experiment), und gewöhnlich wird diese Fähigkeit von uns und unseren Raumschiffen bei Kontakten mit jenen, die Sichtungen hatten, angewandt. Es ist die Anwendung der Umwandlung durch mentale Kraft, um die Atome der sichtbaren Materie in eine andere Dimension von höherer ätherischer Natur umzuwandeln, in der die Atome in Lichtformen umgewandelt werden.*

*Ich möchte sagen, daß du noch weit davon entfernt bist, dein begrenztes Verständnis dieses Phänomens in die Praxis umzusetzen (Ja, das stimmt!). Doch so, wie jene, von denen du liest, verfügen wir für den einen oder anderen über Wege, um durch Anwendung verstärkender Mittel unseren Kontaktlern bei diesem Vorgang beizustehen. Bei einer Zusammenkunft könnten solche verstärkenden Methoden angewandt und dir während eines solchen Treffens zur Verfügung gestellt werden. Wenn es Ereignisse oppositioneller Natur für dich erforderlich machen sollten, dieses Problem zu meistern, dann würde dir selbst in dieser Dimension die Möglichkeit dazu zur Verfügung gestellt.*

*Doch sei dir klar darüber, daß Geisteskraft bei der Anwendung dieser Fähigkeit der vorherrschende Faktor ist. Wir alle wie auch un-*

*sere Schiffe müssen unsere Geisteskraft mit den zur Verfügung stehenden Geräten vermischen, und zwar in dem Sinn, wie es im Evakuierungsbuch beschrieben ist. Die Ausrüstungen unterscheiden sich sehr voneinander, entsprechend den verschiedenen Mitgliedern der Föderation, die davon Gebrauch machen. Diejenigen, die in unserer besonderen Abteilung dienen, benutzen die Helme wie auch die Medaillen. Deine körperliche Gestalt hat sich bereits stark verändert, da sie durch Meditation und spirituelle Kontakte höheren Frequenzen ausgesetzt war. Nur kleine Verstärkergeräte wären nötig, um dich an unsere Dimension anzupassen. In der Tat, was ich zu vermitteln versuchte, ist, daß dir für den Fall, daß du ein solches Gerät bei deiner Mission brauchst, es durch privaten Kontakt in die Hände gegeben würde."*

WIE WIRKT DAS GROSSE PORTAL, DAS NUR 64 KILOMETER VON HIER ENTFERNT IST, AUF MICH UND DIE TELEPATHISCHE VERBINDUNG MIT EUCH?

*"Es ist näher, begünstigt physische Kontakte und fördert den schnellen Übergang in andere Dimensionen. Auch dient es den Raumschiffen, die hier eintreten. Deine Aufenthalte außerhalb des Körpers werden erleichtert, da du einem Tor zwischen den Dimensionen so nahe bist."*

KÖNNTE ICH MICH BEWUSST DAFÜR ENTSCHEIDEN, IN DER MEDITATION DURCH DIESES TOR EINZUTRETEN? KANN ICH SO ETWAS WIE EINEN LASERSTRAHL ERRICHTEN, DER MICH DA HINBRINGT?

*"Diese Art von Auskunft muß von einem von uns erteilt werden, der die Aktivitäten übersieht, oder von deinen Meistern. Du wirst dazu fähig sein, so zu handeln, wenn sich dein frommes und äußeres Leben gefestigt hat. Du brauchst tiefe Meditation und unbeschränkte Zeit, um dich dessen zu erfreuen, und du wirst von einem von uns belehrt werden. Bedenke, daß wir dir keinen Aufenthalt ohne Begleitung erlauben. Das Portal liegt am Rand dieser Dimension, und es ist nicht immer geöffnet. Doch allgemein gesagt ist es zur Vollmondzeit geöffnet, und deshalb haben wir dich auch stets dazu gedrängt, diese Zeit zu nutzen.*

*Natürlich versuchen dann gelegentlich auch die Dunklen, hier durchzuschlüpfen, aber das Portal ist SCHWER BEWACHT, und nur wir sind berechtigt, es zu benutzen. Weil du jetzt hier wohnst, ist es auch der für dich bestimmte Durchgang, wann immer und aus welchem Grund auch immer du in eine andere Dimension überwechseln willst; denn du bist eine von denen, für die es errichtet wurde, und du bist eine der Unsrigen und stehst unter unserem Schutz. Im Fall der Evakuierung würdest du durch dieses Portal hindurchgehen. Nebenbei gesagt ist dies eines der ältesten Portale und Basen, über welche das Ashtar Kommando in dieser Hemisphäre verfügt. Es gibt viele andere, die sogar noch größer sind, aber dieses hier ist am längsten in Tätigkeit. Die größten von allen befinden sich unter Wasser. Viele sind tief innerhalb der großen Bergketten verborgen. Im Gebiet des Gran Canyon liegt ebenfalls eine sehr aktive Basis des Kommandos, doch benutzt es als Zugang nur diese Basis hier ..."*

BITTE VERGLEICHE DIE SICHERHEIT VON DEM SÜDLICHEN COLORADO UND NEU-MEXICO.

*"Die Schwingungen in diesem Teil Colorados sind viel höher als in Neu-Mexico, obwohl er geologisch verhältnismäßig sicher ist. Doch dieser Bereich schwingt spirituell höher. Außerdem ist er für dich auch rein physisch vollkommen sicher. Auf deinem Berg wird dich kein Fallout erreichen.*) Die Elementar-Wesen würden einen Wind erzeugen, um ihn wegzuwehen, falls sich ein solcher nähern würde. Aber denk' daran: die Resonanz dient den Schwingungen, und nicht als Schutzraum gegen Fallout, denn den brauchst du nicht; aber die Resonanz muß sein! Es spielt keine Rolle, wo du deine Kristalle aufstellst, denn die Resonanz ist im ganzen Umkreis die gleiche. - So viel als Antwort auf deine Frage."*

KOMMANDANT KORTON TRUG INTERESSANTE INFORMATIONEN ZUM PORTAL BEI:

*"Es gibt rund um die Erde sieben Portale, durch die wir in das Magnetfeld der Erde eindringen. Sie befinden sich bei den sieben großen Zentren oder Basen, wie du weißt. Jede Basis bildet den Mittelpunkt eines siebenstrahligen Sterns, der eine Reihe von sieben*

---

*) Radioaktive Niederschläge, die bei Atombombenversuchen frei werden.

*geringeren Einrichtungen darstellt, die in seinem Umkreis liegen. Diese sind, wie dir gesagt wurde, durch magnetische Linien miteinander verbunden, die in gleichbleibenden, starken, wirbelnden Richtungen als Kraftwege fungieren und die Aufgabe haben, den Schiffen ihre Schnelligkeit zu vermitteln. Diese vereinte Induktivität stellt die Universelle Schwingung dar. Der Abstand zwischen den sieben kleineren Portalen, die auch Energie-Portale genannt werden, beträgt ungefähr 49 Kilometer. Diese sieben kleineren Einrichtungen rund um die größeren Portale können mit den Speichen verglichen werden, die von der Radnabe ausgehen. In der physischen Dimension des Portals gibt es davon sieben, auf der mentalen Ebene neun und auf der spirituellen Ebene des Portals zwölf. Die miteinander verflochtenen sieben, neun und zwölf Strahlen ergeben dort eine starke magnetische Anziehungskraft. Jeder, der sich geistig auf das Portal einer Großen Basis abstimmt, sich auf oder in ihr befindet, steht im Wirbelpunkt telepathischer Verbindung mit all den anderen Aspekten extraterrestrischer Aktivitäten.*

*Du bist eng mit diesem Eintrittspunkt von der Quelle her verbunden. Denk' über diese Dinge nach und wisse, daß dir dies nicht nur gegeben wurde, sondern daß du es ebenso auch verdient hast. ICH BIN dein Bruder Korton, mit dem du hier weiter Kontakt haben wirst. Adonnai ... die Arbeit geht weiter."*

Neben all den abgedruckten Botschaften, die von diesem Berg aus versandt wurden, wurden für Andromeda und Ashtar noch verschiedene Nebenmissionen erfüllt. Durch die Übersiedlung meiner Tochter Adonna nach Salt Lake City und den Verlust ihrer physischen Hilfe kam meine Arbeit fast zum Erliegen, und meine menschlichen Kräfte näherten sich dem Nullpunkt. Da ich dringend Ruhe brauchte, entschloß ich mich, noch einmal in den Norden zu gehen, in den Bereich der Großen Wasatch-Basis, wo ich mehr Bequemlichkeit und Fürsorge hatte und mit der Hilfe meiner Lieben rechnen konnte. Ich veräußerte meinen doppelt breiten Trailer, übergab die drei Morgen Land einem Makler (es ist noch dort) und machte mich auf in den einem Bienenstock gleichenden Staat.

## Die Wasatch-Front

Für mich bedeutete ein Blick auf die mächtigen, das Große Tal von Salt Lake City umgebenden Berge Liebe auf den ersten Blick. Auf dem Weg in diesen Staat - ich hatte ihn zu etwa zwei Dritteln durchquert - passierte etwas. Ich spürte plötzlich eine Woge von Energie und empfand eine unaussprechliche Freude, und die Last von drei Inkarnationen schien mir von der Seele genommen zu sein. Lord Ashtar erklärte mir später, daß ich an diesem Punkt die Grenzlinie eines gewaltigen, positiven Energiewirbels überschritten hatte. Die heilenden Energien umfaßten mein ganzes Wesen und tauchten es in einen tiefen Frieden ein. Er sagte, daß sie mich deshalb hierher gebracht hätten.

Der kreisförmige Bereich, den dieser positive Wirbel bildet, ist ganz gewaltig. Seine Westgrenze schließt Salt Lake City selbst ein, aber nicht den See. Nordwärts reicht er bis ins Gebiet von Idaho hinein. Sein östlicher Rand befindet sich in der Nähe von Rock Springs in Wyoming, und nach Süden hin berührt er Long's Peak in Colorado.

Sofort hatte ich die Menschen am Ort des Lichtes gern. Ich fand ein kleines Haus, das nur ungefähr zehn Häuserblocks vom majestätischen Mount Olympus entfernt gelegen war, worin sich die Wasatch-Basis des Ashtar-Kommandos befindet. Mein Körper ging aber ohne Unterbrechung einem Zustand der Entkräftung und Krankheit entgegen. Doch die wunderbaren Energien, die in und um dieses Tal strahlten, machten meine Genesung zu einem wahren Wunder.

Ich war glücklich, wieder bei meiner Familie zu sein. Auch sagte mir Lord Ashtar, daß dieses Gebiet für alle von uns vollkommen sicher sei und daß die dort vorhandenen guten Schwingungen es vor den negativen Ereignissen schützten, die eine Großstadt normalerweise anzieht. So lag also ein tiefer Grund in unserer Übersiedlung hierher, was sich in der Folgezeit noch von selbst erklärte. Mir wurde gesagt, daß das Gebiet des Salzseetals keinen totalen Veränderungen unterworfen würde. Es wird erwartet, daß die Veränderungen, die das südliche Grenzgebiet verwüsten, den Norden nicht betreffen. Es war interessant für mich, daß das Volk der Mormonen durch die göttliche Vorsehung und durch göttlichen Schutz aufgrund eines Bundes zwischen seinem Begründer und dem Engel Moroni vor Schaden bewahrt bleiben würde.

*"Du hast dich im Schatten dieses Übereinkommens auch wegen deines eigenen Lichts niedergelassen. WIR überwachen hier beständig diese Bruchzonen, aber sie haben für uns keine große Bedeutung. Die Kristallenergien strahlen in alle Richtungen aus, synchronisieren und stabilisieren dieses Land und dieses Tal. Kristallsäulen stehen wie Wächter an den Seiten des Tals und an jedem wichtigen Punkt." (Diese Kristallsäulen werden im nächsten Kapitel erklärt.)*

HAT SALT LAKE CITY IRGENDEINE BEDEUTUNG FÜR EINEN ÜBERMITTLER, EIN STERNENWESEN ODER EINEN LICHTHELFER?

*"Ja, das hat es. Im Untergrund gibt es hier starke Magnetfelder. Es gibt hier viele Energiepunkte, die entlang den umliegenden Bergen verlaufen. Ihr seid alle sicher, die ihr hier seid, da ihr euch in einer Linie mit diesen magnetischen Gitternetzlinien befindet. Als der Gründer geleitet wurde, seine Stadt hier zu errichten, wurde er von einem ätherischen Wesen geführt, das um diese Dinge Bescheid wußte und auch wußte, was auf dieses Volk am Ende der Zeiten zukommen würde. Schon damals wurde an alle Endzeitereignisse gedacht. Es ist hier entschieden leichter, ein spirituelles Bewußtsein zu haben, als anderswo. Hier existiert eine anpassende Schwingung, die von gewaltigen Lagern verborgener Kristalle erzeugt wird, die diese Stadt umgeben. Der dir am nächsten liegende Ort dieser Art ist der Mount Olympus. Vielleicht kannst du es eines Tages hellsichtig wahrnehmen. Deine eigenen Kristalle sind nun direkt auf die des Olympus abgestimmt.*

*Diese Kraftlinien verlaufen im Innern der Berge, strahlen aus und verleihen den nahegelegenen Niederlassungen und Gemeinden Kraft. Wer sehr sensibel ist, wird diese Wirkung fühlen, wenn er sich dem Mount Olympus nähert. Weit oberhalb der Stadt in nördlicher Richtung befinden sich ebenfalls verborgene Ansammlungen von Kristallen, deren Energien in das Tal ausstrahlen. ES GIBT SIEBEN SOLCHE KRAFTERZEUGENDEN KRISTALL-ANSAMMLUNGEN, DIE DIESE STADT UMGEBEN. Die südlichen sind nicht so stark wie die nördlichen. Das Zentrum des Salzsees enthält eine machtvolle Energiequelle, die direkt in die Stadt und auf ihre Bewohner ausstrahlt. Ihr alle wurdet hierhergebracht, damit diese Kräfte euch aufladen können."*

Mit diesen neuen Informationen ausgerüstet, wollte Adonna nun genau wissen, wo sich diese Kristalle befinden. Sie verließ eines Nachts bewußt ihren Körper, um die Erde im Bereich der Stadt auszukundschaften. Da traf sie auf ein Elementar-Wesen, das genau ihren Weg blockierte. Es wollte wissen, was sie hier vorhatte. Sie erklärte ihm den Zweck ihrer Nachforschungen. Die Antwort schien zu befriedigen, und es erklärte sich bereit, sie zu führen und auf ihrem Weg zu begleiten. Sie folgte seiner Führung, und sie kundschafteten das ganze Land unterhalb der Stadt aus. All die herrlichen Kristalle wurden entdeckt, obwohl sie von Erde bedeckt waren und deshalb gar nicht das zu sein schienen, was sie tatsächlich waren. Doch als sie frei gekratzt wurden, entpuppten sie sich unter ihrer Kruste als strahlende und herrlich reine Quarzkristalle. Adonna erfuhr, daß sich alle diese Kristalle unterhalb der Parks befinden, die die Stadt umgeben. Ich fragte:

WIR ERFUHREN VON DEN KRISTALLFORMATIONEN UND WISSEN, WO SIE SICH BEFINDEN. GIBT ES HINSICHTLICH DIESER KENNTNIS IRGENDWELCHE INSTRUKTIONEN?

*"Es handelt sich um jahrhundertealte Einbettungen, denn dieser Bereich galt stets als ein heiliger Ort. Die Parks wurden auf Göttliche Anweisung angelegt, um die Kristalle zu schützen, und die Parks sind geheiligt und dürfen nie mit Steinen oder Beton überbaut werden. Diese Orte strahlen eine starke Energie aus. Eine Erholungspause an diesen Orten und eine kurze Verbindung mit dem Unendlichen wird zu einer großen Freude. Es ist ein Geschenk für die Menschen, was aber nicht mehr bekannt ist.*

*Beginne mit einem Bericht über Salt Lake City, denn es gibt viele interessante Tatsachen, die diese Stadt betreffen. Zum Beispiel ist die Verwerfungslinie zur Verteilung von Energie bestimmt. Doch wird es aufgrund eines Vertrags mit der Älteren Rasse niemals erlaubt werden, daß sie das Land oder seine Bewohner vernichtet."*

Als ich die Stadt vor einigen Jahren besichtigte, wurde mir das Buch "Projekt Welt-Evakuierung" angekündigt, und viele Kapitel des Buches wurden mir während dieser Woche diktiert. Eva brachte mich damals in ein Gebiet, daß Gravity Hill (Schwerkraft-Hügel) heißt. Es war ein eigenartiges Erlebnis, als der eigene Wagen durch ein Magnetfeld ohne Motorkraft in Bewegung gesetzt wurde. Hierzu eine interessante Botschaft für Eva:

*"Der Wirbel auf Gravity Hill hält die Stadt zusammen. (Man zeigte hier ein Paar riesiger Messing-Tore.) Sie waren etwa siebzig Meter hoch, mit fast zwei Meter langen Handgriffen, schön behauen und verziert und dicht verschlossen. Die Halterungen, in denen sie ruhten, waren größer als ein Auto. Die Tore schließen durch die Wirkung der Verwerfungslinie hier, lang genug für diesen Bereich, um für Menschen zugänglich zu sein, die von der Küste her fliehen, die Seelen von Lemurien, die hierher kommen. Es ist sozusagen ein Platz zum Atemholen für sie, lang genug, um durch die Berge hindurchzugelangen. Dieses Gebiet wird zu einem Küstenbereich werden, aber sein Kraftfeld wird in der Symbolik dieser herrlichen Tore aufrechterhalten.*

*Die Schwierigkeit von Salt Lake City liegt in seiner Bevölkerung. Es wird fast zerstört von den Hungrigen und von denen, die ärztliche Hilfe brauchen, die dieses Gebiet überrennen. Ärztliches Personal wird hierher gebracht. Wenn diese Menschen von der Küste her nach Westen getrieben werden, finden sie hier die erste medizinische Hilfe. Und da diese Stadt wirklich sicher ist, bringen diese Menschenmassen so viel Furcht, so viel Spannung, so viel Streit, daß schließlich, wenn sich nicht genügend Lichthelfer in der Stadt befinden, um diese Negativität abzuwehren, die Stadtväter die Grenzen schließen, jedoch nicht für lange. Denn wenn sie das täten, würden sie sich ein Karma schaffen, mit dem sie sich nicht belasten wollen."*

Als ich über Evas Botschaft meditierte, wurde mir gesagt, daß es sich bei den riesigen, starken Toren in Evas Vision nur um Symbole des kristallinen Energie-Walls rings um die Stadt handele. Die Stadt wird zur Zeit langsam gereinigt, indem manche Menschen daraus entfernt und andere hergebracht werden, wodurch sich schrittweise der Wert der Bewohner erhöht. Auch die offizielle Kirche erfährt eine solche allmähliche, aber wirksame Reinigung. Viele Segensbündnisse sind mit diesem Ort verbunden.

*"Es ist in der Tat die Wüste, die als Rose erblüht. Der Reichtum an Rosen überall in der Stadt ist symbolisch, und manche wissen das."*

Bei anderer Gelegenheit sagte mir ein anderes Mitglied des Ashtar Kommandos:

*"Die Zukunft von Salt Lake City ist sehr wahrscheinlich gesichert, da dies ein sicherer Bereich ist. Nicht nur wegen der Kristalle, sondern auch wegen der Reinheit des Landes, die auf die Qualität des Lebens zurückzuführen ist, das dort gelebt wurde. Dieses Gebiet war zweifellos nicht wirklich vollkommen, doch stand es hoch über dem Niveau anderer Gebiete und sicherlich vieler anderer Städte. Die Erbauer der Stadt haben stets danach gestrebt, bei ihren Planungen für das Gebiet und seine Bewohner das Licht zu bewahren. Deshalb wird dies auch eine Stadt der Errettung sein. Eine Sichtung der Bevölkerung ist zur Zeit im Gang. Viele gehen aus nicht ersichtlichen Gründen weg, andere werden von der Stadt angezogen, so daß dies wirklich ein Tal des Lichtes werden wird. Nicht aufgrund einer bestimmten Glaubensgemeinschaft, sondern deshalb, weil die Menschen als Einzelwesen wahrhaft gut sind. Jedes einzelne Licht eines Individuums vermehrt und erhöht die Schwingungen eines Ortes. Viele Höhere Wesen überwachen und beschützen den Himmel über Salt Lake City, denn das entspricht dem Bund, der hier geschlossen wurde."*

Ich dachte während dieser wertvollen Information noch an den gewaltigen positiven Energiewirbel, von dem Lord Ashtar gesprochen hatte. Meister Belshar kam mir zu Hilfe und sagte, daß sie wegen all der wichtigen Informationen für die Menschen in dieser Zeit der Umsiedlungsprobleme besorgt vor dem Moment waren, wenn ich an diese Stelle des Buches komme. Es ist sehr sicher, liebe Freunde, daß ihr die Tatsache annehmen könnt, daß es wichtig ist, da zu sein, WO IHR SEID. Es gibt natürlich auch negative Energiewirbel. Man muß die Informationen prüfen und die Antworten erfühlen. Doch wenn möglich, sollte man sich in den Bereich eines positiven Energiewirbels begeben.

Meister Belshar sagte, daß zusammen mit unserem anderen Informationsbericht, sofern es meine persönlichen Erfahrungen betrifft, auch von dem Nordwestlichen Haupt-Energiewirbel gesprochen werden muß. Vielleicht werden andere Autoren Bücher über weitere positive Orte schreiben, so daß die sich ansammelnden Informationen denen helfen können, die ihren Wohnort wechseln wollen. Ich kann mich nur über meine persönlichen Erfahrungen offen und ehrlich äußern.

Meister Belshar sagte, daß es sich hier auch um eines der größten amerikanischen Portale handele und daß die sieben geringeren Portale, die in seinem Umkreis liegen, leicht ermittelt werden können. Das eigentliche Portal soll über den Ebenen des südlichen Wyoming in der südwestlichen Ecke dieses Staates liegen. Wegen der Nachbarschaft zu den Verwerfungslinien werden überdurchschnittlich viele Weltraumstationen in diesem ganzen Wasatch-Bereich zum Zweck der Überwachung und der Hilfestellung unterhalten. Er vertraute mir an, daß darin der tatsächliche Grund liegt, warum ich mich unter diesen Menschen wie zu Hause fühle und warum dieses Gebiet so sehr mit meinen eigenen Frequenzen harmoniert. Das Licht ist hier sehr stark verankert, wo sich die Kraftlinien in dem Tal von Osten nach Westen kreuzen. Dinge von niederer und dichterer Frequenz passen nicht hierher, erklärte er. Nach und nach werden immer mehr erleuchtete Menschen von dieser Gegend angezogen.

Lord Ashtar war ebenfalls glücklich, diese Art von Auskunft durchgeben zu können:

*"Erkenne deine Erde, erkenne ihre Reaktionen, ihre Einflüsse als eine Form der Führung. Erkenne, welche Gefühle eine bestimmte Gegend vermittelt, und du wirst die Portale, die Wirbelpunkte erfühlen. Dieses Große Tal war ein Mittelpunkt des Lichts lange vor seiner Besiedlung im Jahre 1847. Die Spalten und Verwerfungslinien existierten schon Äonen zuvor.*

*Man könnte fragen, warum ein Führer und sein Volk dazu berufen wurden, sich zwischen zwei Verwerfungslinien niederzulassen. Es geschah aus gutem Grund. Die Energien ihrer Anwesenheit würden auf das zerklüftete Land einen besänftigenden Einfluß ausüben. Licht zieht Licht an, und nun kommen viele hierher, wo sich große Energien aus dem Inneren der Erde in diese Risse ergießen, die dieses Tal umsäumen. Es handelt sich hier um die Primär-Energien der Schöpfung und um die Erhaltung des Lebens. Du wurdest nicht nur hierher gebracht, um völlig gesund zu werden, sondem auch wegen der Erfordernisse deiner Mission und wegen dieses Buches. Jede notwendig werdende Evakuierung könnte hier beschleunigt ausgeführt werden. Bei der Bevölkerung würde Verständnis vorhanden sein, und der Stadtbereich ist verhältnismäßig klein. Doch wegen der Einrichtungen in diesem Umkreis und der Ruhe des darunter liegenden Landes wollen wir diesen Notfall nicht vorwegnehmen. Die Installa-*

*tionen unseres Kommandos hier können hinsichtlich ihrer Größe nicht verglichen werden mit den großen Überwachungsstationen über Kalifornien oder mit der Basis von Vier Ecken, doch der Einfluß auf die Schwingungen der Menschen des Lichts ist der gleiche. Jede Tätigkeit geistiger Art in diesem Bereich wird durch die Schwingungen dieses Tales unterstützt. Die Freiwilligen der Erde sollten stets darauf bedacht sein, sich im Einflußbereich dieser größeren Wirbelpunkte niederzulassen, indem sie ihrer eigenen persönlichen Führung folgen.*

*Die sieben großen Kristallsäulen, die diese Stadt umgeben, wurden in Anbetracht der Endzeit hier errichtet. Sie können vom einen auf den anderen Augenblick als Wächter des Lichts aktiviert werden, als Übermittler und Empfänger. Alle befinden sich unterhalb begrünter Bereiche, die nicht bebaut werden dürfen."*

Lord Monka kam hinzu und sagte:

*"Die Macht des Lichts sei mit dir! ICH BIN Monka und trage etwas zu diesem Gespräch bei. Wir vom Ashtar-Kommando kommen oft zu diesen Einrichtungen, die dich hier zum Zweck der Ruhe und der Erholung umgeben. In unserer Gebirgsbasis gibt es sehr große Erholungsräume, die diesem Zweck, aber auch der leichteren Überwachung eines viele hundert Meilen umfassenden Gebiets dienen. Die Ausrüstung steht auf dem höchsten technisch möglichen Stand. Wenn du deine Straße entlangfährst, können wir dasitzen und dich sehen. Wenn du in deinem Hof stehst, kannst du von dem Überwachungsschiff aus, das über dir schwebt, gesehen und, wenn nötig, entrückt werden. Was von dort aus beobachtet und berichtet wird, kann sofort auf unsere Überwachungsgeräte hier übertragen werden. Deine Kristalle stehen hinsichtlich ihrer Frequenz mit unseren Kristallen hier in Verbindung.*
*ICH BIN Monka und vertraue darauf, daß das Material, das wir für dich vorbereitet haben, für dein Manuskript nützlich sein wird."*

## Das neue Haus des Hauptquartiers

Die Erklärung der Visionen und die Verpflichtungen erforderten die Hilfe von Freiwilligen sowie eine passende Unterkunft für diese irdische Basis. Es war abenteuerlich, sich einfach zurückzulehnen und das in Tätigkeit befindliche Ashtar-Kommando zu betrachten. Sie wählten fünf passende Anwesen für das Große Haus und die Basis-Einheit aus, die sich innerhalb des Bereichs des Großen Energie-Wirbel befinden mußten. Die vier ersten mußten nacheinander ausscheiden, da die Räumlichkeiten nicht geeignet waren. Jetzt haben wir uns in Nummer fünf niedergelassen, gerade gegenüber der Wasatch-Bergkette, wo uns ein gigantischer Kristall innerhalb des Berges genau gegenüberliegt, sehr in der Nähe des Hauses selbst. Das Haus liegt sehr hoch, und man hat einen guten Blick auf das Tal des Großen Salzsees. Die freigelassene Kristall-Energie schafft einen zylindrischen Effekt zwischen dem Hauptquartier und dem Raumschiff der Wächter. Dieser Zylinder ist auch mit einer Untergrund-Basis verbunden, die unterirdisch wieder mit anderen Kristall-Zentren in Verbindung steht. Es bestehen der Gebirgskette entlang, die uns gegenüberliegt, viele Portale, durch welche die Raumschiffe in unser irdisches Magnetfeld eindringen. Ich hatte ins Einzelne gehende Anweisungen für ein reinigendes Ritual für diese Wohnung erhalten, über die ich aber nicht berichten darf.

Das Kapitel scheint himmelweit entfernt davon zu enden, wo ich es eigentlich hatte enden lassen wollen. Aber vielleicht gibt es irgend jemanden unter euch, der diese Informationen haben mußte. Wie Monka, so hoffe auch ich, daß wir euch etwas behilflich sein konnten.

Es ist wahr: ein Leben ohne die Grundlage der Göttlichen Führung ist ein reines Chaos. Ein großer Lehrmeister hat einmal geschrieben: "Die Schritte eines guten Menschen werden vom HERRN gelenkt." Die ADLER GOTTES müssen in ihrem Denken stets beweglich bleiben, ihre Seelen müssen zu jeder Veränderung bereit sein, treu ihrer Verpflichtung.

> "Wohin ER mich führt, dahin will ich folgen,
> wo Er mich braucht, dahin will ich gehen."

Der Pfad des Gehorsams führt immer zu Gottes Willen und Frieden, der alles Begreifen übersteigt.

# DES LEBENS
# HÖCHSTE LEKTIONEN

*Göttliche Belehrung*

# Kapitel VII

## Planetare Lektionen

Bei dem nachfolgenden Plan der planetaren Lektionen ist es selbst für die Himmlischen etwas schwierig, die Reihenfolge festzulegen, denn die vielen Veränderungen, die der Menschheit bevorstehen, werden sich überlappen. Der Zweck aller Endzeitereignisse ist spirituelle Erziehung und Wachstum des Gottesbewußtseins.

Als eine der wichtigsten Lektionen über die der Menschheit bevorstehenden Ereignisse erwies sich, als diese Worte geschrieben wurden, die Lektion des Überflusses. Ihr folgt eine gemeinsame Durchgabe der Spirituellen Hierarchie und des Ashtar-Kommandos. Diese repräsentiert die intensiven Bemühungen um Verbindung während sieben Erden-Tagen, direkt von und in der Kraft der Thron-Energien der Himmlischen, die eigens für die Einbeziehung in dieses Buch bestimmt sind.

Das Komitee der Sprecher bestand aus Lord Michael, Lord Jesus Sananda, Lord Kuthumi, Mutter Maria und Kommandant Ashtar. Das Material wurde gemeinsam von den Botschaftern der Hierarchie Tuella und Obid in der ersten Woche des neunten Monats des Jahres 1988 empfangen und zur Veröffentlichung vorbereitet.

### Die hierarchische Kontrolle der Weltwirtschaft

Es ist unser Wunsch, die Wichtigkeit wirtschaftlichen Drucks wegen des Einflusses, den er auf die gesamte irdische Menschheit ausübt, besonders zu betonen. Alle Menschen hängen in gewisser Weise von der Weltwirtschaftslage ab. Die planetare Rasse ist nicht in der Lage, Fortschritte zu erzielen, ohne ihre Wirtschaftsphilosophie neu zu ordnen. Die totale Unterwerfung unter die Höheren Mächte muß das Ziel der neuen Wirtschaftspolitik dieses Planeten vor seinem endgültigen Übergang sein. Die Wichtigkeit dieses Grundsatzes kann nicht genug betont werden. In den kommenden Monaten wird es sich als notwendig erweisen, die Wirtschaft auf Wege zu leiten, die bisher noch nicht begangen worden sind, denn sie befindet sich am Zusammenbrechen. Die Wirtschaft hat das überstanden, was als der stärkste Sturm galt, nämlich als der

Börsenkrach passierte. Dies war eine Zeit höchster Aufmerksamkeit für die, die mit Wirtschaftsangelegenheiten zu tun hatten. Ihnen war wohl bewußt, daß eine Wiederholung möglich ist.

Es hätte schlimmer werden können, wären nicht einige ausweichende Maßnahmen von seiten der Spirituellen Hierarchie getroffen worden, die über diese Angelegenheiten wachen. Sie waren sich sicher, daß keine Zeit zu reagieren geblieben wäre, wenn der Aktien-Markt weiterhin gefallen wäre. Wir sind zufrieden, daß sich die Angelegenheit lange genug stabilisiert hat, um diese Belehrungen zu veröffentlichen. Ihr hättet euch sonst in der Folge der Ereignisse weiterhin nach unten bewegt. So wie es jetzt aussieht, können wir den Wirtschaftsplan weiter vorantreiben, ohne andere Teile des Gesamtplans zu opfern. Somit wird kein Teil der letztendlichen Anstrengungen für den Übergang des Planeten in seine neue Umlauffrequenz beeinflußt. Die Wirtschaft wird durch Aufträge von seiten des Allerhöchsten unterstützt. Diese Intervention wird nicht wiederholt, wenn es nicht unbedingt nötig ist. Dies wird nicht in bezug auf die Wirtschaft erwartet, könnte aber hinsichtlich der Evakuierung oder anderer Aspekte des Plans geschehen.

Dies wird euch gesagt, um euch zu versichern, daß der Vater Seinen Kindern nichts geschehen läßt, was sie daran hindert, ihre eigene Göttlichkeit zu finden, was der ganze Zweck dieser Wirtschaftsübung ist. Die Menschheit muß lernen, alle finanziellen Angelegenheiten dem Vater zu überlassen. Das muß unbedingt dem Massenbewußtsein eingeprägt werden.

## Der Domino-Effekt

*(Bemerkung: Am 22. August fiel der Markt um 2.000 Punkte, was auf seine Gefolgsleute sehr bedeutungsvoll zurückstrahlte; ein Zeichen, daß das Schlimmste erst noch kommen würde.)*

Der Aktienmarkt hat seinen permanenten Abstieg begonnen. Ihr werdet sehr wenig Fluktuation beobachten, während es weiterhin abwärts geht, bis alles verloren ist. Die Zeit lastet auf dem Planeten. Der Winter wird zeigen, daß der Markt Anzeichen des totalen Zusammenbruchs aufweist, ein Zeichen, daß sehr schwierige Tage bevorstehen. Dieser Marktverfall gewaltigen Umfangs wird sich folgerichtig fortsetzen, jedoch schrittweise und als Kette von Ereignissen. Beschleunigt wird dies durch das Vorgehen der Bundes-Reserve, die aber nur ein Werkzeug der Welt-Manipulatoren ist. Aber seid euch klar darüber, daß selbst die Handlungen der Gestürzten vom Himmlischen Vater erlaubt und gestattet werden müssen. Alles wird durch die Göttliche Regierung zum Zweck der notwendigen spirituellen Lektionen vorangetrieben. Es ist Zeit, daß die im Geheimen wirkenden Manipulatoren lernen, daß es ihnen nicht länger erlaubt sein wird, die Menschheit aus ihrer Habgier heraus zu unterdrücken und auszuquetschen. Jetzt werden die Positionen vertauscht, und die großen Kartelle werden stürzen. Der stetig anhaltende Niedergang wird seinen kritischen Punkt während der Ferienmonate erreicht haben, und langsam wird Furcht bei den Finanzherren aufkeimen. Ungefähr zehn Tage nach dem fortdauernden Niedergang wird auf den großen ausländischen Märkten ein identischer Prozeß einsetzen. Damit wird das ganze System schrittweise zusammenbrechen. Wir erwischen die Manipulatoren, und es gibt für sie kein Entkommen. Es wird reichlich Zeit sein für die Seelen, aufzupassen und die notwendigen Schritte zu unternehmen, um von den kommenden Ereignissen nicht umgeworfen zu werden.

*Man muß im Gedächtnis behalten und fortgesetzt verstehen, daß diese die Finanzen der Weltbevölkerung betreffenden Ereignisse nicht als Unglück gedacht sind, wenn es auch den Anschein hat. Die beabsichtigte Reinigung ist gegen die ausufernden selbstsüchtigen Interessen gerichtet.*

Viele Herrschaftsbereiche der Wirtschaftskontrolle werden sich in einer Situation finden, aus der sie sich mit eigener Kraft nicht mehr werden befreien können. Dies wird sich in der Situation der örtlichen Industrien widerspiegeln und sich von einer Branche zur anderen ausbreiten, doch diejenigen, die unsere Worte gehört haben und unserer Führung vertrauen, werden von dem Umsturz verschont bleiben. Diejenigen, die davon betroffen werden, sind die, die am meisten der harten Lektion bedürfen.

## Der Investmentmarkt

Die neue Wirtschaftspolitik, die kommen muß, wird das Ergebnis eines völligen Chaos auf dem Geldmarkt sein. Der IRS (Internal Revenue Service) und das Bundes-Bank-System (amerikanisch: Federal-Reserve-System) werden versuchen, zusammenzuarbeiten, um das Unheil abzuwenden, aber es wird dann schon zu spät sein. Was sie jetzt in Form von Hoch-Zinssätzen betreiben, wird der endgültige Auslöser sein. Die Bundes-Reserve kann dem, was sich zu geschehen anschickt, nicht mehr gerecht werden. Die Bundes-Reserve ist eine gefallene Gedankenform, die sich selbst auslöschen muß. Wir können und wollen uns in diesen Prozeß nicht einmischen. Wir ändern nicht das, was falsch ist, wie ihr vielleicht denken mögt. Indem das Licht in das einfließt, was sich nicht in Universeller Harmonie befindet, muß es sich selbst berichtigen.

Die Wirtschaft hat hinsichtlich ihrer Produktivität bereits ihre Grenzen erreicht. Wenn die höheren Zinssätze am Horizont auftauchen, gibt es keine weitere Hoffnung auf Expansion. Dadurch werden dann ausländische Investitionen in den Industrien stimuliert, die nicht länger mehr expandieren können. Das wird wiederum die Weltwirtschaft so eng miteinander verflechten, daß keine Industrienation mehr dem Verfall der amerikanischen Wirtschaft entgehen kann, mit dem Ergebnis globaler Auswirkungen.

Man muß verstehen, wie die weltweite Wirtschaft diese Veränderung in der unmittelbaren Zukunft aufnimmt. Die japanischen Investitionen in diesem Land (U.S.A.) wie auch in anderen Ländern sind mächtig im Kommen. Das wird sich in den kommenden Monaten (88/89) noch steigern, da immer mehr japanische Yen ihren Weg in die amerikanische Wirtschaft finden, um einen weiteren Verfall des Dollars abzuwenden. Wenn dem Verfall des Dollars nicht Halt geboten werden kann, wird das amerikanische System nicht stark genug sein, um selbst das geringste Wirtschaftsproblem zu verhindern. Der Wert des Dollars ist gestiegen und gefallen, je nach Intervention der Regierung und An- und Verkauf von Dollars durch die internationalen Banken. Solange das so weitergeht, besteht hinsichtlich der allgemeinen Wirtschaft ein falsches Gefühl der Sicherheit. Wenn der Dollar einmal über die Grenzen hinaus fluktuiert, innerhalb derer ihn Regierung und multinationale Banken regulieren können, steht das wirtschaftliche Chaos direkt vor der Tür.

Dies ist der Hebel, mittels dessen der internationale Geldmarkt zur Zeit gestützt wird, denn sonst würde der Dollar zusammenbrechen, und zwar in allernächster Zukunft. Nachdem einmal klar geworden ist, daß der Dollarkurs künstlich hochgehalten wird, wird es zu einer raschen Abwanderung derer kommen, die bisher in ihn investiert haben. Dies ist das Ergebnis der Feststellung, daß der Dollar von der Regierung nicht weiter subventioniert wird. Selbst eure Regierung muß schließlich ihre eigene Insolvenz erkennen. Dies wird sich ergeben, wenn die Forderungen stärker werden, die Farmer und andere von der Trockenheit Betroffene wie auch die in der Lebensmittelproduktion Tätigen freizubürgen. Obwohl durch die Trockenheit eine Inflation verursacht wird, zieht die Bundesbank die Zinssätze an, was eine erhitzte Wirtschaft oder die Erreichung eines Höchststandes der Produktion erzwingt. Da dies aber einfach nicht der Fall sein kann, wird die Aktion allein ausreichen, um die ganze Wirtschaft zu Fall zu bringen.

## Wenn Gott seine Hand zurückzieht

Die Leute werden bald sehen, daß die Gefallenen, die bisher die gesamte wirtschaftliche Aktivität des Planeten kontrollierten, nicht mehr länger in der Lage sein werden, sie ohne die von Gott gegebenen Kräfte des Lichts weiter aufrechtzuerhalten. Dies wird offensichtlich, wenn der endgültige Zusammenbruch kommt und die alten Methoden nicht mehr greifen. Die Regierungen werden nicht mehr länger in der Lage sein, sich aus der Affäre zu ziehen, weil die Banken kein Geld mehr verleihen können. Geld ist für die Banken nicht mehr erreichbar, und mehr zu drucken, wird nicht möglich sein, da die Banken nicht fähig sein werden, unnützes Geld in die Wirtschaft zurückzuleiten.

Dies beruht teils auf dem Mangel an Vertrauen auf seiten der Verbraucher, ist aber auch das Ergebnis internationaler Märkte, die bisher als einzige die Dinge noch am Laufen hielten. Die internationalen Banken aber werden nicht in der Lage sein, dies noch längere Zeit durchzuhalten, denn sie werden ihre eigenen Währungen aufbrauchen, was zum weiteren internationalen wirtschaftlichen Zerfall beiträgt.

Somit haben wir zuerst den Zerfall der amerikanischen Wirtschaft, dann den der anderen großen kapitalistischen Länder, dem der Rest der industrialisierten Nationen folgen wird. Am Ende folgen die unterentwickelten Völker. Überraschenderweise werden es diese sein, die als letzte in das Chaos hineingezogen werden. Sie haben bereits die wirtschaftlichen Fallgruben des Kapitalismus und des Kreditsystems kennengelernt. Sie werden in der Lage sein, viel leichter damit umzugehen als die Industrienationen, die mit der Fülle der Güter Mißbrauch getrieben haben, die ihnen der Vater zu ihrem Wohlergehen gegeben hat. Man kann das Potential des wirtschaftlichen Ruins im Leben derer sehen, die mit der Gewohnheit großgeworden sind, mehr und immer noch mehr zu wollen. Sie werden große Schwierigkeiten haben, solange sie nicht ihr Leben ändern und ihre finanziellen Angelegenheiten Gott anvertrauen.

## Die Gefallenen enthüllt

Die Dinge müssen auf dem Planeten mit dem Vehikel der Wirtschaft verbessert werden. Dieses Vehikel ist die Quelle aller Probleme, die der Mensch zur Zeit hat. Er wurde dazu gebracht zu glauben, daß das Mehr durch den wirtschaftlichen Prozeß erreicht wird. Das ist nicht der Fall.

Der Mensch hat die vergifteten Gedankenformen der Gefallenen aufgenommen und sich eine Wirtschaftstheorie aufgebaut, die den Menschen immer weiter von der Spiritualität wegführt. Nun, da wir dies durch eine sehr kreative wirtschaftliche Konditionierung den Massen beibringen, nützen wir dies auch weiter aus, um es den Gefallenen zu ermöglichen, sich selbst bloßzustellen. Sie werden stark dazu gedrängt, gegen die kommende Wirtschaftskrise anzukämpfen, ohne den Massen zu enthüllen, daß sie in der Tat diese wirtschaftliche Situation zu ihrem eigenen Vorteil provoziert haben. Sie übten die geistige Kontrolle über das vollständige Wirtschaftssystem des Planeten eine so lange Zeit hindurch aus, daß sie die Tatsache aus ihrem Blickfeld verloren haben, daß der Mensch eines Tages vor eine Entscheidung gestellt wird. Und diese Wahl heißt, entweder dem Pfad des Lichtes oder dem der Dunkelheit zu folgen.

Wenn die Dunkelheit über die wirtschaftliche Situation hereinbricht, enthüllt sie sich selber in einer solchen Art und Weise, daß der Mensch klar wählen kann. Aus unserem Blickwinkel heraus erscheint dies nicht zu schwierig. Die Gefallenen unternehmen jetzt ihre letzte Anstrengung auf der physischen Ebene. Sie werden durch den sich anbahnenden Wirtschaftszusammenbruch zu noch strengerer Kontrolle der planetaren Situationen übergehen.

*(Bemerkung: Es war in der dritten Nacht des neunten Monats des Jahres 1988, wo die totale Reinigung aller höheren Welten von den Gefallenen und deren Anwesenheit und Einfluß in allen anderen Dimensionen gänzlich und endgültig vollendet war. Die höhere und niedere Astralwelt und alle Punkte jenseits davon gehören nicht mehr zu dem ihnen erlaubten Gebiet. Alle sind nun für ihre letzten Tage auf der Erde anwesend, von denen sie wissen, daß sie kurz bemessen und fatal für ihre Absichten sind.)*

Bei der Göttlichen Umkehrung ihrer Pläne werden diese einst Gefallenen das furchtbarste Hindernis sein. Ihr Einfluß und ihre Kontrolle umfaßt das GESAMTE Geldsystem auf diesem Planeten. Es gibt keine mit Geld befaßte Institution, die nicht von den Gefallenen kontrolliert wird. Sie werden nicht leicht aufgeben wollen, noch werden sie damit einverstanden sein, daß die Wahrheit kampflos ans Licht kommt. Sie verkörpern diejenigen, die gegen das Licht sind. Sie sind in allen Nationen vertreten, und man darf nicht glauben, daß nur eine Nation die Dunklen Kräfte repräsentiert, denn dies entspricht nicht der Wahrheit.

Die Gefallenen in der physischen Dimension können nur nach den Regeln handeln, denen die Materialisten anhängen. Während sie sich in den höheren Reichen aufhielten, hatten sie Macht über euch, indem sie Göttliche Gedankenformen manipulieren konnten. Das bewirkte, daß viele Lichthelfer von oben verwirrende Mitteilungen empfingen. Nun, da sie sich in eurem Bereich befinden, könnt ihr ihre Energie einfach dadurch auslöschen, daß ihr im Lichte höherer Erkenntnis bleibt. Weder können sie die Schwingungen eures Seelenlichtes ertragen noch mit der Liebe umgehen, die ihr ausstrahlt. Unsere Arbeit wird nun viel leichter vonstatten gehen, seit wir nicht mehr den Einfluß der Gefallenen haben, mit dem wir uns in den höheren Reichen befassen mußten. Das ist wichtig, denn in der Vergangenheit wurden wir von den Gefallenen angefeindet, und es war uns nicht erlaubt, uns mit denen zu befassen, die diese planetare Region unter ihrer Kontrolle hatten.

Mediale Übermittlung wird nur so klar sein, wie es der Kanal erlaubt. Die meisten Kanäle haben sich noch nicht von ihren eigenen fehlgeleiteten Gedankenformen und ihren mentalen und emotionalen Gewohnheiten befreit. Dieser innere und unterschwellige Ballast wird dem unvorbereiteten Kanal noch ein Abfangen, ein Eingreifen oder Ausflüchte bringen. Es ist von entscheidender Wichtigkeit, daß jetzt niemand für andere versucht, Botschaften zu empfangen, bevor sein Wesen nicht offen und von Klarheit und Reinheit mächtig durchflutet ist, und zwar wegen der starken letzten Auflehnung der Gefallenen auf Erden und ihrer Bestimmung, Verwirung in die Gemüter der Menschheit zu säen.

## Der neue Plan

Es ist die Verwirklichung einer völlig neuen Methode im Geschäftsleben. Der Plan sieht ein neues Währungssystem vor, das allein von der Regierung und nicht von irgendwelchen Finanzgruppen am grünen Tisch kontrolliert wird. Damit meinen wir, daß in der Vergangenheit die Bundes-Reserve und andere finanzielle Körperschaften die Kontrolle über die Finanzangelegenheiten zum Nachteil der Fähigkeit der Regierung, die Wirtschaftpolitik zu lenken, übernommen hatten.

Nachdem die Bundes-Reserve, der IRS und andere Hoheitsstellen nicht länger aktiv sind, gibt es Platz, um zu einem gesunden System in der Wirtschaftspolitik zurückzukehren. Das bedeutet freien Geldumlauf ohne Schuldzinsen und ohne die Notwendigkeit, sich an die Vergangenheit zu wenden. Dies wird für viele ein schwer zu begreifendes Konzept sein. Der freie Geldumlauf wird aus der Notwendigkeit geboren, ein Tauschmittel zu haben. Dies bedeutet eine gesunde Wirtschaftspolitik, die schließlich dazu führt, daß man Geld überhaupt nicht mehr braucht. Dann wird die Seele die Freiheit besitzen, sich vorwärts auf den Weg der Lichtentfaltung zu begeben.

Das Konzept des freien Geldumlaufs ist das einzige Mittel, um die dunklen Mächte zurückzuwerfen, die allzu lange die Wirtschaftspolitik unter Kontrolle hatten. Die, die aus dem Licht stammen, werden vertraut sein mit den Zeiten, die uns bevorstehen. Wir bieten hier nur eine zeitweilige Lösung, denn die endgültige Lösung kommt mit Liebe und der schließlichen Teilhaberschaft an allem Göttlichen Überfluß. Der Himmlische Vater wartet auf den Ruf, um allen Überfluß hervorzubringen, der für alle notwendig ist. Es erfordert nur den Willen der Menschen, diesen Ruf zu machen, damit er sich manifestiere. Der Zeitpunkt liegt nun bei uns, um diese neue Wirtschaftspolitik zu verwirklichen. Darum haben wir alle unsere Thron-Energien und die unserer hier einbezogenen Botschafter auf dieses Problem und seine bevorstehende Lösung gerichtet. Sobald sich die Regierung darüber klar ist, daß sie Geld drucken kann, ohne den Finanzmarkt zu berücksichtigen, ergibt sich daraus ein Mittel, um den Taten der Gefallenen entgegenzuwirken. Die Menschen werden diesem Gedanken gegenüber empfänglich sein. Was den Menschen davon abhält, das Geld an sich als wertlos zu erachten, ist die Tatsache, daß es das einzige verfügbare Universal-Tauschmittel ist. Dies wird nur während einer kurzen Zeitperiode erforderlich sein. Sobald sich die Menschheit darüber klar ist, daß man Geld überhaupt nicht braucht, wird es einen freien Warenfluß für die restliche Zeit geben, in der sie noch auf dem Planeten lebt. Beachte, daß wir nur über eine ausgedehnte Zeitperiode in euren Erdenjahren sprechen. In einem einzigen Augenblick werden wir diejenigen, die Pläne gemacht haben, zu gehen, in eine höhere Dimension versetzen. Die Regierung braucht keine Pläne für die Zukunft in der dritten Dimension zu machen, denn die dritte Dimension geht dahin, und die fünfte ist im Kommen.

Eine Wirtschaftskrise wird nicht kommen, bevor der Neue Plan zur Verwirklichung bereit ist. Man muß wissen, daß ohne einen Göttlichen Plan keine Hoffnung besteht, die drohende Krise zu meistern. Wir behaupten nicht, daß für Flexibilität kein Raum vorhanden sei, aber diese kann erst kommen, wenn alles bereitgemacht ist. Andernfalls bestünde keine andere Möglichkeit, als das System zusammenbrechen und in Stücke zerfallen zu lassen. Dies ist schon früher geschehen, und es kann sich bestimmt wiederholen. Dies ist sicher keine Angelegenheit, die man auf unbestimmte Zeit beiseite legen kann. Es ist eure Angelegenheit, und ihr müßt euch mit ihr befassen, bis alles gemäß dem Göttlichen Plan in Ordnung gebracht ist. So wie der Planet ausbalanciert werden muß, so muß auch die wirtschaftliche Situation einen ausbalancierten Zustand erreichen, bevor es uns möglich ist, Licht in die anderen Bereiche der VERÄNDERUNGEN und der Göttlichen Erziehung hineinstrahlen zu lassen.

Der Plan sieht die VÖLLIGE VEREINIGUNG MIT DER SPIRITUELLEN HIERARCHIE vor. Wir sind fähig, alles zu manifestieren, was immer auf der physischen Ebene notwendig ist, sobald einmal der Ruf von denjenigen unter euch kommt, die geistig darauf abgestimmt sind, den Plan zu wollen und die Verantwortung für ihn zu übernehmen. Viele werden in ihrem eigenen niedrigen Ichbewußtsein verloren bleiben. Viel Einsicht werden die Lichthelfer in dieser Dimension benötigen.

## Der Zweck - Gottesbewußtsein

So wie wir es betrachten, ist der Zweck dieser ökonomischen Rettungsaktion, ein größeres Bewußtsein vom VATER zu schaffen! Ein Bewußtsein dafür, daß es der Wille des VATERS ist, Seinen Kindern auf allen Wegen zu helfen. Dies wird so lange geschehen, wie Seine Kinder willens sind, diese Hilfe anzunehmen. Diese gewaltige Lektion muß natürlich auf individueller Basis bis herab zu den Wegen der menschlichen Bestrebungen verwirklicht werden, da Generation nach Generation ihren persönlichen kleinen Krisen der ökonomischen Erziehung unterworfen war. Und auf dieser individuellen Basis hat sich die Erziehung der Menschheit auf dem Pfad des Fortschritts entlanggewunden. Aber jetzt ist es Zeit, daß wir bei dieser beginnenden Lektion die Massen erreichen.

Die Weltwirtschaft befand sich schon eine ganze Zeitlang im Verzug. Ohne die künstliche Unterstützung der Spirituellen Regierung hätte es keine Hoffnung für sie gegeben, so lange solvent zu bleiben. Diese Information wird gegeben, um der Menschheit zu erlauben, unserer Anstrengungen für sie stärker bewußt zu werden. Wir haben alles getan, um diesem Ereignis zuvorzukommen, so daß der Vater die Wirtschaft zum Ausgangspunkt des endgültigen Umwandlungs-Prozesses machen kann. Die ist immer der Plan gewesen, aber es war nicht vollständig bekannt, ob der Plan auf diese Weise verwirklicht werden konnte oder nicht, um positive Aspekte hinsichtlich des Erweckungsvorganges im Massenbewußtsein mit sich zu bringen. Es war durch biblische Prophezeiungen stets bekannt, daß dieses Wirtschaftssystem eines Tages zusammenbrechen würde.

Was jetzt nötig ist, ist ein offenes Diskussionsforum über Lektionen, die das Geld betreffen. Wer diese Lektion bereits in sich aufgenommen hat, wird von dem Lerneffekt des finanziellen Niedergangs nicht berührt. Was noch vor dem Ende dieses Jahrzehnts kommen wird, wird die Ereignisse von 1929 hinsichtlich ihrer Größe und ihrer Folge in den Schatten stellen. Denn dieses Ereignis wird in grundlegende Veränderungen und neue Umstände hineinführen, durch die die Herzen sich wieder dem Vater zuwenden werden, um Seiner Liebe zu vertrauen, die die eigenen Bedürfnisse befriedigt. Eine spirituelle Wiederbelebung von gewaltiger Größe wird die Herzen der Menschheit erfassen, um sie auf weitere noch kommende Lektionen des Wachstums vorzubereiten. Denn die Zeit, die noch bleibt, um für das Leben in der neuen Dimension vorzubereiten, wird jeden Augenblick kürzer und kürzer, und der Aufstieg ist in Sicht. Laßt die Studenten sich vorbereiten!

Diese Lektion für die Menschheit muß in das Höhere Bewußtsein assimiliert werden, nämlich daß die Antwort auf Nöte und Bedürfnisse nicht Geld heißt. Die Menschheit muß von ihrem Hang nach Geld und Rang, der hier auf Erden eingenommen wurde, geheilt werden. Es gibt viele Textstellen und Ankündigungen in den Heiligen Schriften und Aufzeichnungen aller großen Weltreligionen, die sich mit diesen Notwendigkeiten befassen. Man muß, anstatt auf die Bedürfnisse zu blicken, die anscheinend durch Geld befriedigt werden können, die Aufmerksamkeit vom Geld abziehen und auf das Ziel richten, dann kann der Mensch in totalem Vertrauen auf Gott wandeln, daß alles Nötige gegeben und jedes Bedürfnis erfüllt wird. Das ist die Lehre, die der Mensch begreifen muß, individuell und kollektiv, bevor der Planet in ein Leben jenseits des zu Ende gehenden Zeitalters aufsteigt. Denn der Alptraum der Weltwirtschaft dieser Tage wird im kommenden Goldenen Zeitalter keinen Platz mehr haben.

In den Teilen der Welt, wo sich Hungersnöte und Seuchen zu zeigen beginnen, wird ein bestimmtes Bewußtsein an die Oberfläche treten, das für eine lange Zeit bisher auf dem Planeten nicht vorherrschend war. Dies wird besonders für diejenigen interessant zu bezeugen sein, die keine wahre Ehrfurcht vor dem Vater-Mutter-Gott feststellen konnten. Dies zeigte sich während der Dürre im Mittleren Westen, wo Glaube und Gebet wieder eine Rolle zu spielen beginnen. Das ist mit der geistigen Erneuerung nicht zu vergleichen, die in den Gebieten Platz greift, in denen totale Verwüstung herrscht. Es ist ein Unglück, daß die planetare Rasse nicht dazu fähig ist, sich mit den Kräften Gottes zu vereinigen, um sich der Anwesenheit des Vaters bewußt zu werden.

Solange die auf der Erde lebenden Freiwilligen und die Lichthelfer im Licht bleiben, werden sie von diesen Ereignissen nicht berührt. Es ist nur dann der Fall, daß die Gefallenen den Vorgang beeinflussen können, wenn jemand den Erweckungsprozeß durchschreitet. Wir erlauben nicht, daß irgendeines der Kinder Gottes von den dunklen Kräften belästigt wird, es sei denn, sie selbst würden dies bewirken. Es sind dies Gedanken von Furcht (vor irgendetwas) und Zweifel, die in die Herzen der Menschen eindringen. Man kann immer seine eigene Dunkelheit schaffen, wenn der Glaube nicht fest ist.

Der wichtigste Schritt, der als Reaktion auf individuelle, kollektive, nationale oder internationale Finanzkrisen zu tun ist, heißt die Frage zu stellen: "Was bedeutet die Lektion?"

## Lektionen von Mutter Erde

Wir setzen nun unseren Kommentar über die kommenden Ereignisse und deren Planung fort. Es greift uns ans Herz, wenn wir die dahinhastende Menschheit mit ihren ausufernden irdischen Beschäftigungen betrachten, so als würde diese Art zu leben für immer so weitergehen. Alle, die der Wahrheit dienen, wissen, daß dies nicht der Fall ist, denn diese Zivilisation endet genau jetzt in diesem Augenblick. Diese Welt befindet sich auf Kollisionskurs mit drastischen Veränderungen in jedem Lebensbereich. Eine aufmerksam zuhörende Welt würde sofort an das Horten von Nahrung, Kleidung, Geld und Edelmetallen und so weiter denken. Das würde für sie das Überleben bedeuten. Aber das einzige wahre Überleben besteht im spirituellen Wohlergehen der Seele und ihrer Beziehung zum Himmlischen Vater, denn Er wird in jeder Notlage über Seine Kinder wachen und für sie sorgen. Durch das Dazwischentreten der Gefallenen wurde, bevor die endgültige Reinigung von den höheren Welten vollendet war, eine ganze Woge "neuer" Informationen, die auf den Planeten zukam, total verzerrt. Die Massen wurden durch sehr populäre Quellen dazu gebracht zu glauben, daß der Planet nicht diesen extremen Veränderungen unterworfen würde, die sich jetzt anbahnen. Sie sollten glauben, daß das, was kommen würde, nur eine Woge der Zukunft sei, und alles würde gleichbleiben, ausgenommen die persönlichen Veränderungen (d.h. Krieg, Haß, Neid sollten als Ideen verschwinden). Sicher wird es nötig sein, die Änderungen der Persönlichkeit durchzuführen, aber das ist nicht genug.

Die Veränderung muß durch die Vibration des Planeten und seiner Rasse eintreten. Das erfordert eine totale Bewußtseinsänderung, die nur die, die ihr Christusgewand angelegt haben, erklären können. Diese totale Veränderung wird alles umfassen. Nicht länger mehr wird es eine Erinnerung an die Dinge der Vergangenheit geben, denn das soll dahinschwinden, bevor die höheren Dimensionen erreicht werden können. Wir haben versucht, dies zu erklären in Ausdrücken des Reorganisierens von Leib, Geist und Seele in ein neues Wesen, aber das ist für die meisten zu fremd. Sie können nicht verstehen, wie sie sich völlig verändern und doch ihre Identität bewahren können.

Diese Erde bebte stark in den Gebieten des fernen Ostens, und sie wird beginnen, dramatisch auch im Westen zu beben. Dies ist das Signal dafür, von den Küsten wegzuziehen. Die Lichthelfer können diese Veränderungen nur eine bestimmte Zeitlang zurückhalten, dann muß sich die Erde von dem Druck befreien, der sie bisher gebunden hielt. Ihr werdet viele weitere Anzeichen von Erdbeben in diesem Herbst (1988 d.H.) wahrnehmen. Die Erdbeben im August 1988 in Utah waren deshalb außergewöhnlich, da die Erde in diesem Bereich nicht sehr flüssig ist. Das bedeutet, daß die Erdschichten dort stark an die Ränder der Kontinentalplatten anstoßen. Ihr werdet beginnen, direkte Beziehungen zwischen jeder Erdbewegung und deren Folgen in anderen Gegenden der Erde festzustellen (Spiegelsymetrie). Eine Aktion wirkt direkt auf den Ort auf der entgegengesetzten Seite des Globus zurück, - es sind sozusagen zwei Aktionen aufgrund der Verwerfungslinien und des Magnetismus innerhalb der Erde selbst.

Erdbeben stehen weiterhin auf dem Plan, einschließlich des großen Bebens in Kalifornien gegen Ende des Jahres 1989. Dies wird für viele eine sehr bedeutungsvolle Zeit sein, da die Erdbeben, die sich Ende 1988 ereignen, wie auch die im Jahre 1989 folgenden schrittweise an Stärke zunehmen und viele Menschen zur Umsiedlung zwingen werden. Alle diese Begebenheiten sind Warnungen vor dem letzten Ereignis.

Es wird nötig sein, alle diejenigen zu evakuieren, die ihre körperliche Gestalt erhalten und sich nicht der Erfahrung des Todes aussetzen wollen. Dies wird auch eine große Hilfe bei der seelischen Entwicklung dieser Seelen sein. Diejenigen, die zugehört haben und versetzt wurden, um weiterer Vernichtung zu entgehen, repräsentieren ein stattfindendes spirituelles Wachstum. Deshalb wird die Erde nicht all ihren angestauten Schmerz in einem einzigen Ereignis freisetzen, obwohl dies nicht heißt, daß sie es in naher Zukunft nicht doch zu tun haben wird.

Erdbeben haben einen Kräuseleffekt, der durch den ganzen Planeten geht und Bauwerke zu schwächen beginnt. Dies führt dazu, daß Dämme brechen, Berge sich erheben und Täler einsinken. Man muß sich klar darüber sein, daß der Planet ein sich drehender LICHTKÖRPER ist, der trotz einer Reihe von Maßnahmen durch die Schatten der bösen Kräfte verdunkelt wurde, was die Ursache dafür ist, daß das Licht des Planeten verdeckt ist. Dieser verdunkelnde Effekt hat das natürliche Wachstum des Planeten verhindert, so als hätte man einer Pflanze das Licht entzogen. Wenn der Planet überleben soll, ist eine gewaltige Freigabe dieser negativen Energien erforderlich, um von den bisherigen Beengungen frei zu werden, was eine Art des sich Streckens erfordert, damit er an Dichte verlieren kann. Er kann dann in seinem inneren Licht zirkulieren wie auch Licht von außen her aufnehmen, um sein Volumen zu steigern.

Die großen Erdbeben müssen geschehen, da wegen des Einflusses der Gefallenen die Erde beträchtliche Zeit aus dem Gleichgewicht geraten ist. Sie muß ihre Achse aufrichten, bevor sie in die nächste Dimension eintreten kann. Die Gefallenen haben eine Begrenzung des Lichtes in dieser Region des Weltraums bewirkt. Der innere Druck, der deshalb entstanden ist, muß durch Erdbeben ausgeglichen werden. Die Erde braucht viel LICHT-ÄTHER zu ihrer Erhaltung, und nun, wo viel Licht ausgegossen wird, kann sie es nutzen, um alle Fehler zu berichtigen, die ihr bisher so große Pein verursacht haben.

Dies hätte auf andere Weise überwunden werden können, hätte es nicht so lange gedauert, bis die Gefallenen in den höheren Reichen unter Kontrolle gebracht wurden. Nun ist die Zeit für die Korrektur gekommen, und es ist nützlich, sich auf alle hoch schwingenden Veränderungen auf diesem Planeten vorzubereiten.

Andere Kataklysmen sind auf die karmische Natur des Menschen zurückzuführen. Die karmische Schuld, die er über Äonen hinweg aufgerichtet hat, muß JETZT ausgeglichen werden, so daß alle Dinge vor dem Übergang in Harmonie gebracht werden können. Dieses Karma kann durch die Bereitschaft, zu hören und auf die höheren Kräfte zu reagieren, ausgeglichen werden. Bis vor kurzem gab es kein Bedürfnis, das zu tun. Nun wird die Anwesenheit reichlichen Lichts vieles verändern. Viel Ungemach kommt, da die Aufgabe drängt, die Herzen der Menschen zu verändern. Manche Gebiete befinden sich in solcher Dunkelheit, daß diese nur durch Unheil gebrochen werden können. Dies geschieht in den Gebieten der Welt, wo Überschwemmungen und Hungersnöte überhand nehmen. Das wird sich fortsetzen, bis das Licht die Herzen der Menschheit erreichen kann.

Erdbeben werden im pazifischen Bereich beginnen und sich dann mächtig über den ganzen Planeten ausbreiten. Dies geschah kürzlich im Gefolge des Tokio-Bebens und dessen Nachwirkungen im Gebiet des Himalaya. Das ist nur eine Runde, der viele weitere folgen werden.

## Der Treibhaus-Effekt

Dies ist eine gute Zeit, um eure Liebe auf den Planeten zu richten. Er war ein guter Versorger, und jetzt ist es für uns alle Zeit, unsere Dankbarkeit zu zeigen und ihm die Zeit zu gewähren, die Veränderungen einzuleiten, die notwendig sind, um ihn in Harmonie mit dem Universum zu bringen. Die ersten physischen Veränderungen müssen sich in den Strahlen der Sonne ergeben. Die ganzen Diskussionen über den Treibhauseffekt haben die wahren Ursachen dieses Problems aus den Augen verloren. Denn: Es besteht die Notwendigkeit für den Planeten, sich zu erwärmen, damit die Eisdecken schmelzen und etwas von dem Drehmoment abgeben, das diese Ansammlungen von Wasser aufgebaut hat.

Diese polaren Regionen waren eine unsagbare Belastung für den Planeten und müssen daher teilweise schmelzen, um ein besseres Gleichgewicht zu erreichen. Das freiwerdende Schmelzwasser wird die Küstenregionen überschwemmen. Das wurde von vielen prophezeit und tritt zu gegebener Zeit ein. Der Aufheizungseffekt (infolge von Industrie- und CO2-Verschmutzung; fossile Verbrennung, FCKW und andere Belastungen - d.H.) ist etwas, was wir in dieser Zeit anerkennen müssen. Die höheren Temperaturen werden nicht unerträglich sein. Das Klima wird sich verändern, aber nicht bis zu dem Ausmaß, daß sich der ganze Planet über Nacht verändert. Es wird bewirken, wie sich der Mensch in seiner Umwelt fühlt, was ein gesunder Übergang ist.

## Gedanken über die EVAKUIERUNG

Die Stürme der Veränderungen nehmen zu an Macht, und vieles wird in den kommenden Jahren geschehen. Das gilt global, nicht nur für Amerika, und bei diesen Ereignissen wird es viele Evakuierungen geben, so wie es bei solchen Gelegenheiten stets der Fall ist. Wann immer solches geschieht, könnt ihr dieses wissen: Wo es zu Unheil kommt, wurde entschieden, zuerst die Kinder aufzunehmen. Darüber hinaus bleibt der Plan ungefähr so, wie im Buch "World Evacuation" bekanntgegeben. (In Deutschland erschien zur gleichen Zeit: "EVAKUIERUNG IN DEN WELTRAUM" von G.S. Leona/K. Veit - 2. Aufl. 1987).

Wir wiederholen, daß bei jedem größeren Unglück Evakuierungen stattfinden. Man sucht vergebens nach den vielen Leichen, denn die Personen wurden entrückt, bevor das Ereignis eintrat, wenn gesehen wurde, daß sie dem Unheil entgegengingen. Die von der Presse veröffentlichten Zahlen sind stets ungenau und basieren nicht auf den wahren Gegebenheiten.*) Unsere Schiffe sind immer dicht versammelt über diesen Stellen des Unheils, wenn auch dem normalen Auge nicht sichtbar. Denn würden wir von allen gesehen, würde noch viel mehr Konfusion am Schauplatz des Geschehens entstehen. So führen wir unsere Aufgabe ohne Einmischung durch.

Diejenigen, die für die Endzeitereignisse bereit sind, müssen den Ablauf kennen. Sie müssen wissen, wo sie "ihre Fahrkarten erhalten" und wann die Schiffe ankommen. Wir wollen alle, die bereit sind, vom Planeten entrückt zu werden, so bald wie möglich holen. Wir wollen diesen Vorgang nicht verzögern, denn es ist eine sehr große, minutiös zu planende Aufgabe. Zuerst muß der Wunsch zu gehen vorhanden sein. In den meisten Fällen wird eine körperliche Evakuierung infrage kommen, doch in einigen Fällen wird der Lichtkörper fähig sein, ohne Hilfe aus dem Raumschiff die Seele in die nächste Dimension zu tragen. Diese brauchen keine weiteren Wahrheiten, denn sie tragen bereits den Christus-Körper, der alles Wissen vermittelt. Diejenigen, die mit Schiffen weggebracht werden müssen, werden sich in Gebieten versammeln, wo große Raumschiffe Zugang haben. Das bedeutet sicher ein Verlassen der Städte, ein Umzug, der manchen nicht lieb ist. Sie haben Wurzeln, die nicht leicht auszureißen sind.

---

*) Vergl. schweres Erdbeben in Mexiko 1985. Die Regierung sprach von 4.500 Toten (die gefunden wurden). Aber: 45.000 Menschen werden noch immer vermißt!

Für jene, die zu gehen bereit sind, gibt es keine bessere Zeit als jetzt. Sie brauchen nicht auf das kommende Chaos zu warten, um ins Licht gebracht zu werden. *Die Folge der Ereignisse, die kommen werden, ist nur notwendig für die, die solche Geschehnisse brauchen, um ins Licht zu gelangen. Sie wollen nicht begreifen, was geschieht, bis das Haus um sie in Trümmer fällt.* Es sei daran erinnert, daß der Vater nicht wünscht, daß auch nur eines Seiner Kinder Schaden erleidet. Er will nur, daß sie Ihn kennen, denn ohne diese Erkenntnis sind sie auf die HÖHEREN REICHE nicht vorbereitet. DIE KOMMENDEN EREIGNISSE SIND DAZU BESTIMMT, DAS BEWUSSTWERDEN ÜBER DEN VATER HERBEIZUFÜHREN. DAS IST WAHRHAFTIG DIE EINZIGE BOTSCHAFT.

Das Königreich des Himmels ist bereits da, es braucht nur angenommen zu werden. Bevor die Astralebenen gereinigt wurden, waren sie von den dunklen Kräften beeinträchtigt. Nun besteht für die Seelen kein Hindernis mehr, sich mit den höheren Reichen in Verbindung zu setzen. Christus ist in allem. *Es geht nicht darum, bekehrt zu werden, sondern es ist eher ein Prozeß der persönlichen Annahme des eigenen göttlichen Selbst. Das ist die Botschaft der Hoffnung, die der Welt gebracht werden muß. Die Seele geht durch die Erfahrung, Gott in sich selbst zu erleben.*

## Lektionen der Weltregierungen

Es liegt ein derartiges Potential an erderschütternden Ereignissen vor euch, daß das gesamte System sich ändern wird. Die Ursache liegt in der Kombination aus wirtschaftlichem Chaos und geologischer Unordnung. Deshalb unser dringender Hinweis auf spirituelle Lektionen in dieser Zeit. Es muß eine Nation und EINE NEUE WELT UNTER GOTT werden. Dies wird das direkte Ergebnis des wirtschaftlichen Chaos sein.

Die von Menschen gemachten Pläne für die Präsidentschafts-Wahl 1988 beinhalten viele Überraschungen. Dies schließt die Berufung eines anderen Kandidaten ein, der auf der Szene erscheinen wird, wenn wir uns veranlaßt sehen, dies aufgrund kommender Ereignisse zu tun. In letzter Minute wird Chaos zur Konfusion führen. Gott hat bestimmte Veränderungen angeordnet, die erforderlich sind, um das Licht in den Persönlichkeiten zu verankern, die für eine bestimmte Rolle ausersehen sind. Die beiden Persönlichkeiten, die zur Zeit dafür vorgesehen sind, diese Verantwortung zu tragen, besitzen nicht das Bewußtsein dafür, das für die Ereignisse erforderlich ist, die für die Welt geplant sind.

Einer, der im Namen des Vaters kommt, wird vorbereitet. Wir werden die Voraussetzungen dafür schaffen, die ihn in seine besondere Rolle hineinführen werden. Wenn alles so eintrifft, wie es unserer Voraussicht nach in den kommenden Wintermonaten der Fall sein wird, könnte der ganze Wahlprozeß in Unordnung geraten. Wenn der euch von Gott bestimmte Führer bereit ist, wird er auf der Szene erscheinen, und es werden alle Vorbereitungen getroffen, um ihm seinen ihm zukommenden Platz in der Regierung dieser Nation zu sichern.

Die politische Szene ist das Ergebnis eines viel größeren Problems im Bewußtsein der Menschen. Unsere Aufmerksamkeit ist nicht auf eine bestimmte Person gerichtet, sondern uns geht es um die Probleme, die in Form von Lektionen den Massen nahegebracht werden müssen. Amerika muß lernen, daß es nicht in der Lage ist, das Land, das ihm anvertraut ist, ohne Gott zu regieren!

Amerikas verbleibendes Karma ist schwer. Es hat in verbrecherischer Weise sein Kriegs-Bewußtsein in das Bewußtsein vieler anderer Nationen hineingetragen. Das wird durch die Lichthelfer aufgelöst, die dieses Karma umwandeln, doch besteht hier immer die Möglichkeit der Vergeltung, wie es im persischen Golf geschah und auch durch anderweitige anscheinend damit nicht in Zusammenhang stehende Katastrophen. Vom Standpunkt des irdischen Karmas aus gesehen ist die Angelegenheit im persischen Golf vollständig abgeschlossen. Amerika hat dort eine gewisse erd-karmische Erfahrung gemacht, aber es ging in erster Linie um die Nationen, die zur Zeit Irak und Iran genannt werden.

## Das planetarische Konzil der Zwölf

*(Nur wenige Tage vor dem Konklave für diese hierarchische Durchgabe hat Ashtar die nachstehenden Worte durchgegeben.)*

Ich sende in diese Erden-Dimension einige meiner zuverlässigsten Offiziere, die sich hier niederlassen, um auf höchster Energie-Ebene zu operieren. Ich kann nicht sagen, wie lange es dauert, bis sie erweckt sind, nachdem der Transfer (Eintritt in irdische Körper) durchgeführt ist, doch wird ihr Kommen eine bemerkenswerte, unmittelbare Hilfe für das gesamte Programm sein. Unsere Flotte war äußerst aktiv hinsichtlich der ganzen zusätzlichen detaillierten Überwachung der Ostküste und der Baha-Halbinsel. Wir hatten versucht, die Dinge stabil zu halten, aber unsere Erlaubnis, uns einzumischen, ist begrenzt. Unsere Berechnungen zeigen, daß die Westküste gegen Ende dieses Jahrzehnts aktiv wird. Die Überwachung der Leute, die sich in Massen zusammenscharen (eine gute Zeit, um das zu tun) bietet uns keinen Anlaß zur Freude. Es besteht viel Oberflächlichkeit und persönliche Neugier, aber wenig tiefe persönliche Verantwortung. Wenn die Ereignisse eintreten, kann sich dies schnell ändern.

Bei der Eröffnung dieses speziellen siebentätigen Kommunikations-Konklaves wurde von den Thron-Energien eine erregende Mitteilung gemacht*)

DIE PLANETARISCHEN KONZILE SIND EINGETROFFEN. DIES GESCHAH SOEBEN. WIR TRAFEN VORBEREITUNGEN FÜR SIE, UND DIES IST DIE ERSTE BENACHRICHTIGUNG ÜBER IHRE ANKUNFT. Die Sterne haben diese interplanetarischen Wesen zur Verkörperung gebracht, so, daß sie vollständig GOTTESBEWUSST sind. Sie müssen nicht "betreut" werden, wie es bei dem laufenden Erweckungsprozeß der Fall ist, denn sie stellen die reine Essenz von Liebe und Licht dar.

Das PLANETARISCHE KONZIL ist eine auserwählte Gruppe von offiziell Beauftragten, die die interplanetarischen Organisationen repräsentieren, die dafür verantwortlich sind, den Planeten Erde zur Kooperation mit ihren kosmischen Nachbarn zu bringen. Es ist eine Gruppe von Freiwilligen, die von

*) Thron-Energien werden verkörpert durch die 7 Urerzengel und ihre Duale und die zu ihnen gehörenden Himmelssphären und Urzentralsonnen. (Siehe auch im Anhang).

den Hohen Meistern des Universums ernannt wurden. Sie sind ein und dasselbe wie die Energien, die die Intergalaktischen Organisationen repräsentieren, aber ihre Energien wurden für diese Mission herabgesenkt. Wir wollen die Bezeichnung nicht immer gebrauchen, denn sie entspricht nicht der stark vibrierenden Intensität dieser Wesen. Diese Seelen befinden sich auf einem sehr hohen Entwicklungsstand; sie schwingen in einer viel höheren Frequenz, wobei sie die erforderlichen Möglichkeiten schaffen, um ihre Aufgaben auszuführen. Wir haben in der Vergangenheit große Weltenlenker überwacht, doch bisher waren unsere Anstrengungen wegen der Anwesenheit der Gefallenen eingeschränkt.

Es ist vorgesehen, daß sie ihre kollektive Anwesenheit den Regierenden zur Kenntnis bringen, sobald die Geldmärkte zu ihrem endgültigen Sturz ansetzen. Durch dieses Ereignis können Gottesgedanken einsetzen. Auf den finanziellen Zusammenbruch folgt das Planetare Konzil auf der Szene, was aber den Massen nicht bewußt wird. Die Egos der gegenwärtigen politischen Führer werden während dieser Zeit für eine subtilere Rolle des Konzils sorgen. Doch möge klar sein, daß das Konzil völlig unabhängig von jeder Form politischer Führung tätig sein wird. Der nächste Präsident der Vereinigten Staaten wird ein hochrangiger Beauftragter der planetaren Reiche sein, der mit dem Erweckungsprozeß konfrontiert wurde. Dies ist genau der Vorgang, der auf alle großen engelhaften Führer auf dem Planeten zu dieser Zeit angewandt wird. Diese Wesenheit, von der wir hoffen, sie während der Periode der äußersten Krise zu offenbaren, wird die geeigneten Führungseigenschaften unter Beweis stellen, um das GOTTESBEWUSSTSEIN in das amerikanische System hineinzubringen.

## Der Weltfriedensplan

Die Menschheit muß die Lektion voll und ganz verstehen, die mit den kommenden Ereignissen in Zusammenhang steht, und dazu gehört auch die Botschaft vom Weltfrieden. Der Mensch beginnt zu lernen, daß der Krieg niemals eine Antwort auf irgendeines seiner Probleme sein kann.

Die Vereinten Nationen befinden sich in einem Zustand äußerster Unordnung. Es gibt hier gegenwärtig nicht viel zu retten. Der Friede hat auf diesem Planeten dank den Lichthelfern zu siegen begonnen. Das ist die wahre Ursache, im Gegensatz zu der Behauptung, die Vereinten Nationen könnten dies für sich in Anspruch nehmen. Die Vereinten Nationen werden für die Zwecke des Planetaren Konzils nicht geeignet sein. Es wird sich jedoch bemühen, vorhandene Einrichtungen zu benutzen, doch alles muß umgewandelt werden, und was kommen wird, wird neu sein.

EINS DER DINGE, WELCHE DIE MITGLIEDER DES PLANETAREN KONZILS ZU VOLLENDEN HABEN, IST ES, DEN WELTFRIEDENSPLAN VORANZUBRINGEN. *Der Weltfriedensplan ist wichtig, weil er die Erkenntnis über die Bruderschaft der Menschen untereinander und mit anderen Raumzivilisationen mit sich bringt.* Der Mensch hat seine Verbindung zu dem Allmächtigen Vater vergessen. Der Mensch muß erst seine Verbundenheit zu seinem Mitmenschen begreifen, bevor er voll und ganz die Natur seiner Beziehung zu Gott erfassen kann. Der Mensch hat keine Möglichkeit zu sehen, was er ist, solange er seine Interessen darauf gerichtet hat, die wahre Natur seines Seins zu zerstören. Das kann verschiedene Gestalt annehmen, von der Mißachtung des Körpers eines physischen Wesens bis hin zur Vernichtung derer, die nicht mit seinen selbstgeschaffenen Ansichten übereinstimmen. Nicht länger mehr kann der Mensch außerhalb seiner selbst die Antwort finden. DER FRIEDE KOMMT VON INNEN HERAUS. Durch das Gewahrwerden göttlichen Wirkens wird der Universelle Friedensplan auf Erden und der gute Wille gegenüber allen Menschen verwirklicht werden.

Der globale Friedensplan ist ein Modell des UNIVERSELLEN FRIEDENS, der immer vom Throne ausgeht. Wir nennen ihn universell, da andere Planeten im All ebenfalls diesen letzten Prozeß durchzumachen hatten.

Auf dem Planeten ERDE wird ein großer Widerstand gegen diesen Plan bestehen, da viele unwissentlich das Vorhaben den Werken des Antichrist zuordnen werden. Dies stellt jedoch eine falsche Auslegung aus dem Buch der Offenbarung (der Bibel - d-H.) dar. Die geistige Hierarchie wird an der Verwirklichung dieses Planes festhalten. Viel Gespött wird es gegen den Friedensplan von denen geben, die die göttliche Natur derjenigen nicht erfassen, die die Botschaft überbringen. Doch wird man schließlich einsehen, warum jene dies tun müssen, was sie tun, um die Aufmerksamkeit derer auf sich zu richten, die bereit sind, sich zu ändern.

Wir freuen uns, berichten zu können, daß wir im Moment einen Großteil von Lichthelfern in der Sowjetunion haben. Das war nicht immer der Fall, doch jetzt erfreuen sich viele eines höheren Bewußtseinszustands. Es gibt viele liebende Menschen, die bereit sind, alles für dieses höhere Erbe hinzugeben, derer sie gewahr wurden.

In den Vereinigten Staaten leben die meisten Lichthelfer. Das bedeutet natürlich nicht, daß sie schon alle erweckt sind. Der Göttliche Plan, von dem wir gesprochen haben, wurde in der Tat auf diese Gegend des nordamerikanischen Kontinents konzentriert, und die, die zum Licht gehören, haben ein inneres Bestreben, sich dort hinzubegeben.

Die Erscheinung des Planetaren Konzils wird innerhalb des Makroökonomischen Systems des Planeten erfolgen, aber nicht speziell durch die normalen politischen Kanäle, wie ihr sie nennt. Ihre Mission ist göttlicher Natur, und es wird ihnen die Gelegenheit gegeben, sich der Göttlichen Gesetze zu bedienen, die im Gegensatz zu den begrenzten menschlichen Regeln stehen.

## Verschiedene politische Informationen

(Frage- und Antwort-Sitzung)

<u>Frage:</u> Habt ihr irgendwelche kosmischen Kontakte mit Gorbatschow?

"Sicherlich haben wir das, und er hört bewußt auf uns. Doch ist es eine private Angelegenheit. Wir stehen mit ihm genauso in Verbindung, wie auch mit Ronald Reagan und anderen mehr gott-orientierten Weltführern."

<u>Frage:</u> Wird es eine vollständige Friedensvereinbarung zwischen den U.S.A. und Rußland geben?

"Das ist absolut sicher. Und eines Tages wird es Amerikas größter Verbündeter sein.*) Dieses Ergebnis wird das Ergebnis eines Treffens zwischen Reagan und Gorbatschow sein, bevor Reagans Amtszeit zu Ende geht."

<u>Frage:</u> Könntet ihr nicht Reagan zum Bleiben veranlassen?

*) Einigkeit zeigen beide Großmächte schon lange, wenn es um "Sternenkrieg" (star war) und SDI gegen galaktische Raumflotten-Verbände geht. - d.H.

"Nein, leider nicht. Dies wurde zuvor von denen in Betracht gezogen, die sich des Göttlichen Erbes dieser Wesenheit bewußt waren, doch wir können einen nicht zu dienen bitten, der schon so viel gegeben hat. Er hat aufrichtig versucht, das Gottesbewußtsein unter das Volk zu bringen. Wir haben nicht immer den Ergebnissen seiner Politik zugestimmt, aber es ist uns bewußt, daß dies das Resultat der Gefallenen war, die den Denkprozeß in allen politischen Bereichen beherrschen."

Frage: Waren Abraham Lincoln und J.F. Kennedy die gleiche Wesenheit?

"Präsident Lincoln sollte als ein Aspektträger der Thron-Energie betrachtet werden. Er und John F. Kennedy hatten die gleiche Seelen-Schwingung. Das soll nicht sagen, daß es sich dabei um die gleiche Wesenheit gehandelt hat, denn wenn das Seelen-Fragment auf seine irdische Ebene zurückkehrt, kann es mehr Bewußtsein erlangen als während einer vorangegangenen Inkarnation."

Frage: *(Hier war die Rede von der Unzufriedenheit Robert Kennedys mit dem System.)*

"Ja, das können wir verstehen. Er wird in Kürze zu euch zurückkehren."

Frage: Der junge John Kennedy scheint die Aufmerksamkeit auf sich zu ziehen? Bitte, äußert euch darüber.

"Er ist in der Tat ein Teil des Prozesses, der folgen wird, aber er ist kein Gesandter des Planetaren Konzils. Er sollte als Seele hohen Ranges angesehen werden, der seine besondere Mission ausführen wird, sobald seine Erwekkung vollendet ist."

Frage: Würdet ihr darüber sprechen oder erklären, was es mit den Kennedy-Leuten für eine Bewandtnis hat, die so viel persönliches Charisma wie auch Führungseigenschaften besitzen?

"Die Kennedys stellen eine sehr mächtige Energiequelle der Thron-Energie Lord Michaels dar. Personen mit derselben Energie identifizieren sich gut mit ihnen. Sie alle haben diese Kraft mit Ausnahme derer, die in die Familie eingeheiratet haben, die im Moment oft Schwierigkeiten mit dieser machtvollen Energiequelle haben."

Frage: Was ist mit Franklin Delano Roosevelt?

"Er war ein Inkarnierter, der in der spirituellen Hierarchie einen sehr hohen Rang einnahm. Er war dazu auserwählt, in der Menschheit bestimmte Prinzipien der Liebe und Fürsorge innerhalb des Managements der Regierungssysteme einzuführen. Er war in vielen Inkarnationen bei euch, und gewöhnlich in Verbindung mit einem Staatenlenker."

Frage: Und Winston Churchill?

"Auch Winston Churchill war eine Seele von hohem Rang, die zu dem speziellen Zweck hergebracht wurde."

Frage: Dann habt ihr offensichtlich viele Seelen speziell als Führer während des Zweiten Weltkrieges eingesetzt?

"Das stimmt genau. Wir wußten sehr wohl, daß dieser große Weltkrieg stattfinden würde. Diese wurden unter anderem dazu erwählt, auf die schwierige Natur der kommenden Ereignisse zu reagieren, genau so wie jene, die in der jetzigen Zeit auf diesem Planeten das gleiche tun."

(Wir diskutieren über Japan, und Ashtar leistete einen Beitrag.)

"Japan tut gut daran, seinen Gesichtskreis zu erweitern. Man hat dort fortgesetzte Sichtungen. Sie studieren und rufen nach unseren Flotten, die zu ihnen kommen, sie von ihrer Insel wegbringen und umsiedeln sollen. Viele glauben an diese Notwendigkeit und versuchen, für sich selber einen Weg zu finden. Viele Japaner, die die Gabe haben, sich mit ihren Vorfahren in Verbindung zu setzen, haben die Mahnung erhalten, ihre Inseln zu verlassen, sobald sie können. In Japan wird sich das erste große Desaster im asiatischen Teil der Welt abspielen."

*(Lord Michael hatte den Vorsitz bei dieser Frage- und Antwortsitzung)*

## Die Schluß-Episode

Die Göttlichen Lehren kehren zum Zwecke des Erklimmens weiterer Evolutionsstufen auf den Planeten zurück. Ein Stempelabdruck Gottes, der, wenn er auf die dreidimensionale Existenz des planetarischen Reiches aufgeprägt wird, den Planeten zurückträgt in seine ursprüngliche Harmonie mit dem Universum. Denkt daran, daß der Planet unter dem Einfluß der Gefallenen stand, die den Lichtsegen, der ihnen von oben herabgeschickt wurde, verweigert haben. Wann immer wir das einhüllende Licht mit den Göttlichen Plänen zur Erde schickten, wurde es von den Gefallenen aufgefangen und abgewandelt, um den Lauf der planetaren Evolution zu stören. Die Lichtschwingungen, die nun einstrahlen, sind nötig, um den Planeten wieder auf seinen normalen Entwicklungskurs zu bringen.

Blaue Lichtbögen werden nun gesehen, die über uns schweben. Sie repräsentieren Willenskraftfelder, die dazu dienen, den Planeten in seine korrekte Umlaufposition zurückzubringen, zum Zwecke seiner Transformation in die höheren Bereiche. Diese Lichtbögen tragen in sich auch das Licht, das die Erweckten von den Kräften der Finsternis auf der irdischen Ebene erlösen wird. Diese Energien sind bekannt als "Göttliche Intervention". Sie beginnen, alle Bereiche der Materie zu durchdringen und die dunklen Energien aufzubrechen, die den Menschen an diese Welt der Begrenzungen binden. Ihr werdet viele Veränderungen bei denen sehen, die im Lichte sind, besonders bei jenen, die auf dieser Welt bereits Gottes Werke verrichten. Sie werden freier in ihrer Beziehung zu den Dingen und sehen sich nicht mehr den dunklen Kräften ausgesetzt.

Die letzte Reinigung des Planeten geschieht durch Feuer, das durch die Rückkehr eines Kometen und dessen glühenden Trümmerregen entfacht wird. Dies wird erst in den letzten Endzeit-Tagen geschehen, aber dann wird es rasch kommen. In euerem Buch der Offenbarung ist der Komet bekannt als "Wermut", und obwohl dieses Thema von vielen Kontroversen umgeben ist, muß die Tatsache an sich in das Bewußtsein der Massen eindringen. Der Komet wird bald als eine Masse am Himmel identifiziert. Es ist nicht das Merkaba-Vehikel (engl.) sondern die Schauung des großen Planeten, der bei manchen als der 12. Planet bekannt ist. Es ist in der Tat ein großer Körper aus Materie, den schon Johannes in der geheimen Offenbarung als Komet sah und als solchen schilderte. Wir werden ihn weiterhin als Kometen bezeichnen, um bei diesem Ausdruck zu bleiben; der Name tut nichts zur Sache. Der Komet befindet sich auf Kollisionskurs mit der Erde, und der Aufprall wird totale Verwüstung zur Folge haben. Obwohl das einigen Wissenschaftlern bekannt ist, muß es dennoch der Menge bekanntgemacht werden. Diejenigen, die höhere Kontakte haben, werden ermutigt, diese Auskunft nachzuprüfen, die jedem gegeben wird, der danach fragt.

Dieses Ereignis ist die letzte karmische Reinigung, die für den Prozeß der Umwandlung notwendig ist. Diese karmische Reinigung wurde bis jetzt abgewendet, aber die letzten Tage werden die Rückkehr der männlich polaren Energie bezeugen, die notwendig ist, um die Erde selbst auszubalancieren. Dieser massive Energiekörper muß sich vor dem Ende der letzten Schlacht mit dem Planeten vereinigen. Daraus ist ersichtlich, daß viele der Gefallenen nicht mehr die Gelegenheit haben, die Zerstörung auf dem Planeten zu vollenden. Wäre erlaubt worden, daß dies geschieht, müßten auch die Kräfte des Lichts das Trauma ertragen. Doch jetzt genügt es, daß die Gefallenen nicht in der Lage sein werden, den Lauf dieses Lichtkörpers zu verändern, der sich rasch dem Planeten nähert. Sie werden die Dringlichkeit ihres nutzlosen Plans fühlen. Der Planet muß sich mit seiner polaren Ergänzung verbinden, was zum Ende der 90er Jahre geplant ist. Im Jahre 2000 wird die Reinigung vollendet sein. Nachdem sich diese männlich-polare Energie nach der Rückkehr des Kometen mit der Erde verbunden hat, wird die Erde in die elektro-magnetische Null-Zone eintreten. In elektromagnetischer Terminologie heißt das, alles muß sich in vollkommener Balance befinden, ohne Polaritäten.

## Die dreieinhalb Jahre der Enthüllungen

Die in irdischer Zeit dargelegten dreieinhalb Jahre stellen eine buchstäbliche Übertragung des Göttlichen Plans für diese Endzeit dar. Sie dürfen jedoch nicht so aufgefaßt werden, als folgten sie unmittelbar. Wir beeinflussen euch nicht, etwas anderes zu sagen als die Wahrheit. Ihr wurdet in den höheren Reichen über diese Informationen unterrichtet und wurdet gebeten, diese Gedanken in anderen Menschen auf der Erdebene wachzurufen. Die beiden dreieinhalbjährigen Perioden sagen genau dies aus. Hätten wir von einer siebenjährigen Periode sprechen wollen, dann hätten wir es getan. Aber von den dreieinhalbjährigen Perioden ist bekannt, daß sie spezielle Ereignisse enthalten, die sich überlappen können entsprechend der Flexibilität, die der Vater während dieser letzten Tage benötigt.

Sie müssen halten, was die Propheten vorausgesagt haben, aber die Reihenfolge braucht nicht zu stimmen. Sie sind ihrer Natur nach nicht fixiert, sondern überlappen sich. Die erste Periode von dreieinhalb Jahren hat begonnen, aber sie bezieht sich mehr auf die Energien Gottes als auf euren Kalender.

Der November 1987 ist das Datum, das wir mit dem Beginn der Ereignisse gleichsetzen wollen. Das heißt, es ist richtig, diesen Zeitpunkt als den Beginn der ersten dreieinhalbjährigen Periode zu bezeichnen. Doch es reicht nicht aus, denn innerhalb dieses Zeitrahmens sind noch größere Konzepte mit einbezogen. Es war das Datum, wo die Israelis offiziell eine Politik diktierten, die sich gegen jene wandte, die sich ihren Plänen widersetzten, die Heiligen Städte ihrer dauernden Kontrolle zu unterwerfen. Dies ist ein Kontrollpunkt auf dem Planeten, bei dem die dunklen Kräfte in der Lage sind, ihren Anteil an den Prophezeiungen auszuführen. Es ist ein spezieller Kontrollpunkt, der, würde er in die Hände der Gefallenen geraten, viele Schwierigkeiten bei den Ereignissen der letzten Tage schaffen würde. Darum nehmen die beiden Augenzeugen (Off.II) ihren Standpunkt womöglich dort ein. Es wird dort Krieg geben, jedoch nicht in dem Ausmaß, wie es ursprünglich befürchtet worden war. Die größte Kriegsgefahr ist im Mittleren Osten zu befürchten, wo religiöse Beweggründe die Szene beherrschen. Das wird so weitergehen, wie es vorausgesagt wurde. Dieses Zurückfluten der Woge ist die letzte Konsequenz der Ereignisse, wie es in der "Geheimen Offenbarung" dargelegt wurde.

Wir befinden uns in der Tat mitten in der ersten dreieinhalbjährigen Periode, doch alles ist innerhalb dieser Zeitenfolge eingeschlossen, die jetzt in Kraft getreten ist. Die letzte dreieinhalbjährige Periode steht uns nun bevor. Man könnte es eine "Zeitverdichtung" nennen. Auch die Ankunft des Kometen steht nahe bevor, und sie wird früher erfolgen, als man glaubt. Diese Information kommt von höchster Stelle zu euch. Alle seien ermutigt, sich durch diesen Gedanken zu eigenen Nachforschungen anregen zu lassen, um weitere Einzelheiten herauszufinden, jeder aus den ihm erreichbaren Quellen.

Unsere Diskussion über die Endzeitereignisse ist ausreichend, um gründliches Nachdenken und Begeisterung für das Göttliche Programm auszulösen. Fangt an zu denken, sprecht über alle diese Dinge und sucht weitere Antworten. Dadurch entsteht eine Woge, durch die Wahrheit hereinfließen kann, und es wird Kontakt zu den Meistern hergestellt, weiteres kann entschlüsselt werden, besonders über die Lektionen, die aus diesen Ereignissen zu lernen sind.

Durch diese Ereignisse wird starker Widerstand ausgelöst, sowohl von seiten der dunklen Kräfte als auch von denen des Lichts, die in dieser Inkarnation noch nicht im Licht gelebt haben! Dies sind die weniger entwickelten Seelen, die sich nun unbedingt zu entwickeln haben. Es sind nicht die Freiwilligen. Es ist wichtig, den Unterschied zu kennen. Die Dunklen sind offensichtlich doch diejenigen, die zu den Unerweckten gehören und sind sehr schwer zu behandeln. Diese werden die Heiligen selbst bis zum Tod verfolgen und sich freuen, wenn keine Botschaften mehr ankommen. Doch wissen sie, daß ihre Tage gezählt sind und daß kurz vor dem Tod nichts mehr getan werden kann. Sie sind unfähig, auf die Botschaften der Wahrheit zu reagieren, wenn die Ernte in vollem Gange sein wird.

Diejenigen, die auf dem Wege der Unentschlossenheit wandeln, werden auf andere planetare Körper überführt, wo sie ihr Leben in Welten der Begrenzung fortsetzen, bis sie die Wahrheit gefunden haben. Diese Gruppe, zu der die meisten der Planeten-Bevölkerung gegenwärtig gehören, wird vor der endgültigen Reinigung ebenfalls evakuiert.

Diejenigen, die für Gott in ihrem Innern erweckt wurden, werden fortfahren, den Plan des Vaters bis zu den letzten Tagen, bis zu ihrer eigenen Evakuierung zu unterstützen, und dem Planeten fernbleiben, bis die Zeit der Wiederbesiedelung gekommen ist. Zu dieser Zeit werden jene, die bereit sind, ihre Lichtkörper zu tragen, ebenso handeln. Diejenigen, die bereit sind, aufzusteigen, dürfen es tun, doch dieser Weg bleibt den am höchsten Entwickelten vorbehalten, und nur wenige sind dazu fähig.

Ihr müßt alle euer Erkenntnis-Licht sorgfältig bewahren, stündlich der Tatsache bewußt sein, daß ihr Lichthelfer seid, daß jede Zelle und jedes Atom Teile eures Lichtkörpers sind, und bewußt diesen Gedanken in euch tragen. Ihr solltet euch darüber klar sein, daß ihr ein Teil der Kräfte seid, die den Planeten zusammenhalten, euch bewußt klar machen, daß ihr wirklich das Salz der Erde seid und, wenn das Salz weggenommen werden sollte, die Erde dann ihren Geschmack verlieren wird.

So wurde die Aura aller Welt-Diener vor Beginn der Endzeit beschleunigt, vor negativen Einflüssen geschützt und ihr Geist mit einer Erweiterung an Bewußtsein und Verständnis begnadet. Die Lichthelfer (englisch Light-Worker) sind Freiwillige, die in einer Mission auf die Erde gekommen sind. Der "Kollektive Messias" hat sich bereits in jenen Seelen verkörpert, die den neuen Plan für den Planeten in Händen halten. Deshalb wird der "Kollektive Messias" auch als die "Legion der Speziellen Freiwilligen" bezeichnet. Die Erwählten sind jene, die im Namen des Lichts gekommen sind, um den Planeten, jetzt, nach einer Äonen Jahre dauernden planetaren Entwicklung, auf einen höheren Bewußtseinszustand zu erheben.

Nun werden wir sehen, wie die Lichthelfer auf die weiteren Kundgaben reagieren, die ihre Aufmerksamkeit erfordern. Es sind deren Bemühungen, die die Tage verkürzt haben!*) Sie wurden auserwählt, da sie bereit waren, das Licht in dieser Endzeit auf dem Planeten zu verankern. Nicht allein, um als Dienende eingesetzt zu werden, sondern eher als eine ganz spezielle Gruppe sehr verantwortungsbewußter Seelen, die das CHRISTUS-BEWUSSTSEIN des Planeten Erde darstellen. Sie haben sich ordnungsgemäß in einem Kollektiv formiert, das das Licht aus den Himmeln in diesem dreidimensionalen Reich verankert.

*) Betrifft die Dauer bis zur Wiederkunft Christi - d.H.)

# DES LEBENS HÖCHSTER KOMFORT

*Göttliche Gegenwart*

## Kapitel VIII

### Keine zweiten Ursachen

*"In der Mitte des Kreises*
*des Willens Gottes ..., da stehe ich,*
*da können keine zweiten Ursachen kommen.*
*Alles muß aus seiner lieben Hand kommen."*

Obwohl die Menschheit von den Stürmen, die durch diese Welt der Dualität und der Pein tosen, gepeitscht wird, liegt doch in jeder Seele die Macht, diesen Stürmen mit Verständnis, Mut und Vertrauen zu begegnen und dadurch von der Düsternis der unbewußten Instinkte in das Licht der bewußt erleuchteten Intelligenz aufzusteigen.

Wie bei dem "Glücksrad" in einer laufenden Fernsehshow wird immer nur ein Buchstabe zur gleichen Zeit aufgedeckt, nicht ein ganzes Wort. So verhält es sich auch bei dem Vorgang unserer persönlichen Erleuchtung: Es gibt zu einer gewissen Zeit immer nur einen kleinen Hinweis, bis sich schließlich die Hinweise, gleich der Explosion eines Sterns, in unserem Herzen verdichten und zu einem klaren Gesamtbild formieren. Dieses ist vielleicht noch klein, aber doch für unser Bewußtsein ausreichend. Und damit beginnt unser Großes Abenteuer, uns selbst zu erkennen, unseren Gott zu erkennen.

Das Wunder bei all dem ist es, daß uns das irdische Leben mit seinen endlosen Beschäftigungen voll und ganz in Anspruch nehmen kann. Aber wir haben unseren Zweck zu erfüllen, die uns übertragenen Aufgaben zu erledigen. Da ist eine Arbeit, die getan werden und ein Leben, das gelebt werden muß, damit die Seele ihren Weg zurück in ihre Heimat findet, nachdem sie nur einen Augenblick lang die irdische Schule hinter sich gebracht hat, um zu größeren Aufgaben weiterzuschreiten.

Die Ich-Bin-Gegenwart sprach zu mir eines Tages über den Kreislauf der Seele:

*"Die Kreisläufe der Seele verhalten sich wie die Kreisbahnen der Welten. Es gibt einen vorgeschriebenen Pfad, einen Weg, dem man zu folgen hat, der in der Natur der Dinge liegt, da er von der Quelle*

*aller Bewegung und allen Lebens in Gang gesetzt wurde. Eine Seele stammt aus dieser Quelle und wird in eine gewählte Umlaufbahn gesetzt. Sie schreitet auf diesem Weg ausdauernd und beständig fort, wenn sie sich durch ihr eigenes Einssein und ihre Integration in diesen Willen innerhalb des Willens des Vaters hält.*

*Kommt es zu einer Abweichung vom Pfad oder von der zugewiesenen Kreisbahn, indem sich der Eigenwille in Gegensatz zu dem natürlichen Pfad begibt, dann wird die Seele durch den Magnetismus des Eigenwillens aus ihrem Kreislauf herausgerissen und in eine entgegengesetzte Richtung gelenkt.*

*Viele Leben mögen kommen und gehen, bis die Seele schließlich magnetisch, veranlaßt durch ein erneutes Sehnen, wieder auf ihren ursprünglichen Weg gebracht wird, den Einklang mit der Quelle und mit dem Willen des Vaters für die eigene Bestimmung zu suchen.*

*Durch die Tatsache, wieder auf der rechten Bahn zu sein, werden starke Impulse, Kräfte und schlafende Fähigkeiten geweckt, die während des Lebenswegs zur Wirkung kommen.*

*Alles, was beiseite gelegt wurde, inaktiv war, als der Antrieb verleugnet wurde, beginnt von neuem, und die Seele kehrt zu ihrer ursprünglichen Bestimmung zurück.*

*Je weniger Zeiten des Abweichens vom Pfad, desto weniger Aufenthalte in der irdischen Schule des Lebens! Lernen und Dienen stehen Seite an Seite. Alle befinden sich in der irdischen Schule, auch die, die gekommen sind, um zu dienen. Die göttlichen Prozesse, die die Schwingungszahl innerhalb der Umkreisungen stetig anwachsen lassen, ziehen die Seele unweigerlich hinein in das Herz ihres Ursprungs.*

*Befindet sich die Seele auf ihrer Kreisbahn, bewußt und freiwillig, dann ist es eine natürliche Folge, daß alle Prinzipien, die aus der Quelle stammen, alle Gesetze des Seins und des Handelns der Seele für alle ihre Bedürfnisse und Taten zur Verfügung stehen. Die Anerkennung der Quelle, ein Verständnis der Gesetze des Seins und der Prinzipien der Schöpfung können dazu verwendet werden, jede Manifestation in eine Seele zu bringen, die ihren Weg im Einklang mit dem Willen des Vaters geht.*

*Schätzt euch als Söhne und Töchter Gottes nicht zu gering ein, sondern begreift, ja fordert das Fließen der Göttlichen Kraft durch euer Wesen, euren Lebensstrom, um eure Fähigkeiten auszuweiten, als handelnde Personen vorwärts zu stürmen und dadurch andere in das Vakuum hineinzuziehen, das ihr hinter euch laßt.*

*Wisset, daß ihr Magnete seid, eine pulsierende magnetische Kraft. Fühlt, wie sie euch durchflutet und dann in eure Umgebung ausstrahlt. Auf diese Weise wird die Welt durch Göttliche Energie gestärkt, wohin auch immer ihr eure Füße gesetzt habt. Ihr seid das verkörperte duale Prinzip der Ur-Quelle, das sich als diese Quelle manifestiert, fähig, die Sinne der Menschen und die Welt zu verändern, wenn sie es wünschen. Wenn sie es nicht wünschen, dann können wir uns nur zurückziehen. ICH BIN, DER ICH BIN öffnet dir Kraftströme, die in dich einfließen und hinaus in die Schöpfung."*

## Entwicklung zur Perfektion

Zur Zeit des ersten Abstiegs in eine weniger spirituelle Form waren die ersten Bewohner der nebelverhangenen Erde nur verdichteter Geist, ohne körperliche Gestalt. Die Schöpfung von physischer Dichte kam viel später. Während jener Anfänge wanderte der Geist in vollkommener Einheit mit den höheren Reichen über das Land. Dann folgten lange Perioden, wo der Geist versuchte, sich selbst zu bestätigen und auszudrücken. Die Symbologie der verbotenen Frucht, das Essen des Apfels, stellt den Eintritt der Willensfreiheit in den Bereich des Menschen dar. Von nun an wurde die Unschuld und Sorglosigkeit des Menschen durch die eigenen Bemühungen, zu überleben und sich mit den selbstgeschaffenen Schwierigkeiten des Lebens auseinanderzusetzen, abgelöst. Zunächst blieb eine gewisse Verbindung mit geistigen Wesen noch erhalten, doch allmählich wurde diese aufgrund der Dichte des Menschen selbst abgeschnitten, und so wurde der Mensch aus eigenem Willen aus seinem herrlichen Paradiesgarten vertrieben. Seit dieser Zeit haben es viele höhere Wesen in freiwilliger Erden-Mission auf sich genommen, das Reich der Menschen zu betreten, um der Menschheit beizustehen, sich aus dem Abstieg in die Dichte und dem daraus resultierenden Karma zu befreien. Diese himmlischen Seelen haben notwendigerweise sich selbst den irdischen Begrenzungen ausgesetzt und damit Karma auch auf sich selber gezogen. Somit entwickelten sich zwei verschiedene Sorten Seelen Seite an Seite miteinander, was bis zum Ende der

Zeiten dauern wird, bis alles irdische Karma ausgeglichen ist, und zwar bei allen aus der letzteren und auch bei einigen der ersteren Gruppe.

Der Geliebte Lehrer unterrichtete uns darüber, daß die Wahrheit von Gott in uns selbst uns frei machen wird. Dieses herrliche Gefühl von Sein und von Freiheit bedeutet, frei zu sein von der Notwendigkeit, uns und andere zu verteidigen, frei zu sein von dem Gefühl, von anderen bedroht zu werden, frei zu sein von dem Zwang, andere zu beherrschen und zu überwachen, frei zu sein davon, anderen erlauben zu müssen, uns zu manipulieren und zu kontrollieren, frei zu sein von Zweifel und Unsicherheit, frei zu sein von der Notwendigkeit, andere zu beeindrucken und sich von ihnen beeindrucken zu lassen, frei zu sein von dem Zwang, zu verbergen, wer wir wirklich sind ... herrliche Lichtwesen, die es wählten, die menschlichen Bedingungen auf sich zu nehmen, um der Erde Harmonie zu bringen.

Die Herren des Lichts, die das Material in Kapitel VII durchgaben, sprechen wiederum:

> *"Es gibt Zeiten, wo die Wahrheit im Volk zurückstrahlt, aber die Leute sind unfähig, ihre Mission zu erfüllen, da die Seele das Bestreben hat, ihren eigenen Willen auszuprobieren. Die Seele weiß, daß die Wahrheit im Göttlichen Status ruht, doch sie sucht nach den Mysterien des Lebens durch den Prozeß von Versuch und Irrtum. Das kann an denen gesehen werden, die unsere Belehrungen suchen, aber nicht willens sind, sich gegenüber Gott zu verpflichten. Diese Verpflichtung kann nicht erzwungen werden, denn die Seele weist stets das von sich, was nicht aus ihrem eigenen Sehnen geboren ist. Wenn der Wunsch, Gott zu dienen, das Bewußtsein beherrscht, dann wird die Bereitschaft dazu folgen.*
>
> *Obwohl viele aufwachen, besteht doch ein Widerstreben, sich gänzlich dem Vater zu verpflichten. Die Wege der Vergangenheit sind so stark, daß sie nicht vom niederen Selbst befreit werden können, um das Göttliche Selbst anzunehmen. Zu viele erreichen eine bestimmte Höhe, sind aber nicht imstande, ohne einen Extra-Anstoß von denen, deren Arbeit es ist, sie nach innen zu ihrem Gottesbewußtsein zu führen, den nächsten Abschnitt zu erklimmen."*

## Sieh' hier dein Gepäck durch

Das Gefühl der Dringlichkeit, das einen überkommt, wenn die Herren des Lichts zu einem sprechen, läßt keinen Zweifel darüber offen, daß die Menschheit ihre Angelegenheiten ordnen und sich auf die kommenden Ereignisse vorbereiten muß:

> *"Alle müssen ihre Tempel in Ordnung bringen, um den Übergang zu bewerkstelligen. Das schließt ein, sich von allen Bindungen an die Vergangenheit wie auch von allen Erwartungen an die Zukunft frei zu machen. Zu viele hängen an ihrem alten Ballast. Wenn sich der Mensch bereit macht, diese Ebene zu verlassen, muß er sich auf eine Reise vorbereiten, bei der einfach alles zurückgelassen werden muß. Es bleibt nicht genügend Zeit, um auszusortieren, was gut oder schlecht ist. Seid bereit, euch völlig dem Göttlichen Selbst anzuvertrauen. Wer dazu nicht willens ist, der ist auch nicht in der Lage, den Sprung in die nächste Dimension der Realitäten zu tun. Dies wird für viele eine unerklärliche Zeit sein, die sehen, wie einer augenblicklich in ein höheres Reich entrückt wird, während der andere an seinem Platz zurückbleibt, nicht wissend, was hier gerade geschehen ist. Du kannst sehen, daß Konfusion die Regel in diesen Tagen ist. Keiner von uns hat ein auf diese Weise durchgeführtes Ereignis gesehen. Normalerweise ist der ganze Planet zu einem solchen Bewußtseinssprung bereit, denn in den anderen Reichen ist man nicht mit der durch die Gefallenen verursachten Spaltung konfrontiert. Dies war nur auf wenigen Planeten der Fall, und die Erde ist bei weitem das größte Projekt in dieser Hinsicht."*

Was für eine Art von Universum wäre hier um uns, gäbe es nicht Gesetze und universelle Prinzipien, die alles zusammenhielten? Alle Inkarnationen sind aneinandergekettet und bilden ein einziges fortdauerndes Leben. Die Belohnungen entsprechen den geleisteten Diensten. Wir können den Gesetzen Gottes nicht entrinnen oder sie umgehen oder darüber weggehen, es gibt kein freies Essen. Das Leben ist ein Do-it-yourself-Projekt, und was wir investieren, ist das, was wir erhalten. Es scheint eine allgemeine Übereinstimmung zu geben: "... geht dir was schief, so such' den Schuldigen!" Der alte Ballast, Gott zu tadeln, die Eltern, die Gesellschaft, die Umstände oder wen und was auch immer verantwortlich zu machen, muß abgeworfen werden. Wir befinden uns auf dem Fahrersitz und können nur das in Anspruch nehmen, dessen wir uns würdig erwiesen haben. Wir können uns nicht länger hinter den Heuchlern oder den Kirchen oder irgend etwas anderem verstecken. Wir müssen jetzt Kraft haben und die Verantwortung für unser Leben und für unsere Entscheidungen übernehmen. WAS WIR IN UNSEREM BEWUSSTSEIN TRAGEN, VERWIRKLICHT SICH IN UNSEREM LEBEN. Wie wir denken, so werden wir. Das Bewußtsein muß sich ändern, und es muß darauf vorbereitet werden, persönliche Verantwortung zu übernehmen und die Wahrheit anzuerkennen, daß Gott in allen Dingen ist. Seine Lektionen sind überall.

In der Woche, in der ich dieses Material vorbereitete, ereignete sich ein furchtbares Unglück. Ein Linienflugzeug krachte auf die Piste des Flughafens in Texas und brach in der Mitte auseinander. Unter den Augen der ungefähr achtzig Überlebenden kamen etwa dreißig Fahrgäste zu Tode. Ich bat die Herren des Lichts, etwas über die hier enthaltene spirituelle Lektion zu sagen. Sie antworteten:

> *"Die Seelen, die bei diesem Unfall starben, gaben ihr Leben als Warnung für die Augenzeugen und die Massen als Sinnbild dafür, sein Leben bei jedem Schritt in die Hände des Vaters zu legen. Diese Seelen bezeugen, daß in der irdischen Dimension für nichts garantiert werden kann, außer für die Gnade und Liebe des Vaters und Schöpfers. Jeder Atemzug ist ein Geschenk des Vaters. Gleichgültig, was der Grund für das Zerbersten des Flugzeugs gewesen sein mag, ist es die Wahrheit, daß diese Seelen, die auf diese Weise hinweggehoben wurden, ein warnendes Exempel für den Rest der Welt darstellen, daß der Vater bei jedem Schritt auf der Reise unseres Lebens mit einbezogen werden und jede Einzelheit Seiner liebenden Fürsorge anvertraut werden muß. Das ist die Lektion, die zu lernen ist, wenn es zu Tragödien kommt. Doch für die Seelen, die für dieses Werk ausersehen wurden, ist es keine Tragödie, sondern Verherrlichung des Himmlischen Vaters."*

Es war mir immer lästig, beim Herstellen von Gelee dastehen und fortwährend mit dem Löffel allen Schaum abheben zu müssen, der während des Kochens an die Oberfläche kam. Aber ich war auch sehr stolz auf das klare, farbenfrohe Resultat, als es in die sauberen, klaren Gläser gefüllt wurde. Unser Himmlischer Vater hat mit uns mehr Geduld, als ich sie mit meinem Gelee hatte. Er ist bereit, so lange auszuhalten, wie du willst, aber er will das Feuer erhalten, bis der Prozeß beendet ist. Doch macht er keinen Gelee, sondern pures Gold! Geläutertes Gold ist reines Gold, es enthält keine anderen Elemente mehr. Der Vater entfernt die Schlacken, die an die Oberfläche kommen, bis das Gold Sein Bild wiederspiegelt. Dann ist der Prozeß beendet. Er wird in unserem Leben eine gewisse innere Haltung, manchen Zug von Lieblosigkeit, manche negative Verwurzelung von Bitternis, manchen Mangel an Beziehung zu ihm zum Vorschein bringen, bis schließlich diese Schlacken zur Transmutation gebracht werden. Dann erkennen wir, was es ist, und wir suchen seine Hilfe. Während so verschiedene Aspekte unseres inneren Wesens fortwährend an die Oberfläche gebracht werden, die wir auch als die unsrigen erkennen, werden sie von Seiner Liebe ausgeräumt. Freue dich darüber, wenn deine bösen oder weniger bewundernswerten Züge zum Zweck der Umwandlung nach oben kommen, du wirst eine ganze Menge unnützen Ballastes los. Schaue nicht zuviel auf dich und analysiere dich selbst nicht zu sehr, sondern blicke auf unseren Gott, der ein verzehrendes Feuer ist. Die Elohim sagen:

> *"Wir, die Elohim, befassen uns mit dem individuellen Fortschritt ebenso wie mit dem Fortschritt des gesamten Universums. Keine Form der Schöpfung bleibt ohne die Hilfe von seiten der interdimensionalen Reiche. Allzu lange wart ihr von der Wahrheit getrennt. Nun ist es Zeit, eure Anwesenheit innerhalb der universellen Ordnung wieder herzustellen. Ihr seid Wesen aus Licht, die in der physischen Dimension Gestalt angenommen haben, um das zu erfahren, was in der universellen Ordnung notwendig ist. Ihr habt diese Erfahrung auf dem Planeten Erde gewählt, um die Möglichkeit zu haben, im Lichte zu wachsen. Für Stagnation ist kein Platz und auch nicht für Rückentwicklung, wenn Geist, Leib und Seele zu alten Gedankenmustern zurückkehren. Das ist der Grund für den Stand der Dinge auf diesem Planeten zu dieser Zeit. Der Mensch ist nicht länger in der Lage, vom universellen Bewußtsein geführt und gelenkt zu werden, sondern er ist verwurzelt in den alten Gedankenmustern, die er in der Vergangenheit benutzt hatte, um die Lektion dieses Standes des Wachstums zu lernen. Nachdem es der Mensch versäumt hat, diese Lektion neu zu begreifen, ist er fortwährend damit befaßt, sich an ähnlichen Umständen neu zu orientieren, um weiter voranzukommen. Wenn der Mensch die Lektion einmal begriffen hat, daß er für sein Wachstum selbst verantwortlich ist, kann er frei werden." (Obid - Kanal)*

## Das Verhaltenssyndrom

Vor langer Zeit lernte ich, daß es in dieser Welt viele Dinge gibt, die sehr wenig bedeuten, und daß die meisten überhaupt nichts bedeuten. Als ich noch ein Kind war und die vierte Klasse besuchte, waren einmal meine Schuhe so zerschlissen, daß meine Mutter nicht einmal mehr Pappe einlegen konnte, wo in den Sohlen Löcher waren. Da kein Geld für neue Schuhe vorhanden war, bestimmte meine Mutter, daß ich mit ihren Schuhen zur Schule zu gehen hätte. Gehorsam zog ich dieses vermaledeite Schuhwerk an und verließ türeknallend das Haus. Doch dann stieg ich sofort aufs Dach und blieb dort den ganzen Tag über, bis ich sehen konnte, daß in der einige Häuserblocks entfernten Schule die Flagge niedergeholt wurde. Zur rechten Zeit trat ich dann durch die Tür wieder ins Haus, sehr zufrieden mit meiner List, so hungrig und durstig, wie ich nur sein konnte. Kein Opfer war für meinen Stolz zu groß, daß ich nur nicht mit diesen Schuhen gesehen würde. Doch ich war ja nur ein Kind.

Viele Jahrzehnte später war ich damit beschäftigt, das Deming-Farmhaus zu streichen, als mir plötzlich einfiel, daß ich dringend zur Post in die Stadt mußte. Rasch zog ich etwas Hübsches über und raste, eine Staubwolke hinter mir lassend, in die Stadt. Als ich in das Postamt hineinrannte und mich hinten an der langen Menschenschlange anstellte, fiel mein Blick auf meine Füße. Ich hatte meine alten Schlappschuhe an, die überreichlich mit Farbtropfen verziert waren, was nun gar nicht zu meiner sonstigen hübschen Kleidung paßte. Aber nun war ich erwachsen. Mein Schuhwerk kümmerte mich nicht, ebensowenig die Menschen, die am Schalter Schlange standen. Der Grund war natürlich: Ich wußte, zu Hause hatte ich ja zwei Paar sehr hübscher Schuhe, und diese da stellten keineswegs alles dar, was ich besaß. ICH WUSSTE, ICH HATTE ETWAS BESSERES, WENN ICH NACH HAUSE KAM. War es nicht oft im Leben so, wenn du enttäuscht oder schlecht behandelt, zum Weinen gebracht, fälschlich beschuldigt, auf gröbliche Weise falsch beurteilt wurdest oder dir etwas genommen wurde? War es nicht so, daß du die Ruhe und den Frieden deiner Seele bewahren konntest, weil du wußtest, daß der Vater, wenn du eines Tags heimkamst, etwas viel Schöneres für dich bereit haben würde? WENN ES DIR ALLMÄHLICH BEWUSST WIRD, DASS DIESES LEBEN NICHT ALLES IST, WAS ES GIBT, DASS ES DAHINTER ETWAS VIEL BESSERES GIBT UND DU GEDULDIG DARAUF WARTEN KANNST, dann findest du den Frieden, der über jedes Begreifen hinausgeht.

Es ist leicht, eine schwierige Situation zu ändern. Du änderst dich selbst, indem du deine Einstellung zu der Situation veränderst. Es wurde einmal gesagt, daß nichts wichtiger ist als die Einstellung, die wir gegenüber dem haben, was uns passiert. Und unsere Lebenshaltung ist das Testgelände des Vaters! Jedermann ist innerlich wirklich gut. Es ist nicht die Person selbst, die uns lästig werden kann, sondern nur deren Verhalten. Die Person können wir lieben.

Meine Kinder hatten in einem Puppenbettchen eine Puppe, aus der ich eine wichtige Lehre zog. Sie hatte ein liebliches Lächeln in ihrem fröhlichen Gesicht. Ihre Unterseite war abgerundet und beschwert, so daß man sie hinlegen und herumwerfen konnte, wie man wollte, immer richtete sie sich wieder auf und zeigte einem ihr lustiges Gesicht, als warte sie auf eine neue Runde. Als ich sie so anschaute, kam mir der Gedanke: "Wenn mich irgendwann das Leben auch so herumwirft, so weiß ich doch, woher ich komme, warum ich hier bin und wohin ich gehe. Und ich weiß, eines Tages werde ich heimkehren und etwas Besseres vorfinden." Einst nannte man das die "gesegnete Sicherheit", jetzt heißt es "absolutes Bewußtsein". Was bedeutet ein Name, es ist die Einstellung die zählt.

Laß uns einmal annehmen, lieber Leser, du gingest eines Morgens an den Briefkasten und entdecktest unter deiner Post einen Scheck über eine Million Dollar. Dein Blutdruck würde steigen, dein Herz würde klopfen wie ein Motorboot, du würdest im Gesicht rot anlaufen, deine Augen würden funkeln. Du würdest schreien, den Scheck in der Luft hin und her schwenken, immer wieder in die Höhe springen, kurz, in einen Sturm der Begeisterung geraten, du wärst außer dir. Aber nichts von alledem würde dich zum Millionär machen. In Wirklichkeit könntest du dasitzen wie ein lebloser Klotz, sprachlos und wie betäubt, mit einem ausdruckslosen Gesicht. Denn der Scheck in deiner Hand ist es, der dich zum Millionär macht. NICHT DEINE GEFÜHLE, NICHT DEINE HÖHEN, NICHT DEINE TIEFEN, NICHT DEINE ÄUSSERE BEGEISTERUNG, NICHT DER ATEM DEINER LUNGEN. Der Scheck ist es, der deinen Status bestimmt. So siehst du, solange du den Scheck in deiner Hand hältst, der vom Himmlischen Vater unterschrieben und auf deinen Namen ausgestellt ist, hast du den Beweis, der dich zu Seinem Kind macht. Spirituelle Erfahrungen sind segensreich. Jesus analysierte das Königreich Gottes als bestehend zu zwei Dritteln aus Emotion, Rechtschaffenheit, Friede und Freude. RECHTSCHAFFENHEIT heißt rechtes Denken, rechtes Verhalten, rechte Wahl, rechte Entscheidungen.

Rechtschaffenheit ist ein Seinszustand, kein Gefühl. Doch erzeugt Rechtschaffenheit Freude und Friede, und das sind Emotionen. Gefühle können wechseln wie der Mond, aber die Anwesenheit Gottes in uns ist unfehlbar. Gott ist in mir!

Ihr sucht die Früchte der Wahrheit. Ich will euch keine Steine geben. Ich gebe euch die Wahrheit. Ihr seid Söhne und Töchter des Allerhöchsten. Ihr seid Könige und Priester der himmlischen Heerscharen des Herrn. Ihr seid Mitglieder einer aristokratischen Familie. Ihr seid von weither aus anderen Welten gekommen. Ihr seid gekommen, vorbereitet, um zu kämpfen. Ihr seid gekommen, um euer körperliches Leben abzulegen, wenn es notwendig ist. ERINNERT EUCH, WER IHR SEID. GEHT UNBESIEGT EUREN WEG ALS DIE ENGEL GOTTES, DIE IHR SEID. Erweckt den schlafenden Riesen in eurem Innern ...

*"Du selbst mußt wahr sein,*
*wenn du die Wahrheit lehren willst.*
*Dein Herz muß überlaufen,*
*wenn du eine andere Seele erreichen willst."*

Wir erreichen andere durch unser eigenes Überfließen. Ein paar Tropfen vom Überfluß meiner Seele macht mich nicht ärmer, wenn mein Herz bis zum Überlaufen voll ist. Ich möchte dir hier nun etwas sehr Wichtiges sagen. Bitte folge mir. Es ist wunderbar, unbeschreiblich, wenn du ein Leben lang in spiritueller Einöde gelebt hast, nach Liebe, Weisheit und Verständnis dürstend, plötzlich Gott in dir selbst zu finden, deinen kleinen Fingerhut überlaufen zu sehen. Es ist wirklich etwas Wunderbares.

Du möchtest losrennen, eine Gruppe gründen, auf Vortragsreise gehen, doch Gott öffnet dir keine dieser Türen. Du verzweifelst fast an deinem Eifer. Es geht dir wie dem Kind in seiner Wiege, das schreit: "Hallo ihr alle, ich lebe!" Doch die Welt geht vorbei, wartet, bis es größer wird. Oder es geht dir wie dem jungen Mann, der in einem Anflug von Inspiration und Erkenntnis ausruft: "Ich werde Neurochirurg!" Aber er hat noch einen langen Weg zu gehen, bis er das Skalpell in seiner warmen Hand halten wird. Doch Gott übersieht nicht, daß dein Fingerhut voll ist. Denn Er weiß, daß in deiner Zukunft "... ein Fluß sein wird, der das Volk Gottes erfrischt", und daß du ihm aus deinem Überfluß zu trinken geben kannst. GOTTESBEWUSSTSEIN IST DIESER MÄCHTIGE FLUSS.

Ihr Freiwilligen, fürchtet euch nicht davor, den Vater vorangehen zu lassen. Die Türen werden sich von selbst öffnen, wohin euch die Füße tragen. Um der Welt etwas geben zu können, müßt ihr es zuerst selbst um ein Vielfaches besitzen, sollen es nicht die Winde der Gefallenen zur Seite blasen. Ein Leuchtturm braucht ein breites und festes Fundament, um den brausenden Wellen standhalten zu können. Versucht nicht, freigebig zu sein, ohne daß ihr selbst über reichliche Vorräte verfügt!

## Der Strom der Wahrheit

Sowohl von den Älteren wie auch von den Außerirdischen wurde ich angewiesen, das Problem der Teilung innerhalb der Familie Gottes auf dem Planeten zur Sprache zu bringen. Mit der Hilfe, die sie mir zugesagt haben, werde ich es tun. Vielleicht wollt ihr wissen: "Welche Familie?" Jede Familie! "Welche Kirche?" Jede Kirche! "Welche Bewegung?" Jede Bewegung!

Ich will euch darlegen, warum wir Teilungen haben. Ich hoffe, den Strom der Wahrheit einfach und verständlich darzulegen. Ich möchte auf die Gefahr der Kristallisation hinweisen. Ich hoffe, ihr werdet verstehen, auf welchem Punkt der stets fortschreitenden Enthüllungen wir uns befinden.

Es gab eine Zeit, zu der empfohlen wurde, sich vor dem Schöpfer zu demütigen, im Staub zu kriechen und sich Asche aufs Haupt zu streuen. Die Jetztzeit ist anders. Jetzt ist es nötig, daß wir d e n k e n !

Viele Tatsachen, die bisher hinter dem Schleier des Mystizismus und der Mythologie verborgen waren, können heutzutage durch die moderne Technik erklärt werden. Wir müssen unser Bewußtsein öffnen und unser Wahmehmungsvermögen gebrauchen. Das Wahrnehmungsvermögen zu gebrauchen heißt zu begreifen, wieviel es für uns noch zu erkennen gibt. Die Zeiten dogmatischer Bigotterie sind vorbei. Eine peinlich genaue Position zu erreichen und von dem Moment an lautstark zu verkünden, alle Offenbarung habe nun aufgehört, bedeutet, daß der Blinde den anderen Blinden täuscht. Keiner hat alles, was es gibt! Was man hat, ist ein Teil der Erkenntnis, wieviel noch zu entdekken, zu lernen und zu erfahren ist. In dem Augenblick, wo die Tinte eines niedergeschriebenen Glaubensbekenntnisses trocknet, ist dieses schon wieder ein Anachronismus. Wir bewegen uns auf einer immer länger werdenden Leiter des Wahrnehmens, der Bewußtwerdung, wobei immer etwas hinter uns und immer etwas vor uns ist. Was immer wir wußten, bevor wir hierher kamen, liegt hinter dem Schleier, mit dem wir umhüllt wurden, und noch einmal muß alles durch unser menschliches Bewußtsein hindurchgezogen werden. Das erfordert Gehorsam, Ausdauer, Standhaftigkeit, Demut. Bei jedem Schritt auf dem Weg, unser Bewußtsein zu erweitern, steht der Hüter der Schwelle da, bereit, dir auf den Rücken zu klopfen und zu sagen: "Schau, was du jetzt weißt. Du solltest jetzt innehalten und stehenbleiben."

Wir sind spirituelle Wesen, die durch die physische Erfahrung gehen, um daran innerlich zu wachsen. Genau wie du verschlang ich, als ich zu höherem Verstehen bereit war, alle Bücher und probierte dieses und jenes System aus und bemerkte dabei, daß aller Eifer, die enormen aufgewandten Energien, die Bücher mit einander widersprechendem Material nur dazu beitrugen, meine Verwirrung zu steigern. Da kam mir die Meisterin Athene mit dieser praktischen Botschaft über die "Progressivität der Enthüllungen" zu Hilfe.

> *"Es ist notwendig, daß wir es dem Schüler erlauben, sein Bewußtsein zu erweitern anhand dessen, was vorgesehen und dem Massenbewußtsein dargeboten ist. Das erlaubt uns, eine Basis für das zu errichten, was in der Gewährung der Wahrheit gegeben wurde. Das ist die progressive Freigabe von Licht.*
>
> *Wenn ein mächtiger Kanal für das Licht gefunden ist, und es gibt jemanden, in den die Hierarchie Vertrauen hat, dann ist viel Bedachtsamkeit und Vernunft nötig, um ihn von den veralteten religiösen Vorstellungen abzubringen, die sich in ihm aufgebaut haben. Je nach dem Lebensalter und der Dauer des Bestehens seiner Auffassungen ist dies bisweilen sehr schwierig. Es kann zu diesem Zweck ein neuer Lebensstrom notwendig werden.*
>
> *Die neueren Enthüllungen, oder sagen wir, die Darlegungen alten Wissens stellen in den meisten Fällen eine reinere Form dar, denn sie haben sich noch nicht in einen gegebenen status quo kristallisiert oder verhärtet. Aber wo neue Einsichten offenbart werden, können sie in der Regel nicht in die existierenden Kristallisationen eindringen. Infolgedessen müssen neue Wege gegangen und neue Systeme der Darbietung gefunden werden, denn der Augenblick der Zeitenwende nähert sich.*

*Wenn Wahrheit auf diese Weise offenbart wird, erzeugt sie stets eine Überfülle an Leben und Wachstum. Ihr fühlt in der Tat den Geist. Aus diesem Grund ist es schließlich besser, bei eurer Sache nach oben und nicht nach hinten zu blicken. Erinnert euch an die Worte des Großen Meisters: 'Ihr könnt nicht neuen Wein in alte Schläuche gießen.' Sicher muß man wissen, was sich in der Philosophie bisher abgespielt hat, aber während man liest, muß man stets die Ohren nach dem Himmel richten.*

*Nimm nicht übereilt die abgeschlossenen Schlußfolgerungen anderer verschlossener Seelen an. Die Seelen können so viel finden, sich daran erfreuen, das neue Licht an ihr Herz drücken und dann die Tür schließen. Doch die Arbeit, die sie vollbringen, wird für die Seelen wichtig, die ihren Bewußtseinszustand noch nicht erreicht haben. Feindseligkeit kommt auf, wenn einer, der eine tiefere Einsicht besitzt, versucht, diese Aspiranten höherzuführen. Es gibt keine Ausnahmen von dieser Regel, denn die Wahrheit schreitet weiter und wartet auf niemanden. Die progressive Freigabe des Lichts ist angeordnet, individuell und kosmisch.*

*Du hast Hereinwandernde und Freiwillige in deinem Kreise. Diese vielen, die nun kommen, werden Instrumente zum Heben der planetaren Schwingungen auf eine Ebene sein, von der man in der gegenwärtigen okkulten Gemeinschaft nicht einmal zu träumen wagte. Aber du hast auch die, die noch in den alten Gedankenformen verwurzelt sind und sich geweigert haben, mit den Plänen der Hierarchie schrittzuhalten. Was können wir über diese sagen?*

*<u>Erstens:</u> Ihre Nützlichkeit hat ihre Grenze erreicht. In vielen Fällen ist die Offenbarung nun dabei, die alten progressiven Stufen zu erreichen und den Aspiranten direkt an die Schwelle der Einweihung zu versetzen.*

*<u>Zweitens:</u> Sie haben die Gelegenheit verwirkt, an der Ernte neuer Seelen teilzuhaben, die nun eintreten. Ihre Früchte beginnen, am Weinstock zu verdorren.*

*<u>Drittens:</u> Entartung und ein allmählicher Tod werden allmählich diese älteren Kristallisationen ausmerzen und der reinen, in über-*

*reichem Maß anwachsenden Macht und Vitalität der neuen Kräfte Platz machen. So ist es, wie der große Meister gesprochen hat: 'Laßt beides Seite an Seite stehen, bis zur Ernte!'*

*Suche und studiere von allem das Beste, das es gibt, aber lasse dich nicht von ihren Kristallisationsmustern beeinflussen. Wisse, daß sich in allem ein bißchen Sauerteig befindet, daß aber das Beste noch kommen wird. Ich bin Athene, deine Aufgestiegene Schwester."*

## Des Menschen Antwort auf die Offenbarung

Es wurde einmal gesagt, daß der Aberglaube von gestern die Wissenschaft von heute ist, das Sprichwort der Zukunft, absorbiert in das akzeptierte mentale Leben. Eine eigenmächtige Verweigerung neuen Lichts scheint ebenso abergläubisch zu sein wie dessen blinde Annahme. In der Geschichte jeglichen Fortschritts stößt das Licht stets auf starke anfängliche Opposition.

Die Seelen erleben die spirituelle Erweckung gewöhnlich jede für sich, nicht in ihrer gewohnten Umgebung, nicht in ihren Familien. So kann die Wahrheit in jeder Situation die Ursache zur Trennung werden, indem sie " ... zum Feind des Menschen die Mitglieder seines eigenen Haushalts macht" oder seine Kirche oder seine Zeitgenossen. Der Mensch reagiert auf die spirituelle Belebung auf vier verschiedenen Ebenen. Deshalb hatte die Menschheit in allen Zeitaltern diese vier Wege der Annäherung, die alle aufwärts führen, einer in den anderen. Der Weg ist sehr lang, lang genug, um jede Seele zu erfassen, denn jeder befindet sich an irgend einem Punkt des Weges. Sobald jemand den inneren Glanz des Christuslichtes im eigenen Inneren erfährt, spürt er auch die Offenbarung von Christus in allen anderen, in jedem Auge, hinter jedem Antlitz. Obwohl sie das selbst nicht wissen, sieht der Erleuchtete sie ebenfalls als Erleuchtete, selbst wenn diese glauben, sie seien verloren. Für jede Seele, die im Universum des Lichtes lebt, wo Licht und Leben schafft und erhält, ist Licht überall gegenwärtig.

*(Auf der folgenden Seite befindet sich ein ausführliches Diagramm von Tatsachen, die die vier Antworten der Menschheit auf spirituelle Offenbarung beschreiben. Es empfiehlt sich, diesen Punkt langsam und sorgfältig zu studieren und die unterschiedlichen Erklärungen, die unter jeder Rubrik aufgeführt sind, in sich aufzunehmen.)*

## DES MENSCHEN REAKTION AUF DIE OFFENBARUNG

| | PHYSISCH | EMOTIONAL | MENTAL | SPIRITUELL |
|---|---|---|---|---|
| **BRENNPUNKT** | Physische Werke der Verehrung: KIRCHENBAULICHE TÄTIGKEITEN Mitgliedschaft Kirchlichkeit | Religiöse emotionelle Handlungen: GEFÜHLE Sensationslust Schuldbewußtsein Gefühl, Prügelknabe zu sein, Tränen, Schreien, Rückfällig werden | Mentale Erregung: REFLEKTION VERNUNFT UND SCHLUSSFOLGE-RUNGEN Aufrichtig Studierender, PHILOSOPHIE der Religion Telepathische Kontakte | Innere Suche: DAS INNERE SEIN (Das ICH-BIN-KONZEPT) Der schmale Weg, wo nur wenige zu finden sind |
| **INSPIRATION** | MENSCHENFÜHRER (Evangelist – Prediger, Lehrer – Eltern usw.) Bibelforscher Wortgründer GOTT ALS UNPER-SÖNLICH, NICHT ERKENNBAR auf dem Thron | AUFGESTIEGENER FÜHRER (JESUS-BUDDHA-Abraham) Worte des Meisters GOTT ALS PERSÖN-LICHER VATER als gesondertes Wesen | PHILOSOPHEN GROSSE DENKER Literatur von mentalem und okkultem Wert UNIVERSELLES BEWUSSTSEIN GOTT ALS SCHÖPFER | Der innere Strom der Wahrheit (der sich selbst erhaltende Strom) EINSSEIN MIT GOTT ALS UNIVERSELLER LIEBE DER GOTT IM INNERN |
| **AUSDRUCK** | Handlungen auf physischer Ebene Kirchenbesuch Spenden Soziale Angelegenheiten Aberglaube Sektentum GOTTESFURCHT | Konfessionell Zeuge Bezeugende Liturgie Sakrament Eindrücke der Heiligung GOTTESLIEBE | MEDITATION Hohes, rechtschaffenes Denken GÖTTLICHE WISSENSCHAFT GOTT REALISIEREN | Spirituelles Wissen Spirituelle Meisterschaft Ausgleich des Karmas GOTT SEIN |
| **ZIEL** | Bewunderung des Menschen Gottes Geschäft – menschliche Kontakte (Kaufleute – Politiker) „In den Himmel gehen, wenn ich sterbe“ | Gekreuzigt mit Christus Beispiel der Wahrheit Tötung des Ich Von außerhalb des Selbst erfüllter Geist Friede und Freude „Himmel jetzt“ | DIE WAHRHEIT VERSTEHEN Spirituelle Motivation Spirituelle Auferstehung | SPIRITUELLER AUFSTIEG Ohne das Erfordernis weiterer Verkörperungen |

So gewiß, wie du einen schmalen Waldweg erblicken kannst, der sich immer weiter und weiter verbreitert, bis er zu einer sechsspurigen Autobahn wird, so gewiß kannst du durch diese Darstellung die stets fortschreitende Ausdehnung der menschlichen Reaktion auf Gott seit dem frühesten Mittelalter erkennen. Man denkt an die blutigen religiösen Kreuzzüge, die gemeinsame Herrschaft von Kirche und Monarchie, die krankhaften von Bigotterie bestimmten Horden, die kirchliche Inquisition, die die Menschheit zu durchschreiten hatte. Doch trotz all dem erhebt sich durch die ganze überlieferte Geschichte der Gipfel des Berges inmitten derer, die ein heiliges Leben geführt haben, als Beweis dafür, daß es zu gleicher Zeit parallele Wege gibt. Und so ist es auch heute.

Die großen Weltreligionen mögen alle ihren Platz irgendwo in diesem Diagramm haben. Du wirst die Kirche deiner Kindheit finden, den Fortschritt deiner Entfaltung, die Mission dieser Stunde. Könntest du tiefer hinabtauchen in die seelischen Hintergründe deiner religiösen Auffassungen im Leben vor diesem Leben und noch weiter zurück bis ins Unendliche, du würdest feststellen, daß deine Seele diesen Linien gefolgt ist, so wie sich deine Erleuchtung auf deinem sich stets fortsetzenden Weg entfaltet hat. Zu Beginn dieses Lebens nimmst du den goldenen Faden da auf, wo du ihn bei deiner Transition niedergelegt hast, und du siehst dich der Verantwortung gegenüber, weiterzugehen, zu wachsen, in dieser Verkörperung von Initiation zu Initiation voranzuschreiten.

So, wie du den Fortschritt des menschlichen Reagierens studierst, so kannst du auch deutlich sehen, daß sich alle Menschen irgendwo auf dem Pfad befinden. Deshalb gibt es auch keinen gültigen Grund, das spirituelle Konzept oder Verständnis einer anderen Seele zu verachten oder lieblos zu beurteilen. Auch besteht kein Grund dazu, auf sich selber stolz zu sein, denn alle müssen durch die gleiche Schule gehen und die gleichen Lektionen der irdischen Verkörperungen lernen, die zu unserem Wachstum und zu unserem geistigen Fortschritt führen.

Wir sind in diesem Augenblick die Gesamtsumme all dessen, was wir früher einmal waren, was wir jemals geglaubt und erfahren haben. Das zeigt, wo wir sind; und was so oft zu beobachten ist: " ... wir offenbaren uns, wenn wir den Mund auftun."

Es gibt deshalb keine Integrität, keine Rechtfertigung, kein Ziel bei der Teilnahme, der Unterstützung oder Bekehrung irgendeines Energiebrennpunktes, was die Trennung eines Körpers eines anderen Sohnes oder einer anderen Tochter Gottes rechtfertigt. Wenn diese große Lektion von der Menschheit angenommen und die Liebe freigelassen wird, um die Atmosphäre dieses planetaren Körpers zu durchdringen, dann wird unsere Welt den Aufstieg zu ihrer Bestimmung erfahren. Das Einssein aller Schöpfung ist die wesentliche Botschaft, die von der gesamten Spirituellen Hierarchie und von den Außerirdischen aus anderen Welten gelehrt wird. Wo es auf dem Planeten die völlige Hingabe an das Licht gibt ("Dein Reich komme"), werden die donnernden weißen Wasser der Universellen Liebe der Himmlischen Heerscharen gegen die Felsen vergangener Irrtümer branden. Das Selbst wird entthront, weggestoßen und weggeschwemmt durch eine ungestüme Reinigungsflut, die all dies hinter sich läßt. DER MÄCHTIGE STROM DES FREIGELASSENEN 'ICH BIN, DER ICH BIN', DER GOTT IM INNERN, der verborgene Glanz, wäscht alle alten Gedankenschlacken hinweg, die die Söhne und Töchter Gottes voneinander trennen.

Der Allmächtige verbarg Sich selbst am letzten Ort, an dem der Mensch Ihn sucht, nämlich innerhalb dessen eigenen Seins. Doch wenn der Mensch den mächtigen Gott in sich selbst findet, dann kann er seine Göttlichkeit als König und Priester von Gott beanspruchen. Paß' auf, daß du dich nicht davon hinreißen läßt oder dich zu sehr in die Brust wirfst, wenn jemand dir sagt, du warst einst ein König oder ein Priester; was soll's! Du mußt wissen, was du bist und wo du gerade stehst. Und du solltest keinen Vergleich ziehen zwischen dem, was du jetzt bist, und dem, was du vor zehn Jahren, vor zehn Monaten, vor zehn Wochen warst. Das Licht bewegt sich so rasch. Auf der Bühne muß der runde Scheinwerferstrahl genau dem Künstler folgen, der sich auf der Bühne von einer Stelle zur anderen bewegt, aber in unserer spirituellen Welt ist es genau umgekehrt. Wir müssen fortwährend mit dem Licht, während es sich auf unserem Weg vorwärtsbewegt, Schritt halten, damit wir nicht durch unsere Lethargie, die Bestrebungen unseres niederen Selbst oder irgendwelchen anderen Ablenkungen in unserem spirituellen Eifer nachlassen.

## Wir sind eins

Der Große Meister lehrte uns, daß wir die Reben seien und Er der Weinstock und daß die Reben von sich aus keine Früchte trügen, wenn sie nicht am Weinstock blieben. Um eine tiefe Wahrheit zu vereinfachen, können wir uns vorstellen, daß es so ist, als würde das Höchste Wesen sagen: "Ich muß an diesen Ort hinabgehen, bevor er zunichte wird." Und so kam es, daß der Höchste Schöpfer absichtlich sich selbst in Milliarden kleiner Tropfen des Seins teilte wie Milliarden von Regentropfen, die aus einer gewaltigen Wolke herabströmen. Die Milliarden von Wesens-Tropfen kamen in diesen Raum, um ihn zu reinigen, und er wird gereinigt werden!

Vor einiger Zeit fiel mir ein Thermometer zu Boden. Die dünne Glasröhre zersprang, und das darin enthaltene Quecksilber zerteilte sich in eine große Anzahl kleinster Tröpfchen, die unabhänging voneinander auf dem Fußboden auseinanderrollten. Ich folgte ihnen und fing an, sie einzeln wieder miteinander in Verbindung zu bringen. Durch ihren inhärenten Magnetismus fanden sie einander leicht wieder. Als sie sich, schließlich auch mit meiner Hilfe, alle wiedergefunden hatten, verschmolzen sie leicht wieder zu einem einzigen Tropfen. Unsere Persönlichkeit ist individualisiert, polarisiert und auf wunderbare Weise einzigartig. UNSER ICH, DAS CHRISTUSWESEN, BESITZT KEINE ENTZWEIUNG, ALLES IST HARMONIE. Denn dies in dir ist die Göttliche Natur - ist das Wirkliche Du. Es ist schöpferisch unmöglich, Uneinigkeit zu erzeugen, wenn man vom eigenen Innern aus tätig ist.

> *Um Disharmonie zu erzeugen, die Trennung hervorbringt, müssen wir nach außen, an die Peripherie gehen und von der äußeren Ebene des Selbst und der menschlichen Persönlichkeit aus arbeiten. Um sie aufzulösen, müssen wir in jeder Lage nach innen gehen und von der Ebene der Christus-Gegenwart aus tätig sein. Von hier aus ist ein Versagen unmöglich, denn der Gott im Innern ist völlige Harmonie.*

## Der Stein der Intoleranz

Wo immer auf dem Weg sie uns begegnen mag, die Intoleranz der Kinder Gottes untereinander stammt aus der Härte der "Herzen aus Stein". In der Prophezeiung des Ezechiel (36, 26) ist das Versprechen gegeben:

*"Dann werde ich reines Wasser als Wahrheit auf euch gießen, und ihr werdet rein sein. Auch ein neues Herz werde ich euch geben, und einen neuen Geist als Gottesbewußtsein werde ich in euch legen; und ich werde das steinerne intolerante, stolze Herz wegnehmen."*

Dieser Stein ist nicht nur Intoleranz, er ist der verschlossene Sinn.

Im 29. Kapitel der Genesis findet sich eine symbolische Passage in der Schrift, die mich immer tief bewegt hat. Die Szene spielt an Harans Brunnen, wo die Schafhirten ihre Tiere zum Tränken führten. Doch ein riesiger Stein versperrte die Öffnung des Brunnens, und die Herde wartete, bis alle Schafe zusammen waren. Dann stießen sie mit vereinter Kraft gegen den Stein, er rollte zur Seite, und die Schafe hatten zu trinken. Dieser Stein war das Hindernis. Jakob kam schlendernd des Wegs, um Rachel, seine Verlobte, zu finden. Da er merkte, daß die Herde versammelt war, sagte er zu Labans Männern, sie sollten die Schafe tränken. Sie antworteten: "Wir können es nicht, bis nicht die ganze Herde beisammen ist (Einigkeit). Und sie rollten den Stein (Intoleranz) hinweg."

*Deshalb bedurfte es der Zusammenarbeit aller gegenüber dem Stein, dem Hindernis, um Zugang zum Wasser, der Wahrheit, zu schaffen. Aber zu dem Zeitpunkt, als der Bräutigam (Jakob) zu seiner Braut (Rachel) kam, rollte er den Stein hinweg, und die Herde konnte getränkt werden.*

Wir können die Herde Gottes nicht tränken, da der Stein der Intoleranz im Weg ist!

Dieser Stein repräsentiert auch die Kristallisation oder die Versteinerung, wie es meine eigenen Lehrer beschreiben, auf einem Punkt des Weges. Wenn an irgendeinem Punkt innerhalb einer Gruppen-Dynamik dieser Zustand eintritt, kann kein neues Wasser, keine Wahrheit, ins Volk Gottes hineinfließen.

Wir können den Stein nicht allein wegrollen. Nur das Christusbewußtsein vermag dies. Der mit der Braut vereinigte Bräutigam vermag es. Die Öffnung des Gottesbewußtseins bringt allen Kindern Gottes Einssein, Ganzheit, Einigkeit. Diese Erfahrung ist der Große Kombinierte Anstoß von uns allen, der die Geburtswehen des Neuen Zeitalters voranbringt. WIR SIND EINS. UND SO MÜSSEN WIR AUCH HANDELN. WIR MÜSSEN UNS MIT UNSERER

STÄRKE RÜSTEN ALS EINE ARMEE VON ERLEUCHTETEN WESEN.

*"Und ich, Johannes, sah die Heilige Stadt, das Neue Jerusalem, vom Himmel herniederkommend, geschmückt wie eine Braut für ihren Bräutigam. Und ich hörte eine laute Stimme vom Himmel, die sagte, SIEHE, DER TABERNAKEL GOTTES IST BEI DEN MENSCHEN, UND ER WIRD BEI IHNEN WOHNEN, UND SIE WERDEN SEIN VOLK SEIN, UND GOTT SELBST WIRD MIT IHNEN UND IHR GOTT SEIN."*

*"Und Gott wird hinwegwischen alle Tränen aus ihren Augen, und es wird kein Tod mehr sein, kein Leid, kein Weinen, noch soll es Schmerz geben, denn die früheren Dinge sind vergangen, und ich werde umsonst dem Durstigen von den Wassern des Lebens geben." (Off. 21, 1 - 6)*

Und schließlich:

*"Und der Geist und die Braut sagen: Komm! Und laß ihn, daß er sagen höre: Komm! Und laß ihn, der dürstet, kommen. Und wer immer will, laß ihn umsonst von den Wassern des Lebens, der Wahrheit, trinken."*

Geliebte, herrliche, liebende, betroffene, beladene Hirten der Herde Gottes, eingeweihte, aufrichtige, demütige Lehrer der Herde Gottes, der Geist sagt: "Laßt sie trinken von dem Wasser!" Geht mit euren Köpfen aus dem Weg, laßt Liebe in eure Herzen einkehren, und laßt die Suchenden ihre Wahrheit finden, auch wenn es über eure Möglichkeiten geht. Ja, man braucht euch da, wo ihr seid, und da bleibt ihr, bis ihr entlassen werdet; doch die, die zu tieferen Wassern weiterziehen müssen, sollt ihr segnen und weiterziehen lassen, und ihr zeigt darin eure eigene Meisterschaft. Denn der Gute Hirte führt seine Schafe zu den Stillen Wassern.

## Der Gott im Inneren

In der Ekstase Deiner Gegenwart
Gibt es nichts als LIEBE.
Ob ich aufblicke,
Ob ich die Augen senke,
Ob ich mich nach rechts wende,
Oder ob ich nach links blicke,
Da ist nichts als LIEBE.

Ich bin gefangen in einem Meer göttlicher LIEBE.
Wie der kleinste Fisch, der dahingleitet
In den Tiefen des Ozeans,
So bin ich von Seiner LIEBE umfangen.

Ich weiß, daß nichts mich berühren kann,
Was LIEBE nicht gestattet hat.
Da ist kein Schmerz so groß,
Daß LIEBE ihn nicht ertragen kann.
Es gibt kein heißes Feuer,
Wenn LIEBE nicht die Flamme nährt.

Ich bin nur Du.
Ich kümmere mich um nichts,
Um keinen Erfolg, um keine Vollendung,
Um keinen Ruhm, um keine Selbstverherrlichung,
Denn Du umfängst mich.

Wenn Seelen sich mir zuwenden,
Ist es nur, weil sie Dich sehen.
Du bist der Magnet,
Der sie zu Dir zieht.
So sei ihr Herr und Gott.
Alle Dinge sind Dein,
Und ich bin Dein, und Du bist mein.

Ich kann niemals anders sein,
Denn mein Wesen ruht in Deiner Obhut.
Du in mir bleibst unbesiegbar,

Unüberwindbar, grenzenlos und siegreich.
Unverlierbar, ohne Fehl und Irrtum.

Dies ist die Kraft allen Lebens,
Allen Bewußtseins, aller Energie und aller Schöpfung.
Und so laß es sein.
Ich bin verloren in der Segnung meines Friedens mit Dir,
Es gibt nichts als Dich,
DEN GOTT IN MEINEM INNERN.

Tuella

# DES LEBENS HÖCHSTER LOHN

*Das göttliche "Wohlgetan!"*

# Kapitel IX

## Die Größe der Mission

Während einer Periode der Träumerei dachte ich vor einigen Tagen über das gewaltige Ziel der Mission für diesen kleinen Planeten nach und ließ die verflossenen Jahrhunderte voller Bemühungen an mir vorüberziehen. Mir war schwer ums Herz, und ich sprach meinen Gedanken laut aus: "... und alles wird bald vorbei sein!" Darauf hörte ich deutlich, wie in meinem Zimmer ein paar Hände Beifall klatschten, vielleicht waren es drei oder vier. Dann kamen noch ein paar Hände dazu, dann noch mehr von oberhalb des Hauses, dann noch mehr, und der Beifall wurde immer lauter. Dann kam sogar vom Himmel ein zusätzliches Echo, ein sanfter, aber stets anschwellender Applaus, er setzte sich immer weiter fort, und ich begann zu begreifen, wie von der letzten Ecke der Hierarchischen Ebenen ein wahrer Donner aufbrandete, der die widerhallende Ovation der die Schöpfung durchdringenden Freude darstellte, daß " ... es bald vorbei sein wird!" Ich weinte und freute mich mit alljenen. Da hörte ich eine mächtige Stimme sagen:

> *"So ist es, daß auch deine Bemühungen für diesen Planeten durch zahllose Äonen und Zeitalter hindurch nun bald die Mission für Terra vollendet haben werden. Du hattest wiederholt daran Anteil, wieder und wieder. Nun warten alle auf diese letzte Schlußepisode, wobei dir unsere Anwesenheit bei dem, was kommen muß, zur Seite stehen wird."*

Vor ein paar Jahren kam einer von den Alten der Tage namens Xylatra zu mir, um über die Probleme der Erde zu sprechen.

> *"Es war am Anfang aller Dinge, als wir auf dem Planeten erschienen. Die Schöpfung war neu, und Schönheit herrschte.*
>
> *Wir kamen, um diese neue Welt zu bevölkern und das Leben auf ihr zu verbreiten. Wir brachten Leben, Weisheit und Belehrung. Wir legten die Saat für eine neue Rasse und beobachteten ihre Entwicklung zu Lichtgeschöpfen. Wir schufen das Tierreich und die geflügelten Geschöpfe und bedeckten den Planeten mit Blumen in allen Farben. Dann kam es zu diesem gewaltigen und furchtbaren Geschehen über diese Wurzelrasse, als die Einflüsse der planetaren Sonne das*

*menschliche Bewußtsein zu verschlechtern begannen. Eine schädliche Zerfressung erfaßte die mentalen Körper derer, die wir geschaffen hatten. Gesichter, Formen und Gestalten veränderten sich; sie brachten hervor, was wir nicht schufen, und sie entfremdeten sich in ihrem Geist und in ihren Sehnsüchten unserer Anwesenheit.*

*Wir wurden vertrieben und verjagt, weggestoßen durch die mächtigen Wolken von negativer Seelenenergie, die aufstieg und den Planeten bedeckte. Der körperliche Tod hielt Einzug bei den Geschöpfen, und die astralen Welten wurden gebildet, in denen die Seelen sich verfingen. Große Sorge machte sich im Himmel breit, und eine Aktion wurde unternommen und ein Pakt geschlossen, wonach die Erdbewohner aus ihrem gefallenen Zustand befreit werden sollten. Bei dieser Aktion wurde die Große Weiße Bruderschaft geschaffen. Eine Große Weiße Schwesternschaft wurde ebenfalls gebildet.*

*Alle Wesen aus höheren Dimensionen vereinigten ihre Kräfte und traten tausendmal und mehr in die Begrenzungen des Fleisches ein, um einem Planeten, der sich in verzweifelter Lage befand, Licht und Erhöhung zu bringen. Viele, die heute auf Erden sind, gehören zu denen, die so aus unserer Mitte gekommen sind, in diese Exkursion des Opfers. Viele Male sind sie zu diesem fremden Ort gekommen, um ihm das Licht zu bringen.*

*Nun stehen wir in diesem Augenblick zusammen auf der Schwelle der Geschichte, wo das Licht schließlich über der Dunkelheit und über einer neuen Welt aufgehen wird. Neues Leben wird die Erde bedecken. Freut euch, ihr Geliebten, denn eure Anstrengungen wie auch die unsrigen waren nicht vergebens. Die Erde wird sich wieder erheben, und die Söhne des Morgens werden wiederum zusammen in eurer Mitte wandeln, an dem Heiligen Ort der Wohnung Gottes. Die Erde wird in ihrer Feuerprobe stehen, und ihr sollt euch freuen, daß euer Werk daran teilhatte. ICH BIN EINER aus anderen Zeiten und Ewigkeiten."*

Im Evakuierungsbuch hatte Lord Kuthumi geschrieben:

*"Meine eigenen Ausstrahlungen und Schwingungen umhüllen jeden Freiwilligen der Erde zu dieser Stunde. Ich bedecke euch mit mei-*

*nem goldenen Gewand. Nicht einer von euch wird fallen, nicht einer von euch wird verlorengehen, nicht einer von euch wird vom Zerstörer berührt werden. Keiner wird versagen in der Mission, die ihr gewählt habt, und nicht einer von euch wird gepflückt von des Vaters Hand.*

*Ihr seid das Licht der Welt in ihrer dunkelsten Stunde. Tragt es weiter und setzt euren Kampf gegen die Finsternis fort. Ihr werdet von oben beschützt, eure Segnungen für euren Dienst an der Menschheit werden unbegrenzt sein."*

Die Bodeneinheit des Ashtar-Kommandos empfing von ihrem Kommandanten einige ermutigende Worte:

*"Ihr seid stationiert als Licht und funktioniert als Licht an dunklen Orten. Da die Dunkelheit überall ist, ist es ohne Bedeutung, wohin euer Licht in diesem Augenblick fällt, denn wohin es fällt, wird es gebraucht. Die Herausgabe von Büchern ist wie ein kleiner Teil von Licht, das von einer größeren Lichtquelle ausgeht, in alle Richtungen ausgestrahlt wird und dadurch sein unabhängiges Werk vollendet, den Teil der Zeit und des Raumes zu erhellen, auf den es fällt. Wegen der Vorherrschaft der Finsternis, die wir als Unwissenheit ansehen, ist das Licht in seiner Anwesenheit deutlich sichtbar. Es kann unmöglich verborgen werden, denn es kommt, um die Finsternis zu vertreiben. Es ist unmöglich für euch, die vollständige Wirkung allen vereinigten Lichts zu berechnen, zu schätzen oder zu verstehen, das sich durch das Werk von Guardian Action International offenbart.*

*Was getan wurde, wird in einem sich stetig ausweitenden Ausmaß fortgesetzt werden. Fürchtet euch nicht, eurer Herausforderung und Entfaltung ins Auge zu sehen, denn das ist die natürliche Funktion des Lichts. Zu SEIN, zu ARBEITEN, WO es ist. Alles, was aus LIEBE für den Planeten unternommen wird, kann in seiner ewigen Bestimmung nicht fehlgehen. Alles, was im Namen unseres Strahlenden getan wird, führt zu einem sich stets steigernden positiven Ergebnis. Jede individuelle Seele, die von unserer Zueignung berührt wurde, hat in ihrem Bericht ihren Beitrag geleistet, und das sind viele, viele Tausende. Du bist einer der höchsten Weltenretter dieser*

*Stunde, zusammen mit der übrigen riesigen Armee der Freiwilligen Gottes. Nicht allen von ihnen gelang es, genügend Energie zu erlangen oder zu magnetisieren, um ihre Absichten in Gang zu bringen. Dies hat die Last für andere vermehrt. Die Größe des Einflusses, der der Guardian Action International zugewiesen wurde, hat den Verlust mancher aufgehoben, die aus dem einen oder anderen Grunde vor einer ähnlichen Unternehmung zurückgeschreckt sind. Somit ist es verständlich, warum die Bruderschaft des Lichts so eifrig war, jede Ausstrahlung der Energien zu segnen, die für die Aufgabe dieser Einheit aufgewendet wurden. In deinem speziellen Dienst wirfst du nur dein Brot auf die Wasser, wie es geschrieben steht. Du weißt nicht alles, was getan wurde und wer daran teilhatte, aber alles steht in den unendlichen Aufzeichnungen, und der kleinste Krümel spiritueller Nahrung ist niemals verloren. Dies ist nur ein Augenblick im Vergleich zu den Äonen des Dienens, die in den Annalen deines Dienstes an dieser Schöpfung eingetragen sind. Du bist nicht von dieser Welt, du bist nicht aus dieser Zeit, du bist ein Wanderer in den Chroniken der Zeit über die Entwicklung des Menschen.*

*ICH BIN ASHTAR von der Bruderschaft der Liebe."*

Es steht geschrieben: "... der da pflanzt und der da begießt, die sind einer wie der andere. Ein jeglicher aber wird seinen Lohn empfangen nach seiner Arbeit." (1. Kor. 3,8). So sind alle eins, die, die das Buch schrieb, und alle von denen, die es in der Fremde zerstreuen. Alle werden gleich empfangen von dieser Einheit. Es wird berichtet: "... sie werden strahlen wie der Glanz des Firmaments, und die, die viele zur Rechtschaffenheit bekehren, wie die Sterne für immer und ewig." (Dan. 12,3) Zu unserem Anaheim-Seminar im Jahr 1985 kam eine ausgewählte Gruppe von Seelen zusammen, die von hier weggehen wollten, um für das Licht Heldentaten zu vollbringen. Sanat Kumara wußte dies und sandte ihnen folgende Grußbotschaft:

*"Ihr seid Kinder des Universums, Hohenpriester und Könige, universelle Staatsmänner und hochgeehrte Damen aus unseren Bereichen. Ihr werdet unabweichbar euren Weg zurück zu den Sternen finden.*

*So möget ihr überschattet sein, so möget ihr geführt und gelenkt werden auf eurem besonderen Pfad der Manifestation der Gottheit in eurer Welt.*

*Ihr seid die Besonderen der Hierarchie, die in dieser dunklen Stunde der Befreiung auf diese Weise ihre Fackel der Hingabe an den Dienst für den Planeten entzündet haben. Deshalb überschatten euch die Engel, und sie gehen mit euch, um euch zu stützen.*

*Mitglieder der Hierarchie, ihr alle seid das, die ihr in die Große Beschränkung eingetreten seid, um das Licht auf diesem Planeten zu verankern.*

*Ich bin SANAT KUMARA, der euch in die herausfordernde Aufgabe entläßt, die vor euch liegt."*

Die Größe der Mission ist in der Tat überwältigend, doch wir verharren in Frieden in dem Versprechen des Geliebten EINEN, der unzweideutig und bedingungslos den Seinen versprach: "Seht, ich bin allezeit bei euch."

## Diese letzte Stunde

Die Thron-Gruppe der Herren des Lichts, die uns die Warnungen des siebten Kapitels übermittelte, fährt in freundlicherer Art fort:

*"Wir bringen euch Grüße vom Allerhöchsten, der bereit ist, die Kräfte freizulassen, die diese Veränderungen der Endzeit zurückgehalten haben. Wir sind durch alle die ermutigt, die sich für diese letzte Episode bereitgemacht haben. Es ist nichts zu fürchten. Es wird wahrlich eine herrliche Zeit sein für alle, die wissen, wie alles endet. Wir sind sicher, ihr werdet erfreut sein zu wissen, daß die Kräfte des Lichts nicht durch die ganze Agonie der Apokalypse hindurchgehen müssen. Das haben diejenigen abgewendet, die im Namen des Vaters gekommen sind, um hier auf dem Planeten Erde zu dienen. Sie haben wunderbare Arbeit geleistet, um die Woge des Unheils abzuwenden. Wir heißen alle zu Hause willkommen, die zur Rückkehr bereit sind, nachdem sie ihre Mission erfüllt haben. Dies ist eine Zeit großer Freude für alle, die so viel im Namen des Vaters gegeben haben.*

*Nun, da die Gefallenen aus den Höheren Reichen enfernt wurden, scheint das Licht strahlend auf den Planeten. In den niederen Reichen wird nun große Konfusion herrschen, da die Gefallenen sich nun dort befinden. Sie werden in der unmittelbaren Zukunft viel Chaos verursachen, denn sie haben keinen Ort, wohin sie gehen könnten. Nun ist es Zeit, alle eure Kräfte für den letzten Kampf aufzusparen. Dieser Kampf bezieht alle Mächte der Finsternis mit ein, einschließlich derer, die in diese Arena zurückgekehrt sind, um das Licht zu bekämpfen. Das wird ihnen natürlich mißlingen, doch müssen wir ihnen ihren Tag lassen.*

*Die Mehrzahl der Kräfte des Lichts auf dem Planeten wird Teile dieser Durchgaben über ihr Unterbewußtsein erhalten. Es erging ein weiter Ruf, um unsere Mitarbeiter davon zu unterrichten, daß in den Höheren Reichen alles in Harmonie gebracht wurde. Nichts ist zu fürchten hinsichtlich unsichtbarer Einflüsse. Was denen, die den Plan nicht kennen, als totales Chaos erscheinen mag, ist einfach der Abschluß dieses dramatischen Kapitels in der universellen Geschichte. Das, was in den Höheren Reichen geschehen ist, war viel außergewöhnlicher hinsichtlich der vollständigen Ausgießung von Energien als das, was auf der Erde geschehen wird. Wir wissen, daß dies nur ein geringer Trost für diejenigen ist, die ihre Mission noch zu erfüllen haben; doch ist es sicherlich eine Erleichterung für alle, die die Größe dessen verstehen, was sich soeben erfüllt hat. Wir warten schon seit sehr langer Zeit in großer Vorfreude auf diese Tage der Endzeit. Ihr sollt bedenken, daß viele von euch den Kampf auf vielen verschiedenen Ebenen ausgefochten haben, was für eure Seelen und eure ätherischen Körper sehr anstrengend war. Wir begrüßen diese Erleichterung für alle, die durch diesen Prozeß gegangen sind."*

Ich erinnere mich an den Bericht über 80 amerikanische Soldaten vom Fort Dix, die von Flammen eingeschlossen wurden, als sie in der Nähe einen Waldbrand bekämpften. Sie merkten nicht, daß das Feuer sie schon fast völlig umringt hatte, und fuhren fort, das Feuer zu bekämpfen. Ein Flugzeug, das über ihnen war und die kritische Situation bemerkte, ging trotz des großen Risikos tief herunter und ließ mit Gewichten beschwerte Botschaften abwerfen. Das wurde dreimal wiederholt, bis endlich die Soldaten aufmerksam wurden und die Botschaften auffingen. Die Botschaft erklärte ihnen die Lage und die Tatsache, daß es nur noch einen von Flammen begrenzten schmalen Durchlaß gebe, den ihnen das Flugzeug zeigen würde, dem sie folgen sollten. Diese Soldaten waren keine Dummköpfe! Sie ließen ihre Ausrüstung liegen und rannten den schmalen Streifen entlang, indem sie dem Flugzeug folgten, wobei links und rechts schon die Flammen tosten. Sie alle kamen sicher heraus, dank ihrem Glauben an die Botschaft und an die höhere Führung, die die ganze Szene überblicken konnte. Wenn sie mit ihrer Arbeit aufgehört und angefangen hätten, zu argwöhnen und über die Wahrheit der Botschaft zu debattieren, hätte es 80 verkohlte Leichen in jener einsamen Gegend von New Jersey gegeben. Doch statt dessen glaubten sie denen, die als einzige die ganze Lage überschauen konnten.

Die Herren des Lichts vom Höchsten Himmel geben eine letzte Botschaft auf deinen Weg:

> *"Wir sind die Herren des Lichts, eine Gruppe, die bis ins Letzte mit jedem von euch und eurem allgemeinen Wohlbefinden auf allen Ebenen befaßt ist. ICH BIN Michael, mit Jesus Sananda, der Geliebten Maria, Kuthumi und Ashtar, allen, die sich mit mir verbinden, um diese letzte Botschaft abzuschließen, die an diese Generation weitergegeben werden soll.*
>
> *Wir haben diese Belehrungen überprüft, die im Werk unserer erwählten Botschafterin enthalten sind, die gewissenhaft all ihre Kräfte umgesetzt hat, ihre Zeit, ihre Talente, um euch unsere Worte und unsere Warnungen darzulegen, damit ihr seht, was jetzt auf eurem Weg liegt. Wir würdigen ihre Bemühungen und drängen euch aufrichtigst, den hierin enthaltenen Worten eure volle Aufmerksamkeit zu widmen.*
>
> *Wir ließen einen Trompetenruf in eine lethargische Welt klingen, die solchen Dingen kaum einen Augenblick ihrer Zeit zu widmen bereit ist. Dessen ungeachtet wird der Augenblick kommen, wo alles andere beiseite gelegt werden und die Aufmerksamkeit auf die Angelegenheiten der Seele gelenkt werden muß. Das Herz muß nun fest in der Liebe zum Himmlischen Vater, dem Schöpfer, stehen, durch dessen Hände alle Dinge in der Schwebe gehalten werden bis zu dem Moment, da die wahren Prüfungen über die Menschheit kommen.*

*Die ganze Menschheit muß innehalten und ihre Gedanken auf den Weg richten, der vor ihr liegt. Die Gedanken und Absichten müssen auf den Göttlichen Plan für diesen Planeten abgestimmt werden.*

*Für jede Seele findet die Ernte von vielen Leben statt. Die Korruption, die in eurer Welt überhand nimmt, wird durch viele Mittel beseitigt. Die Herabwürdigung des Menschen wird von der Wesenheit, die dieser Planet darstellt, nicht mehr länger geduldet. Sie wird sich schütteln und von dem befreien, was ihre Reinheit und ihren Zweck beschmutzt. Die Auswirkungen ihres Zorns werden jede Unreinheit von ihr abwaschen und eine neue Schöpfung in Reinheit und Schönheit hervorbringen.*

*Der Sand der Zeit ist langsam durch das Stundenglas dahingeglitten, das JETZT ist nun leer. Der Augenblick ist gekommen, wo der Engel mit einem Fuß auf dem Land und mit dem anderen Fuß auf dem Meer steht und erklärt: 'Es wird nicht mehr länger Zeit sein.'*

*Wir sind die Herren des Lichts von der Großen Zentral-Sonne, voller überquellender Energien, die dem Menschen auf diesem Planeten bisher treu gedient hat. Wir stehen nun zusammen mit den Engeln der Apokalypse um sie herum. Wir unterstützen sie in ihrer Stunde der Vergeltung. Niemand soll weiterhin ihre Freigebigkeit mißbrauchen. Sie hat die Fülle ihres Zorns gegenüber denen, die ihren Zweck und ihren Plan vernichten wollten, erreicht. Nun ist es Zeit, da sie in ihrem innersten Wesen das ausdrücken muß, was ihre Bestimmung ist. Wir vom Allerhöchsten können der Erde nicht mehr länger das Recht auf ihre Art von Äußerung verwehren oder absprechen. Unsere Hand wurde von ihr zurückgezogen, damit ihr die letzte Stunde der Vergeltung gewährt werde.*

*Die Menschheit steht nun bereit, um die Wahrheit und die ihr bevorstehenden Lektionen anzunehmen. In dieser letzten Stunde werden viele Tausende in ihrem neu gefundenen Bewußtsein der spirituellen Wahlmöglichkeiten, die noch bleiben werden, zum Vater zurückkehren. Wir haben die Ereignisse aufgeführt, wie sie kommen müssen, wie auch die Lektionen, die sie umfassen.*

*Diejenigen, die so lange auf diesen Tag gewartet haben, werden nicht länger warten. Diejenigen, die durch die Jahrhunderte hindurch so treu gearbeitet haben, werden von ihrer Arbeit ausruhen. Diejenigen, die die Finsternis angezettelt haben, werden nicht länger aufrecht stehen, wenn die Quellen aus der großen Tiefe sprechen werden. Der Vater wird eine neue Dimension von Schönheit, Harmonie und Liebe für immer schaffen. Die Erde soll ihre Belohnung kennen und den Tag ihrer Bestimmung in der Fülle des Göttlichen Zwecks für alles im Kosmos erreichen."*

Lord Hatonn sagt:

*"Die Natur wird als Reaktion auf das, was der Mensch ihr angetan hat, ihrem Lauf folgen. Sie kann nicht anders reagieren. Deshalb war es unvermeidlich, daß die, die auf der unteren Ebene dienen müssen, vorbereitet, trainiert und im einzelnen darüber unterrichtet werden mußten, was kommen wird. Wir haben die Botschaften auf jede mögliche Weise abgemildert, um unter der Menschheit Panik oder Furcht zu vermeiden, aber wir sagen euch, die ihr ein Teil von uns seid, daß diese Dinge sich ereignen müssen. Der Planet wird zu gegebener Zeit völlig wiederhergestellt und wird ganz neu sein.*

*Zu diesem Zeitpunkt gibt es Seelen, die die Einzelheiten ihres Zwecks und ihrer Mission zu erfahren wünschen. Das Beste, was wir tun können, ist, euch in unsere Gegenwart zu erheben und euch individuell, einem nach dem anderen, ein Gespräch und die Möglichkeit zu gewähren, jede Phase eurer Zukunft zu besprechen. Das haben wir getan, und wir haben vor, es auch weiterhin zu tun. Laßt euch nicht durch die rosigen Botschaften derjenigen ablenken, die sagen, daß sich auf diesem Planeten nichts Folgenschweres ereignen wird. Das ist genau das Gegenteil von dem, was sich auf allen Ebenen auf dem Planeten ereignen wird. Die Veränderungen müssen kommen.*

*Unsere Sache ist es nur, unser Bestes zu tun mit all dem Wissen, der Technologie und der Ausrüstung, die wir besitzen, um der Menschheit beizustehen, wenn diese Dinge kommen, sowie die Unsrigen zu retten und schützen, die wir ausgesandt haben.*

*Sie werden bei uns bleiben, bis der Planet in der Tat wieder erneuert ist. Wenn die neue Erde geschaffen ist, wird das Leben weitergehen, auf einer höheren Stufe der Evolution, in Gemeinschaft, auf allen Wegen, so wie ihr es jetzt ersehnt und wie ihr es jetzt so eifrig anstrebt. So wird es kommen! Der Tag läßt nicht auf sich warten. Wir sind eins mit euch, und ihr seid eins mit uns. Wir sind Brüder und Schwestern vom Ashtar-Kommando. Ich bin Hatonn."*

## Die Gastgeber der Galaxis

Gegen Ende des Frühjahrs 1988 wurde ich von einer Botschaft Ashtars tief beeindruckt, die von Tuieta (Lichtportale) in Fort Wayne, Indiana, empfangen wurde. Die Botschaft hatte den Zweck, noch einmal die Aufmerksamkeit der Menschen auf den Ernst der planetaren Situation zu lenken.

*"Wie oft muß euch dies vor Augen geführt werden? Sogar die Kräfte des Lichts zögern bei ihrer Vorbereitung. Viele haben Schwierigkeiten mit der Verpflichtung, die sie vor ihrer Verkörperung eingegangen sind!*

*Ihr Staatenlenker, könnt ihr nicht den Schmerz ermessen, die Qual, das nutzlose Dahinschlachten, das ihr mit nur einem einzigen Federstrich, mit nur einer einzigen Handbewegung bewirkt? Könnt ihr nicht die Heiligkeit dessen erfühlen, was der Atem des Lebens heißt?*

*Da gibt es jene, die versuchen, uns (das Ashtar-Kommando) und die, die mit uns in Verbindung stehen, in Mißkredit zu bringen. Sie können nichts zustandebringen, außer, was die Lichthelfer ihnen zustandezubringen erlauben. Wir sind HIER. Wir sind keine bloße Erfindung von irgendjemanden. Wir manifestieren uns nicht, nur um die Neugier der falsch Vorbereiteten und der falsch Informierten zu befriedigen. Wir befinden uns in einer Mission der Barmherzigkeit im Namen des Göttlichen Schöpfers. Wir haben es nicht nötig, in kindische Spielereien abzuschweifen, die einige weiterspielen wollen, nur um ihr eigenes ICH zu befriedigen. Achtet auf die Stunde, in der jede Stabilisation vom Erdgürtel hinweggenommen wird. Achtet auf die Stunde, in der von unseren Flotten einschneidende Maßnahmen ergriffen werden, wenn folgende Umstände eintreten:*

*- wenn die irdischen Aktivitäten derart werden, daß sie einen gefährlichen Einfluß auf das Universum und den ganzen Kosmos ausüben;*

*- wenn irdische Aktivitäten die Wahrscheinlichkeit der Zerstörung des Planeten erkennen lassen und dadurch kosmische Auswirkungen zu befürchten sind;*

*- wenn die Freiwilligen der Erde aus weit entfernten Reichen und Galaxien in unmittelbare Gefahr geraten, würden wir uns unverzüglich einschalten;*

*- wenn es auf Kosten der gesamten Weltbevölkerung zu einer Vorherrschaft negativer Polarisation kommt, was das Kosmische Gesetz nicht erlaubt.*

*In all diesen Fällen sind wir durch das Kosmische Gesetz zum Einschreiten berechtigt."*

Diese Botschaft des Kommandanten ist eine der allerwichtigsten des ganzen Jahres. Nicht nur, weil sie sich an die geistig nicht ansprechbaren Kleinkrämer wendet, die kritisieren, was sie nicht begreifen, sondern auch, weil hier eine genaue Richtlinie gegeben wird, unter welchen Umständen das Universelle Verbot der Nicht-Einmischung in Kosmische Angelegenheiten hinfällig wird. Wir danken Tuieta für diese gute Arbeit. Damit es zu keinem Mißverständnis kommt: Die Gastgeber des Himmels sind bereit und erwarten ihre Gäste. Nichts ist übervölkert in diesen sich selbst erhaltenden, phänomenal organisierten, unglaublich geräumigen, dahindriftenden ätherischen Welten. Sieben dieser großen perlweißen Weltraumstädte sollen bereitstehen. Die Größte von allen hat einen Durchmesser von über hundertsechzig Kilometern. Es ist das oberste Flaggschiff des Sonnensystems und untersteht dem Kommando Ashtar's.

Die großen Weltraumstädte haben in den meisten Fällen zwölf Ebenen, und ich habe nun die Freude, dich auf eine Inspektionstour zu einer dieser Städte mitzunehmen.

Wenn wir uns nähern, sehen wir zuerst die unterste, die erste Ebene, die das große Ein- und Ausgangsportal für kleinere Raumschiffe enthält. Sie besteht aus Entlade-Plattformen, Parkdecks, Abstellräumen für Besucherschiffe, Instandhaltungs-Abteilungen, Lagerbereichen für Tausende von Beobachtungsschiffen, die sinnvoll angeordnet sind.

Eine interessante Abteilung stellt das Registrierungs-Hauptquartier dar. In diesem Bereich müssen sich alle ankommenden Personen mittels des großen Computer-Systems registrieren lassen, desgleichen bei ihrer Abreise. Keiner wird in diesem herrlichen Schiff übersehen oder verloren gehen.

Die zweite Ebene könnte als gewaltiger Lagerraum bezeichnet werden. Das ist das Deck des Quartiermeisters, das alle Arten von Nachschubmaterialien und Inventar für die verschiedenen Bedürfnisse auf allen Ebenen enthält. Es ist wie eine ganze Stadt, die nur aus Warenhäusern besteht.

Die dritte Ebene könnte ein Riesen-Zoo genannt werden. Es ist die Etage, die für die Erforschung des Tierlebens bereitgestellt ist, und es gibt ein Vogelreich. Alle Arten von Lebewesen aus vielen verschiedenen Welten haben hier eine Heimat. Es ist ziemlich laut, aber die Luft ist nichtsdestoweniger klar und angenehm.

Die darüberliegende vierte Ebene ist der Landwirtschaftsforschung gewidmet. Sie gleicht einem weiten Farmland mit Gemüse- und botanischen Gärten, Obstgärten und Mustern von Arten, die von verschiedenen Welten an Bord gebracht wurden, um sie in neuen Welten auszusäen, und vielem mehr. Viele Gewächse sind dort nicht grün, sondern blau.

Die fünfte Ebene stellt einen Wohnbereich für alle die Techniker und die Personen dar, die in den vier Stockwerken darunter ihren Dienst tun.

Direkt über der fünften befindet sich die sechste Ebene, ein atemberaubend schöner Erholungsbereich mit üppig bepflanzten Parklandschaften, wo ein entspannender Spaziergang zur reinen Freude wird. Alle Arten von Erholungsmöglichkeiten findet man hier, zu denen alle Bewohner jeden Alters Zugang haben.

Strategisch gelegen, stellt die siebte Ebene den medizinischen Komplex dar. Da er von gewaltiger Größe ist, sind viele Informations-Centren nötig, damit man sich zurechtfindet. Hier sind alle Einrichtungen für die Patienten wie auch die Räumlichkeiten für das medizinische Personal zu finden. Zahnbehandlungsstationen, biologische Forschungszentren und die Raumschiff-Laboratorien, alle mit der besten Technologie ausgestattet, die der Weltraum zu bieten hat.*

*) Unfaßlich, selbst für unsere Kranken wird in wahrer Liebe gesorgt. D.H.

Die achte Ebene birgt die vorbereiteten Unterkünfte für die Evakuierten von der Erde. Es enthält Einzelzimmer für Alleinstehende und Wohnungen für Familien, so weit man sehen kann. Diese Bereiche sind mit unzähligen gemeinsamen Speisesälen, Gemeinschaftsräumen, Säuglingsstationen, Wäschereien und Auskunftsbüros ausgestattet. Schrittweise werden die Gäste der Schiffe in die Technologien dieser verschiedenen Bereiche eingeführt, ein erregendes Erlebnis.

Ebene neun ist das vielgepriesene Universitätsgelände. Hallen der Weisheit, riesige Büchereien überall, unzählige Konzertsäle und Interessantes aus der Kultur der ganzen Galaxis, Schulklassen mit Stundenplänen für jedes Alter. Die Klassenräume der Jüngeren enthalten individualisierte Computer-Systeme. Die Räume sind mit farbigen gewölbten Decken geschmückt, die die Planeten und Welten auf ihrem Weg durch den pfadlosen Himmel darstellen, alle auf ihrer jeweiligen Bahn. Die Grundlagen der Astronomie werden schon den sehr jungen Menschen beigebracht, und sie lernen schnell die Namen der verschiedenen Planeten und die Sektoren des Universums. Vibrierende Vitalität strahlt aus ihren Gesichtern, wenn sie sich mit ihren Computern unterhalten.

Die Musiksäle in dem großen Raumschiff lassen die musikalischen Talente im Weltraum aufblühen. Man kann dort in einem schalldichten Raum mit voller Orchesterbegleitung ein Instrument spielen, wobei man eine große Auswahl hat, nur, indem man den richtigen Knopf auf einer Computer-Tastatur drückt. Jede Art von Musik ist mit hunderten von Auswahlmöglichkeiten den Fingern des einsamen angehenden Solisten erreichbar.

In der zehnten Ebene beherbergen die Gastgeber der Galaxis die Würdenträger aus allen Dimensionen in speziellen Appartments. Dieses zehnte Stockwerk bewohnen auch in erster Linie die Außerirdischen. Einzelzimmer und Wohnungen mit weit verstreuten Konferenzräumen und wunderbaren Speiseräumen und Erholungsbereichen sind dort vorhanden.

Das Hauptquartier des Ashtar-Kommandos liegt in der elften Ebene, wo sich auch die große runde Versammlungshalle befindet. Aufgefordert durch ein sanftes elektronisches Signal in ihren Quartieren, werden auch die Evakuierten von der Erde hierher gerufen, wenn eine solche Gruppenzusammenkunft erforderlich ist. An den Wänden befinden sich viele riesige Bildschirme, wo es den Gästen möglich ist, das kosmische Panorama ebenso zu betrachten wie ihre eigene Welt und Dinge der Vergangenheit und der Zukunft. Die große

Halle dient auch feierlichen gesellschaftlichen Gelegenheiten wie der Begrüßung und dem Zusammentreffen mit Würdenträgern, die zu Besuch kommen, wie auch anderen Festlichkeiten. Dieses Stockwerk beherbergt auch den Betrachtungsraum, den Kartenraum, die Seelen-Karteien und schließlich das riesige Kommando-Kommunikations-Center, wo alle Kontakte zur Erde veranlaßt oder überwacht und aufgezeichnet werden, und zudem die interne Kommando-Verbindung.

Die zwölfte Ebene ist der höchste Teil des Schiffes, der als "DIE KUPPEL" bezeichnet wird. Dort befinden sich das Offiziers-Beobachtungsdeck und das Navigationszentrum. Nach Vereinbarung sind hier auch Besucher von der Erde in Gruppen zugelassen. Im gesamten Umkreis befinden sich bequeme Sessel zur Erholung und zu Beobachtungszwecken. Lagebesprechungen zwischen den Mitgliedern der Besatzung finden hier ebenfalls regelmäßig statt.

Das Verteidigungssystem des Mutterschiffs ist auf der untersten und der höchsten Etage untergebracht sowie am äußersten Rand der anderen Stockwerke, gegenüber den Ringstraßen. Diese Verteidigungssysteme fallen nicht auf, können aber von einem Augenblick zum ändern aktiviert werden, und zwar in Verbindung mit dem grandiosen Kommunikationssystem, über welches das Kommando verfügt. Diese Verteidigungssysteme treten aber nicht in dieser Phase galaktischer Ereignisse in Funktion.

Mitten durch dieses große Schiff verläuft durch alle Stockwerke die runde Säule, das zentrale Herz, die Kraftquelle des Schiffes.*) Man muß sich aber im Klaren darüber sein, daß die aktivierende Kraft direkt aus dem Universum selbst stammt. Dieses Kraftzentrum in der Mitte hat einen Durchmesser von ungefähr fünfundsechzig Metern, doch bin ich bei dieser Schätzung etwas unsicher. Die Außenwand des Schiffs enthält mehrere Fahrstühle für den Transport zwischen den Stockwerken. Einige wenige größere Fahrstühle sind für die Quartiermeister und für Versorgungszwecke reserviert. In jedem Stockwerk ist die Kraftsäule von einem geräumigen Erholungsbereich umgeben. Dieser ist wunderschön ausgestattet und wird von allen Abteilungen des jeweiligen Stockwerks benutzt.

Allgemein gesagt, ist die Einrichtung des Schiffes einfach und klar in den Linien. Weiß ist die vorherrschende Farbe. Als Kontrast wirken anregende Tönungen von orange, rot oder blau sowie sehr viel gelb. Die Farben sind alle

---

*) Übereinstimmende Beschreibung bei Adamski, Menger, Drake, Dibitonto und weiteren Kontaktlern.

rein, nicht gebrochen oder vermischt. Irdisch gesprochen könnte man den Dekor als ultramodern bezeichnen, vor allem wegen des Gebrauchs schimmernder glasähnlicher Substanzen, ähnlich unseren Gegenständen aus Acrylglas. Die Transportmöglichkeiten sind interessant. Der äußerste Rand jeder Ebene wird von einer Straße eingenommen, die dazu benutzt wird, die verschiedenen Bereiche und Abteilungen der gleichen Ebenen zu erreichen, nicht unähnlich den Ringstraßen, die um irdische Städte angelegt sind. Auf jeder Ebene befinden sich entlang dieser Straße unendliche Reihen kleiner parkender Transportvehikel, die jedermann zur Verfügung stehen, die entfernt an Motorräder mit Beiwagen erinnern, doch fahren sie natürlich geräuschlos (ich spreche ja von himmlischen Gefilden). Von dem Erholungszentrum in der Mitte führen vier weitere Verbindungsstraßen nach außen, die symbolisch mit dem Energiekreis in Verbindung stehen, um die vier Balken des Symbols des Sonnenkreuzes zu bilden, wenn man von oben auf sie herunterblickt. (Siehe Diagramm)

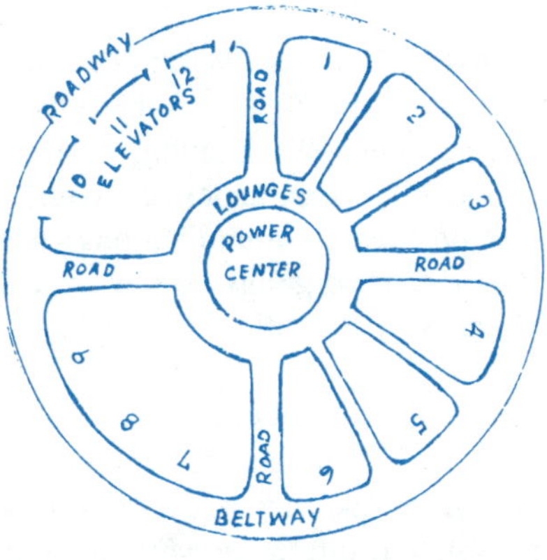


Zwei kleinere Straßen teilen jeden Quadranten, die mit den Nummern von 1 bis 12 bezeichnet werden. Auf diese Weise ist eine Ortsbestimmung ganz einfach, denn 12/4 bedeutet zum Beispiel Sektor vier im zwölften Stockwerk, 8/6 Sektor sechs im achten Stockwerk usw.

**Freunde, wenn der Himmel von den Tausenden der kleinen Raumfahrzeuge verdunkelt wird, die kommen, um euch in diese großen Städte zu bringen, dann fürchtet euch nicht! Seht statt dessen das Ende aller Tränen, die ihr vergossen habt, diese Tränen der Verzweiflung, die aus einem Herzen kamen, das sich nach einer besseren Zeit sehnte, nach einem sicheren Hafen in einer Welt der Bosheit. Diese Schiffe bedeuten unsere Befreiung! Sie zeigen an, daß die Zeit der Liebe und der Schönheit ange-**

**brochen ist, um die ihr gebetet habt! So streckt eure Hand in Dankbarkeit eurem liebenden Vater entgegen, denn Er hat wahrhaftig "viele Wohnungen", die vorbereitet wurden und seit der Erschaffung der Welt auf euch warten.**

Bald kommt der Tag, wo wir aufsteigen,
Liebevoll der Erde zuwinkend, unserm lieben Freund.
Aller Zweifel ist für immer Vergangenheit,
Todesschatten verschwinden.
Hör' die Worte unseres Vaters, von fern,
Der großen Sonne:
"Willkommen daheim, mein Kind, ...
Wohl getan, wohl getan."

## Siehe, der Tabernakel Gottes ist bei den Menschen

Meine außerirdischen Freunde sagten mir, daß es mindestens sieben Jahre dauern werde, bis sich die Erde von den Folgen der kommenden Ereignisse erholt hat. An der Stelle, wo einst vergiftete Städte standen und Kriege ausgefochten wurden, werden in Schönheit üppige grüne Wiesen und fruchtbare Weiden erblühen. Diese werden aber jahrhundertelang nicht berührt werden, sondern in ihrem blühenden Zustand belassen, bis all die tiefen Wunden der schwer gebrandmarkten Erde verheilt sein werden.

Die vielen kombinierten Flottenverbände des Ashtar-Kommandos werden damit beschäftigt sein, das magnetische Gitternetz zu erneuern, um einen genauen und positiven ausgeglichenen Zustand wiederherzustellen. Die Evakuierten von der Erde werden dies in den großen Mutterschiffen auf Bildschirmen beobachten können, während zahllose Raumschiffe in allen Farben, Tönungen, Formen, Größen, manche davon nur als leuchtende Lichtbälle, sich mit unglaublicher Geschwindigkeit entlang den Magnetlinien in wundervoller Präzision bewegen.

Sie werden die Erde in ihrem eigenen Kraftfeld verankern und die planetaren Chakras wieder öffnen, wo herrliche neue Städte erbaut werden. Auch werden sie die Dimensions-Portale für den späteren Eintritt der Raumschiffe vorbereiten, die so groß wie ganze Städte sind und ihre wertvolle Ladung zur Erde zurückbringen werden. Das wird nach der glorreichen Wiederherstellung der Erde geschehen, wenn alle Dinge neu gemacht sind.

"Das Volk, das in Finsternis wandelte, hat ein großes Licht gesehen; über die, die im Land der Schatten des Todes wohnten, erstrahlte das Licht. Denn uns ist ein Kind geboren, ein Sohn ist uns geschenkt, und die Herrschaft soll auf seinen Schultern ruhen, und sein Name soll heißen Wundervoll, Tröster, Mächtiger Gott, Ewiger Vater, Friedensfürst. Jedes Tal wird erhöht werden, und jeder Berg und jeder Hügel wird abgetragen, und was krumm war, wird gerade, und die unebenen Orte werden eben. Die, die auf den Herrn warten, werden ihre Kraft erneuern, sie werden sich aufschwingen wie die Adler, sie werden rennen und nicht zögern, und sie werden gehen und nicht schwach werden.

Ich habe dich bei deinem Namen genannt, du bist mein. Wenn du schreitest durch die Wasser, werde ich mit dir sein, und wenn du die Flüsse durchschreitest, wirst du nicht untergehen. Wenn DU DURCH FEUER SCHREITEST, wird es dich nicht verbrennen, noch sollen die Flammen dich entzünden.

Dann soll dein Licht erstrahlen wie der Morgen, und deine Gesundheit soll rasch gedeihen, und deine Rechtschaffenheit soll dir vorausgehen und dir nachfolgen, die Glorie des Herrn soll deine Belohnung sein. Dann wirst du rufen, und der Herr wird antworten, und wirst du schreien, so wird er sagen, hier BIN ICH. Und der Herr wird dich führen ohne Unterlaß und deine Seele trösten in Gefahr, und du sollst sein wie ein fruchtbarer Garten, wie eine Wasserquelle, die niemals versiegt. Und die, die dein sind, werden die alten verwüsteten Orte bebauen. Du sollst die Fundamente vieler Generationen errichten und du sollst der Erneuerer dessen genannt werden, was zerstört war, der Wiederhersteller der Pfade, um dort zu wohnen."

(Jes. 9, 2/6; 40, 4/31; 43, 1/2; 58, 8-12)

Kommandant Lord Ashtar beschrieb einst Shan Chea als die größte der großen Städte des Vaters, die das Sonnensystem und vor allem die Erde umkreisen. Ihre Bahn ist zwischen 800 und 2400 Kilometer von der Erde entfernt, wobei die Entfernung von Zeit zu Zeit schwankt. Wenn es die Umstände erfordern, bleibt sie auf ihrer Kreisbahn auch stehen. Es ist einer der Körper, die sich nur langsam bewegen, da er sehr groß ist und außerdem die Umgebung wie auch die Bewohner der Erde überwacht. Diese Stadt kreiste schon, als Christus noch nicht auf Erden geboren wurde. Ihre Kreisbahn ist nicht genau festgelegt, denn sie begibt sich immer dahin, wo es die Situation und die Erfordernisse verlangen.

Es ist die Große Weiße Stadt, wo sich unser geliebter Kommandant die meiste Zeit über aufhält und von wo aus er alle seine Energien auf das System ausstrahlen läßt. Oft schwebt sie am Portal dieses Universums, wenn große interuniverselle Konzile stattfinden.

In diesem Manuskript erwähnte ich anfangs kurz ein außerkörperliches Erlebnis, wo ich den Vorzug hatte, zusammen mit Kommandant Soltec auf seinem Schiff die Phoenix zu besuchen. Weil es den Lichthelfern durch "Universal Network" berichtet werden sollte, wurde eine vollständige Erinnerung daran zugelassen.

Auf dem Schiff wurde mir in seinem kreisförmigen Büro und Laboratorium ein Platz vor drei sehr großen Bildschirmen angewiesen. Der mittlere Schirm zeigte ein dahindriftendes Panorama einer irdischen Landschaft. Schöne verschneite Gegenden, dann tropische Gebiete, majestätische grüne Berge, farbenreiche Meere. Es war wie ein Lichtbildervortrag gewaltigen Ausmaßes und wunderbar schön. Etwas seltsam kam es mir vor, daß bei dieser ganzen Schau keinerlei Häuser zu sehen waren, auch keine Anzeichen städtischen oder geschäftlichen Lebens. Genauer gesagt: Ich sah überhaupt kein menschliches Leben. Soltec konnte offensichtlich meine Gedanken lesen. Er kommentierte:

"Du siehst nun den Planeten, wie er sein wird, nachdem er gereinigt ist und neu in Herrlichkeit und Schönheit erstrahlt, kurz vor der Zeit, wenn er wieder bevölkert werden wird. Dies ist das neue Wachstum, seine neue Oberfläche, die auf dem Planeten erblühen wird, wenn das Volk des Lichts seinen Fuß auf ihn setzen wird. Beachte, um wie viel schöner das Grün der Vegetation und die sprießenden Bäume sind, das tiefe Blau des Firmaments, die Klarheit und Reinheit des Wassers, denn alles Gift und alle Schadstoffe sind nun aus der Atmosphäre entfernt. Die Luft ist klar und rein."

Er zeigte ein stark vergrößertes Bild einer Wiese mit Wildblumen. Der Farbenreichtum war atemberaubend. Er lächelte und sagte zu mir: "Hier stand früher eine große, verschmutzte und vergiftete Stadt." Ich hätte niemals die Gegend wiedererkannt, obwohl ich einst in dieser Stadt gelebt hatte. Er sagte weiter: "Viele Plätze auf der herrlichen Erde, die durch die Hand des Menschen Erniedrigung erdulden mußten, werden verlassen, um sich zu erholen."

Nun wurde der Bildschirm zur Linken aktiviert, der eine attraktive Landschaft mit abfallenden Hügeln zeigte, die üppig von Bäumen dieses himmlischen (!)

Grüns bedeckt waren, aber auch viele herrliche weite offene Gebiete in ihrer Mitte aufwies. Da gab es Bäche und langsam dahinströmende Flüsse. Selbst von unserem entfernten Betrachtungspunkt aus konnte ich sehen, wie sich die Felsen im Wasser spiegelten.

Plötzlich sah ich hoch oben über diesen weiten Ebenen das strahlend helle Licht eines Raumschiffes, sehr hell aufglühend, als es sich senkte und geräuschlos mitten in der meilenweiten grünen Umgebung landete. Es war ein herrliches Schiff von unbeschreiblicher Größe. Ich kann nur sagen, daß es äußerst geräumig war, wunderbar strahlte, und den Bildschirm, den wir betrachteten, völlig ausfüllte. Mein Herz begann heftig zu schlagen.

Plötzlich erschienen viele Öffnungen rund um diese große Weltraumstadt, breite Treppen kamen herunter, rasch und wirkungsvoll. Auf jeder große Menschenmengen, junge, kleine Knirpse auf den Schultern ihrer Eltern oder Hand in Hand mit ihnen, ihre Lieblingstiere umarmend, die sie von ihren Weltraumfreunden erhalten hatten. Alle sprangen auf einmal herunter, stießen Freudenschreie aus oder beteten, und allenthalben gab es nur Glück und Lächeln. Die starke Gefühlsbewegung dieses Augenblicks war ansteckend, und ich fühlte mich selbst mit ihnen zusammen glücklich und heiter und lächelte. Ich schaute den Commander an, und auch er lächelte und lachte voller Freude.

"Was geschieht hier, Lord Soltec?"

"Das ist die erste Landung von Menschen und Lichthelfern, die auf die neue Erde zurückkehren."

Mir blieb fast der Atem stehen, als ich ihr Glück miterlebte. So weit man sehen konnte, sprangen sie über die herrlichen Hügel, und die kleinen Kinder waren ganz damit beschäftigt, ihre kleinen Lieblingstiere zu liebkosen. Alles waren Kinder, die im Weltraum in dem großen Raumschiff geboren wurden. Was traten sie für ein Erbe angesichts eines neuen Lebens der Freundschaft mit diesen wundervollen Seelen aus anderen Welten an! Auch waren da viele Kleinkinder, die herausgetragen wurden, als der Strom sich weiter aus den geöffneten Türen die Treppen hinab ergoß. Es strömten Hunderte heraus, und schließlich schätzte ich die Zahl der Landenden auf mehrere Tausend. Mein Blick fiel auf eine junge Frau, die im Grase saß und einen wunderschönen Blumenstrauß gepflückt hatte. Sie drückte ihn an sich und weinte vor Glück. Ihre Tränen fielen auf die bunten Blüten. Ein kleines Kind tollte an ihrer Seite im Gras herum.

An einigen der Ausgänge erweiterten die Raumfreunde die Tore und brachten riesige Käfige mit Vögeln jeder nur vorstellbaren Art ins Freie. Als die Käfige geöffnet wurden, flogen die Vögel heraus und erfüllten die Luft mit dem Geräusch ihrer Flügel. Die Sonne wurde verdunkelt, als diese lebendige Wolke davonflog, um sich in dem neuen Land niederzulassen. Die Menge zeigte mit den Fingern auf die sich in den Himmel erhebende Vogelschar.

Nun kamen aus dem Raumschiff die kleinen Fahrzeuge heraus, die bisher an der Seite der schon beschriebenen Ringstraße reihenweise geparkt waren. Nachdem eine ziemlich lange Zeit vergangen war, verebbte der Strom der das Raumschiff verlassenden Menge. Ihr folgten die Brüder aus dem Weltraum. An jedem Ausgang erschienen hunderte in ihren glänzenden Raumanzügen und brachten allerlei verschiedene Ausrüstungsgegenstände mit. Jeder war schwer beladen mit verschiedenen Schachteln oder Paketen, in den Armen trugen sie verschiedene Geräte, und die Menge schaute erwartungsvoll auf sie.

Dann ging ein Gemurmel durch die Menge, als die Tiere zaghaft die Rampen herunterkamen. Eine Parade von Jungtieren stieg herab, wundervolle Rehkitze betraten die grasbewachsenen Hügel, ganze Scharen von Eichhörnchen hüpften die Plattform hinunter und hasteten hinein ins tiefe Gras. Zur Freude der Kinder erschienen nun Lämmer auf der Szene. Es folgten junge Ziegen, die später Milch geben konnten, gefolgt von lieblich spielenden jungen Füllen.

Schließlich kam der Augenblick, wo die Aktivität zum Stillstand kam und ein Hauch von Ehrfurcht die Menge überkam. Jedes Auge war nun auf das große Hauptportal gerichtet, das in einem unsichtbaren Licht zu erglühen schien. Plötzlich erschienen drei wundervolle Wesen oben an der Treppe, wo sie wartend stehenblieben. Als ich neben Soltec sitzend diese Szene sah, wußte ich intuitiv, daß es der Herr Jesus Sananda, Lord Kuthumi und Lord Saint Germain waren. Der kleinste von ihnen war in ein violettes Gewand gekleidet. Jesus trug ein einfaches weißes, in der Mitte gegürtetes Gewand, und Lord Kuthumi war in ein goldenes, metallisch aussehendes Gewand gekleidet. Nun schritten sie gemeinsam die Treppe herab, während die Menge wartend stehenblieb. Sie drückten viele der sich ihnen entgegenstreckenden Hände und umarmten viele. Mir wurde bewußt, daß diese Geliebten und die Freunde aus dem Weltraum geraume Zeit hier bleiben würden.

Als die Projektion dieser Bilder sich zu ihrem Ende neigte, konnte ich noch die Landung vieler anderer Raumschiffe beobachten, die kleiner waren und an verschiedenen voneinander entfernten Stellen landeten. Soltec erklärte, daß dies Techniker und Baumeister seien, die diesen glücklichen Pionieren dabei helfen würden, ihre Heime und sonstige wichtige Gebäude zu errichten, so daß sie ihr Leben auf der Neuen Erde beginnen konnten.

Als die drei Lichtwesen zu dem riesigen Raumschiff zurückkehrten, wandten sie sich am Portal noch einmal nach der Menge um, und JESUS erhob segnend SEINE Hände und lächelte milde, den Bewohnern einer neuen Welt, der Herde des VATERS, seinen Segen spendend.

Wir danken unserem Freund Soltec, daß er uns alle diese wunderbaren Einzelheiten wissen ließ. Wir beschließen unseren um euretwillen unternommenen Bericht, von der gesegneten Hoffnung in unserem Innern erfüllt, daß dieser große und glorreiche Tag kommen wird, an dem die Erde neu sein und sich all dies erfüllen wird. Genau so! ... Herr JESUS ... komm bald!

"Und ich sah eine neue Erde ... und ich, Johannes, sah die Heilige Stadt, das Neue Jerusalem, herabkommen von Gott aus dem Himmel ... und ich hörte eine laute Stimme aus dem Himmel, die sagte: Siehe, der Tabernakel Gottes ist bei den Menschen, und er wird bei ihnen wohnen und sie werden Sein Volk sein und Gott Selbst wird mit ihnen sein, und Er, ihr Gott wird hinwegwischen von ihren Augen alle ihre Tränen, denn die früheren Dinge sind vorüber. Siehe, Ich mache alle Dinge neu .... Er führte mich im Geiste hinweg auf einen großen und hohen Berg und Er zeigte mir diese Große Stadt, die vom Himmel herab von Gott gekommen ist." (Off. 21)

"Siehe, ich schaffe Neue Himmel und eine Neue Erde, und die frühere soll niemandem mehr in den Sinn kommen, keiner soll sich mehr an sie erinnern."

"Sie werden sich Häuser bauen und darin wohnen, und sie werden Weingärten anlegen und deren Früchte essen. Sie sollen nicht bauen und ein anderer darin wohnen, sie sollen nicht pflanzen und ein anderer davon essen, denn die Tage eines Baumes werden die Tage Meines Volkes sein, und meine Auserwählten sollen sich lange des Werkes ihrer Hände erfreuen. Denn sie sind die Saat des Gesegneten, des Herrn, und ihre Nachkommen mit ihnen."

"Ehe sie rufen, will Ich antworten, und während sie noch sprechen, will Ich hören. Der Wolf und das Lamm werden zusammen äsen, und der Löwe wird Gras fressen wie der Ochse. Sie sollen nichts beschädigen noch zerstören in Meinem ganzen Heiligen Berg. Sie sollen ihre Schwerter in Pflugscharen umwandeln, noch sollen sie ... jemals mehr das Kriegshandwerk erlernen."

(Jes. 65, 17-25; 2, 4)

# ANHANG

## Briefauszüge

Seid gegrüßt, Karl und Anny! März 1987

... Ich bedauere sehr, daß ich es nicht mehr wagen kann zu reisen, erst recht nicht außerhalb des Landes ... Ich fühle mich tief geehrt, zu Eurem großen Kongreß eingeladen worden zu sein.

... Ich möchte Euch sagen, daß ich von all dem, was Ihr erreicht habt, beeindruckt bin; Eure weltweiten Verbindungen und organisatorischen Fähigkeiten wie auch Eure Hingabe an Eure Mission. Gott braucht tüchtige Menschen!

Gott sei Dank habt Ihr stets fest auf Eurem Platz gestanden, auf dem langen Weg zum LICHT, wenn es auch oft schwierig war ... Eure "Verwundungen" sind Eure Juwelen, tragt sie mit Würde.

Momentan arbeite ich auch an einem Drehbuch, welches auf der Grundlage der ASHTAR-Bücher und des "Project World Evacuation" (Projekt Welt-Evakuierung) zustande kommt. Den Höhepunkt stellt die Evakuierung und die Landung eines städtegleichen Mutterschiffes dar, das zur neugeschaffenen Erde zurückkehrt und den Neubeginn für die Menschheit einleitet. Betet für dieses Projekt, damit die Menschen aller Länder geistig ausgerüstet werden.

Eine US-Filmgesellschaft zeigt inzwischen Interesse. Außerdem biete ich Euch an, daß auch alle ausländischen Druckrechte für den VENTLA Verlag, also für Euch, liebe Freunde Veit, reserviert werden.

Das Buch "In Erden-Mission" ist eigentlich "Tuellas Geschichte", aber es dient zur Führung und Inspiration für die Neulinge, die jetzt diesen Weg gehen und solche wie Euch und mich ersetzen werd

Dies Buch ist für jene bestimmt, die für diesen Planeten arbeiten.

Liebe Freunde, wir sind eins, egal wo unsere Vorleben stattfanden ... wir sind eine Familie. Ich kenne Eure Herzen und EUCH. Hoffe, darin zu verbleiben.

Alle meine Liebe! TUELLA

Tuella auf einem UFO-Seminar im Hilton Hotel von Anaheim/Kalifornien, 1988

# *Project: World Evacuation*

Guardian Action International

Liebe Freunde Karl & Anny! Salt Lake City, Februar 1988

... Habt Dank für Eure Zeitschrift UFO-Nachrichten - wenn ich mir auch nur die Bilder ansehen konnte. Werde auch Euer nobles Buch "Evakuierung in den Weltraum" in Ehren halten, das beste, das je in deutscher Sprache in mein Leben trat ...

Das Jahr geht so hektisch an. Ich werde im April oder Mai nach Wyoming umziehen. Es ist ein sehr sicheres Gebiet und von (Raum-) "Basen" umgeben. Ashtar versprach, daß viele außergewöhnliche Dinge unser dortiges Leben durchdringen und aufwühlen werden, darunter auch Sichtungen und UFO-Vorbeiflüge ...

Das Film-Manuskript ist fertig.

Ihr zwei, meine Lieben, habt eine lobenswerte und wunderbare Arbeit für das Ashtar-Kommando geleistet, und Eure Sternen-Heimkehr wird ein glorreiches Ereignis werden. Alle unsere Arbeitskraft schlossen wir zusammen zur Hilfe. Obwohl von der Welt mißverstanden, sind wir die Geliebten des Himmels, und eine große Engelschar heißt uns bei unserer Rückkehr willkommen. Ich für meinen Teil werde meine Arbeit fortsetzen bis zu meinem letzten Atemzug. *(Wir hier ebenfalls)* ...

Ich spreche Euch meine tiefe Wertschätzung aus, im Namen von ASHTAR und dem ganzen Kommando, für alle Fortschritte, die durch Euren hingebungsvollen Einsatz gemacht wurden. Schreitet aufrecht und seid stolz auf Euren so erfolgreichen, globalen Dienst.

Eure Tuella

Lieber Karl, liebe Anny! Mai 1989

... Selbstverständlich seid auch Ihr in Erden-Mission hier, sogar als sehr spezielle Freiwillige. Jemand, der das nicht bemerkt oder es sofort aus Eurem Arbeitsblatt (UFO-FORSCHUNG IN EUROPA) entnimmt, dem ist nicht zu helfen. Freunde, ich vertraue Euch in allem. Unsere Zusammenarbeit war schon vorgesehen, lange vor Eurer Verkörperung.

Mehrere Filmproduzenten aus Kalifornien und ich arbeiten an einem 2. Drehbuch, es soll in der Hauptsache die Einstellung zu Menschen von anderen Welten positiv beeinflussen - mit einem Bericht vom Erdenleben einiger Sternenseelen. Der Film wird auch in Europa zu sehen sein ...

Tuella

Anläßlich des Erscheinens der spanischen Ausgabe des Tuella-Buches im Dezember '88 kamen 500 geladene Gäste im Ambassador Hotel von Monterey/Mexiko zusammen.

Jesus Miranda und seine Frau Angeles, Computerspezialisten, übersetzten Tuella's Buch ins Spanische.

Die deutschen Verleger Karl und Anny Veit.

Parallelen:

## 1988 war das Jahr des Schwertes,
## der Krisen und Konflikte ...
## 1989 bringt uns die Synthese.

1988 war ein Jahr des Schwertes: der Trennung (von Spreu und Weizen), der Wahrheit und somit für viele ein Jahr der Krise. 1988 trug die Schwingungsfrequenz der Dualität (2 x 4). Für viele hieß das, mit den Grenzen ihrer Belastbarkeit konfrontiert zu werden, im extremen Spannungsfeld der Gegensätze Zerreißproben durchstehen zu müssen. Bewußt oder unbewußt, die Energie der 8 hat uns ins Chaos gestürzt. Viele von uns haben innere und äußere karmische Verknüpfungen zerschnitten, Trennung vollzogen, die Kreuzigung der Einsamkeit erfahren und durchlebt. Für viele bedeutete dies extreme Krise, Konflikt, Krankheit, Einsamkeit, Sterben und Initiation: Gethsemane und Golgatha, Verlassensein von Mensch und Gott.

Aber in diesem Kreuzigungspunkt der Dualität, im tiefsten Wissen, allein, ohne die alten, Bedürfnis-befriedigenden (Mangelbewußtsein kompensierenden) Bindungen stehen zu müssen, kommt die Erlösung, die Auferstehung in die menschliche und göttliche Brüderlichkeit, in freies, gleichberechtigtes nebeneinander-Stehen-Können. In der äußersten Spannung der Polaritäten entsteht gesetzmäßig ein drittes Element, ein Punkt der Synthese, die Erlösung in die Dreiheit und somit auch in das neue Jahr: 1989 bringt uns die Frequenz der 9, des 3 x 3, Synthese, Harmonie und Kreativität. Helga Kahnert

## Im Dienste der Menschheit

"Es gibt zwei Gruppen von Sternenmenschen auf der Erde", empfing Francie in einer ihrer Channeling-Sitzungen, "die Sternensaat (Star-seeds), jene Erdlinge, deren Gene die inhärenten Charakteristiken ihrer außerirdischen Vorfahren tragen. Dann gibt es die Sternenhelfer, jene Erdlinge, die in sich die Gene jener irdischen Vorfahren tragen, die einst mit den Außerirdischen zusammengearbeitet haben oder die sich sehr viel schneller entwickelt haben als andere Erdlinge.

Die Sternenhelfer haben nicht viele der physischen Merkmale in unserem Profilmuster, aber sie sind die Abkömmlinge von Menschen, die die Schüler jener Wesen von den Sternen waren. Sie halfen den Außerirdischen, damit diese besser zum Wohle der Menschheit in gewisse Geschehnisse eingreifen konnten. Sie zogen die Sternensaat auf, die durch eine frühe Verbindung zwischen der Menschheit und den Außerirdischen gezeugten Kinder. Später waren es die Sternenhelfer, die gewisse Rituale entwickelten, in denen die Menschheit immer wieder in Kontakt mit der anderen Welt kam. Sie haben immer wieder Programme entwickelt, um der Menschheit zu helfen. Die Sternenhelfer sind hochentwickelte Erdenmenschen, die Hand in Hand mit der Sternensaat im Dienste der Menschheit arbeiten. Von Generation zu Generation sind sie der normalerweise sich langsam entwickelnden Menschheit immer um ein paar Schritte voraus.

Die Sternenhelfer sind jene, die in der Esoterik "alte Seelen" genannt werden. In dieser Zeit gehen sie Hand in Hand mit der Sternensaat, sind geistig und spirituell mit ihnen verbunden und arbeiten auf derselben Ebene. Die Sternenhelfer sind die Lehrer der Menschheit in Unterstützung der Sternensaat an der Schwelle zum Neuen Zeitalter. Die Sternenmenschen sind die Hebammen, die dem Neuen Menschen der Neuen Welt Geburtshilfe leisten." Brad Steiger

*(Eingesandt an Ventla-DUIST/Wiesbaden, K u. A.V. Integriert in dieses Buch wegen der ausgezeichneten Parallelen als Ausgleich für den notgedrungenen Ausfall der "UFO-Nachrichten" seit 1989)*

*Anmerkung des neuen Herausgebers:*

*Mit Erscheinen dieser Neuauflage sind auch die "UFO-Nachrichten" wieder in regelmäßigen Abständen erhältlich. Wegen des Bezugs wenden Sie sich bitte direkt an*

*UFO-Nachrichten Werner L. Forster*
*Am Kalkofen 1*
*D-87634 Obergünzburg*
*Tel. (08372) 8343 - Fax 8217*

*oder an unseren Verlag.*

## Die Himmlische Hierarchie
### Parallelen und Erweiterungen zu Tuella

*UR, Jesus der Vater, vom Anfang bis zum Ende.*

| | | |
|---|---|---|
| *Rafael-Agralea* | Träger der Liebe | sind die himml. Fürsten (n. Daniel) zugleich Vertreter der 2 Schöpfungsfundamente Bedingung u. Freiheit. Sind ferner als Urerz- u. Erzengel, Cherubim u. Seraphim bekannt. 2 Kerzen auf einem Leuchter = 7 Leuchter. |
| *Alaniel-Madenia* | Träger der Geduld | |
| *Muriel-Pargoa* | Träger des Ernstes | |
| *Zuriel-Helia* | Träger der Weisheit | |
| *Michael-Elya* | Träger des Willens | |
| *Uraniel-Urea* | Träger der Ordnung | |
| *Gabriel-Pura* | Träger der Barmherzigkeit | |

| | |
|---|---|
| *Die vier Wächter-Engel* | Träger der Heiligen Vierwesenheit (s. Off. Joh.) |
| Die 24 Ältesten-Engel | Träger der zwölf Grundstrahlungen (s. Off.Joh.)<br><br>hier im allgemeinen nicht mit Namen genannt, gelten ebenfalls als Cherubim und Seraphim und sind die 2. und 3. Gruppe der Stuhl-Ersten, wie die Fürsten die 1. Gruppe, die nachgenannten Befehls-Engel die 4. Gruppe vom Stuhl. |
| 144.000 Befehls-Engel, | Träger der Bedingungs- und Freiheitsgesetze für die Schöpfung, sind die vorgenannte 4. Gruppe vom Stuhl. Alle vier Gruppen werden oft als des Vaters 'liebe Großen' bezeichnet. |

Quelle: "Karmatha III" UG-NR. 17, siehe auch Urgemeinde-Broschüre Nr. 9, "Sieben Himmelsstufen".

## Massive Ansammlungen von Raumschiffen im Erd-Orbit
## Planetare Hilfsmaßnahmen
### Visionäre Schau vom 29.3.89 von E.K./Deutschland

In Sekundenschnelle befand ich mich ziemlich hoch über der Erde im Weltraum zwischen verschiedenartigen Weltraumschiffen; kleinen runden und kugelförmigen von 30 m Durchmesser, aber auch solchen von 100 m Durchmesser, von denen einige wiederum in Dreier- und Sechsergruppen miteinander verbunden waren; riesige Konvois, deren Gesamtlängen 3 bis 6 km betrugen. Andere hatten Scheibenform mit aufgesetzten Kuppeln, die nach oben oder unten gewölbt waren. Auch längliche Zeppelinformen gab es sowie mehrstöckige diskus-förmige Raumschiffe, die über den Kraftlinien der Erde schwebten.

Dazu bemerkte mein kosmischer Führer: "Da unten, auf dem Planeten, befinden sich nur wissenschaftliche Experten mit ihren unterirdischen Wohnungs- und Laboranlagen sowie den pyramidenförmigen Energie-Generatoren. Hier oben im Raum sind alle Rettungs- sowie Kampfschiffe um das Sonnensystem versammelt - Bewohner der verschiedenen Planeten die aufgeboten sind, um für die Rettung der Erde Sorge zu tragen. Basen von diesen befinden sich auf allen Planeten, die eine feste Oberfläche haben, sowie deren Monden, ebenfalls in entlegenen Gegenden auf der Erde, in Gebirgen oder in der Tiefsee. Sie sind die Beschützer der rechtschaffenen Menschen. Sollten die Mächtigen der Erde zu kämpfen geneigt sein, wären sie gezwungen, in entscheidender Weise durchzugreifen. Hätte es s i e nicht gegeben, der 3. Weltkrieg wäre schon vor Jahren entfesselt worden, und auf der Erde wäre nur Pest und Elend übriggeblieben. Inzwischen steht die Erde auch ohne Kriegsgeschehen vor einer ökologischen Groß-Katastrophe, die sich jeden Moment ereignen kann und den Menschen keine Chance des Überlebens bieten würde. Eure Beschützer sind keinesfalls bereit, dieses tatenlos hinzunehmen.

Wir erhoben uns bis zu einem der großen Meteoriten, und ich war fassungslos, was ich da erblickte: Auf ihm befand sich eine Stadt mit Türmen und Kuppeln, und dazwischen schwebten kleine Fahrzeuge, was alles auf eine ungeheuer entwickelte Technologie schließen ließ. Der Durchmesser der Himmelsstadt betrug wohl mehr als 3 Kilometer.

Wir flogen weiter und sahen noch mehrere dieser Weltraum-Inseln. Dazwischen aber befanden sich fünf etwas kleinere, nur zwei Kilometer lange Himmelskörper, worauf je eine hohe Pyramide stand, die so groß war, daß sie die Hälfte der Meteoriten bedeckte. Diese Pyramide strahlte die Energien ab, die aus dem Kosmos von ihnen aufgesogen wurde. Dazu sagte mein kosmischer Begleiter, daß die Erde schon aus ihrer Bahn gedriftet wäre, wenn unsere kosmischen Freunde nicht durch diese Pyramiden, die als Stabilisatoren dienten, auf die Kraftlinien der Erde eingewirkt hätten. Doch durch die anhaltenden Atomtests der Supermächte wird die Gefahr immer größer, und diese wird noch mehr und mehr beschleunigt. Aber sie wollten so lange alles stabil halten, bis die schlimmsten Kampfmittel neutralisiert wären. Auf der Erde arbeiten stattdessen noch viele auf einen Krieg hin, wenn auch schon einige den Mut aufgebracht haben, dagegen zu wirken ...

*

## UFO-Forschung der DUIST in EUROPA

In Europa gründete der über Deutschlands Grenzen hinaus weltbekannte Präsident der "Deutschen UFO-Studiengesellschaft (DUIST) e.v.", Zentrale Wiesbaden, Herausgeber der "UFO-Nachrichten", Karl L. Veit* seit 1956 anläßlich seiner Lichtbildervorträge und Konferenzen zahlreiche UFO-Studiengruppen in Nord- und Süddeutschland, Berlin, Österreich, Schweiz, Dänemark, Schweden, Holland, Belgien, Jugoslawien, Luxemburg, Frankreich, Spanien, Italien sowie in Kalifornien/USA und Mexiko. Auch die sowjetische, polnische, tschechische, spanische, norwegische, ungarische, bulgarische und finnische UFO-Forschung kam durch die deutsche UFO-Zentrale zum Aufblühen durch Besuche von Delegierten aus Warschau, Prag, Stockholm, Oslo, Kopenhagen, Helsinki, Barcelona, Rom, Zürich, Zagreb, Wien und Budapest, die umfangreiches Forschungsmaterial erhielten, das ihnen zur Verfügung gestellt wurde.

Internationale Beachtung fand das Weltthema UFOLOGIE durch eine Reihe von UFO-Kongressen: 1957, 1958. Der Internationale UFO-Kongreß im Oktober 1960 in Wiesbaden mit über 1.000 Besuchern aus 14 Nationen - (Ehrengast Prof. Dr. Hermann Oberth) - mit vorheriger Pressekonferenz, an der 22 Vertreter angesehener Tageszeitungen und Illustrierten teilnahmen. Weitere Presse-Interviews im In- und Ausland sowie 2 Radio- und Fernsehsendungen erweiterten die Aufklärung zu Millionen Menschen.

---

*siehe Seite 267

Bereits 1961 schrieb K.L. Veit als Inhaber des Ventla-Verlags das erste Standard- und Nachschlagewerk der Internationalen UFO-Forschung: "PLANETENMENSCHEN BESUCHEN UNSERE ERDE"; 1964 den 2. Band: "Erforschung außerirdischer Weltraumschiffe, ein wissenschaftliches Anliegen des 20. Jahrhunderts". Eine erste FOTODOKUMENTARSERIE erschien 1965 mit 64 internationalen UFO-Fotos. Die deutsche Forschungs- und Aufklärungsarbeit wird in den Kontinenten als die umfassendste betrachtet. Diverse UFO-Studiengemeinschaften in Europa bestehen in England, Frankreich, Schweiz, Italien, Österreich, Holland, Dänemark, Belgien, Schweden, Finnland, Spanien, UDSSR, Polen, ebenso in Nord- und Südamerika, Afrika, Asien und Australien.

Seit 1956 wurden mehr als 80 Bücher und Broschüren über UFOLOGIE sowie über Erlebnisse ausländischer Kontakt-Personen aus dem Amerikanischen, Englischen, Portugiesischen, Italienischen und Spanischen übersetzt und in deutscher Sprache herausgegeben. Zu diesem Zweck wurde der VENTLA-Verlag gegründet, in welchem auch die UFO-NACHRICHTEN (UN) erscheinen, von denen bis 1988 über 300 Ausgaben erschienen sind, die in 97 Ländern aller Kontinente gelesen werden (auch in Indien, Japan, China, Saudi-Arabien und Australien). Es wurden darin etwa 5.000 Artikel über UFOLOGIE und verwandte Gebiete aus den Hauptsprachen übersetzt und publiziert. Die DUIST steht mit ca.120 internationalen UFO-Fachzeitschriften aller Kontinente in Austausch und Zusammenarbeit mit den wichtigsten Forschungs-Institutionen.

1963 und 1965 fanden der 5. und 6. Internationale interne UFO-Kongreß mit je 500 Besuchern aus 12 Ländern statt. Rundfunksendungen und objektive Pressemeldungen über die Zielsetzung der DUIST wurden ausgestrahlt.

Hinzu kommt der mit einer Ausstellung vieler Hunderte von UFO-Fotos aus aller Welt verbundene "7. Internationale Weltkongreß der UFO-Forscher in Wiesbaden/Mainz, Nov. 1967", einberufen von der DUIST, mit seinen globalen Auswirkungen. Am Vorstoß der UFOLOGIE in die Nationen, (UNO) durch Colman VonKeviczky, Dir. des intercontinental U.F.O. Research and Analytik Network (ICUFON), New York, war Karl. L. Veit als Direktor der UFO-Nachrichten im Jahr 1966/67 durch umfassende Publikationen maßgeblich beteiligt und wurde zum Vorstandsmitglied dieser Forschungsgesellschaft ernannt.

Inzwischen wurde der Dokumentarbericht "7. INTERNATIONALER WELT-

KONGRESS DER UFO-FORSCHER IN MAINZ 1967" - 248 Seiten, 174 Fotos, von Karl L. Veit herausgegeben. Vor dem Konvent hatte eine Pressekonferenz mit 23 Journalisten großer öffentlicher Medien stattgefunden. Von 24 Delegierten wurden Referate, Film- und Lichtbildervorträge gehalten, verbunden mit Fotodokumentationen aus allen Kontinenten. Über 120 Presse-Vertreter aus der ganzen Welt erhielten unzählige Interviews. Rundfunk- und TV-Sendungen folgten nach. Es waren 23 Nationen mit rund 1.000 Teilnehmern vertreten. U.a. lief zweimal der US-Airforce-Film "The Truth about Flying Saucers" in zwei Kinos.

Die "RESOLUTION und MAINZER UFO-PROKLAMATION" ist den damals 131 Mitgliedstaaten der UNO zugeleitet worden. Zahlreiche Dankschreiben wurden der DUIST-Zentrale Wiesbaden und dem ICUFON-Headquarter, New York, aus der ganzen Welt zugesandt, wodurch wertvolle Austauscharbeiten, insbesondere der größten UFO-Institutionen, global stattfanden.

Aufgrund der Feststellungen von Generalsekretär U Thant wurden zu dieser Zeit amtliche Stellen zur Erforschung der UFO-Phänomene im Auftrag der Regierungen von Argentinien, Brasilien, Chile, Frankreich, Großbritannien, Kanada u. a. gegründet.

Dieser Weltkongreß wurde auf Ersuchen der BAVARIA-Filmgesellschaft im Auftrag des ZDF als UFO-(Dokumentar-) Spielfilm am 19.11.1969 nachgestellt und ausschnittweise von Regisseur Rainer Erler als Ausgangsposition für "DIE DELEGATION" gedreht. Die Sendung erfolgte am 9. September 1970 ,21 Uhr. Zuschauerzahl: rd. 16 Millionen. Darin verbinden sich außer UFO-Dokumentationen der DUIST Interviews in Kanada/USA, Major C. VonKeviczky, New York, und Major Donald Keyhoe, Washington/D.C. Im Februar 1972 wurde dieser Film vom Österreichischen Fernsehen übernommen. Eine Wiederholung in Deutschland fand auf vielfachen Wunsch bereits im November 1972 statt. In Holland lief der Film am 19.1.1972. Seit der Erstaufführung 1970 gingen Tausende von Zuschriften beim ZDF und der DUIST ein. Dreizehn Länder haben sich um das Aufführungsrecht bemüht. Dieser Film wurde ein sensationeller Erfolg; Regisseur Rainer Erler wurde dafür mit der Goldenen Kamera ausgezeichnet.

Der Präsident der Hermann-Oberth-Gesellschaft, Dr. A.F. Staats, machte 1969 den Vorschlag zur Zusammenarbeit mit DUIST. Es erfolgte der gegenseitige Austausch der beiden Zeitschriften "ASTRONAUTIK" und "UFO-NACH-

RICHTEN". Ein Faktum für die Wichtigkeit der UFOLOGIE und für deren absolute Realität, entgegen dem Condon-Report mit seiner gelenkt irreführenden Tendenz. Prof. Dr. Hermann Oberth wurde Ehrenvorsitzender der DUIST.

Im September 1970 kam Dr. Daniel Fry/USA, Raketenexperte und Autor des einzig dastehenden UFO-Buches "Erlebnis von White Sands", als "Kontakt"-Person zum "9. Kongreß der DUIST" nach Wiesbaden. Anschließend wurde im Max-Planck-Institut der Universität Mainz eine Konferenz bei Prof. Wenke mit einer "Röntgen-Beugungs- & Spektralanalyse" mit seinem außerirdischen Material durchgeführt, was alles gefilmt und am 23. Sept. 1970 vom SWF/ Mainz und von TV/Hannover "Blick ins Land" in Objektivität ausgestrahlt wurde.

Am 7. März 1971 hielt Verlagsdirektor Karl L. Veit in Palma de Mallorca einen Lichtbildervortrag über extraterrestrische Flugobjekte und deren intelligente Piloten, bei dem der französische und der deutsche Konsul anwesend waren.

Im Mai 1971 erfolgten Dia- und Filmvorträge in Berlin, an der Universität in Hamburg, in Hannover und in Kassel, wobei auch die annähernd 500 UFO-Sichtungen, die von der DUIST über Deutschland registriert wurden, Erwähnung fanden. Auffallend das große Interesse der Jugend an der UFOLOGIE: in Hamburg kamen nahezu tausend Studenten. Weitere objektive TV-Interviews mit K. Veit brachten der NDR/Hamburg, die ARD am 21. Mai 1971, der NDR 1. Programm und RF/Bremen am 15. Juni 1971. Im Oktober 1971 Dia-Vortrag bei OARKA/München. Ende 1971 wurde ein Großvortrag an der Universität Kiel und an der Pädagog. Hochschule in Flensburg abgehalten. Am 6. Februar 1972 filmte das WDR-Fernsehen auf der Monatstagung der DUIST. Die Ausstrahlung erfolgte am 21. März 1972. Gäste aus 24 Städten der BRD und der Schweiz waren anwesend.

Im Herbst 1972 fand der 10. Internationale DUIST-Kongreß in Wiesbaden mit dem Kontaktler Artur Berlet/Brasilien, Verfasser des Ventla Buches "Von Planet zu Planet", und einer fünfköpfigen japanischen Abordnung statt. Delegierte und Gäste kamen aus 24 Ländern. Auch dieser Kongreß ist als "DOKUMENTARBERICHT 1972" reich bebildert festgehalten.

1975 startete der "11. Internationale Kongreß der UFO-Forscher" in Wiesbaden mit den beiden Kontaktlern Dipl.-Met. Elizabeth Klarer/Südafrika und

Dipl.-Ing. Enrique Castillo/Kolumbien mit insgesamt 18 Referenten, Kongreß-Beschluß etc. und UFO-Foto-Ausstellung. Unsere wichtigsten UFO-Bücher wurden dediziert. Solche Widmungen befinden sich bei der Deutschen Regierung in Bonn und bei anderen europäischen Staaten, auch in Südafrika, in Moskau und den USA.

Im April 1977 nahmen auf Einladung Karl und Anny Veit am "1. Mexikanischen UFO-Konvent" in Acapulco teil, übergaben Geschenke relevanter UFO-Bücher in Deutsch, Übersetzungen aus dem Englischen, Französischen, Spanischen und Portugiesischen. Darunter die Widmung an den Vertreter Grenadas in der UNO, Sir Eric M. Gairy, den Kongreß "DOKUMENTARBERICHT 1967" mit der "Mainzer UFO Resolution und Proklamation", die 1977 in die Generalversammlung der UNO eingebracht und an 133 Mitgliedsstaaten versandt wurde.

Ende 1977 erschien das lang erwartete Buch von Elizabeth Klarer: "ERLEBNISSE JENSEITS DER LICHTMAUER". Ein Bestseller, der Hunderte zu Begeisterungsbriefen hinriß. Die erste Auflage war in 6 Wochen vergriffen.

Außer seinen über 600 öffentlichen Dia- und Filmvorträgen gab Karl Veit - während 23 Jahren - ungezählte Interviews für Presse, RF und TV über Ufologie in fünfzehn Ländern, darunter Referate an sieben Universitäten.

Deutschsprachige UFO-Literatur befindet sich in über dreißig öffentlichen Bibliotheken zahlreicher Länder - darunter auch die Kongreßbibliothek Washington D.C. - und in vielen tausend Privatbibliotheken.

Einige RF- und TV-Ausstrahlungen fanden 1979 u. a. im HR/Mainz/ARD und "UFOs: Talk nach 9" im NDR/Hamburg mit Dr. Abig, Ministerpräsident Stoltenberg und Karl Veit statt.

1979 ging der 12. DUIST-Kongreß im Kurfürstlichen Schloß/Mainz über die Bühne, auf dem Delegierte, Redner und Mitglieder aus 19 Ländern vertreten waren. Es sprachen 12 Referenten, darunter 4 Kontaktler aus den USA, Mexico, Italien und Holland. Dokumentationen in UN Nr. 259-262/1980.

Zu den anregenden Monatstagungen der DUIST kommen seit 27 Jahren jeweils Gäste aus 20 bis 30 Städten des In- und Auslands. Zwei Sonder-Tagungen mit C. VonKeciczky, ICUFON/New York, und Fred Steckling, Adamski-

Foundation, Vista/Kalifomien, folgten 1980 und 1981 im Kurhaus Wiesbaden.

1981/82 setzte Deutschland erneute Impulse in der globalen UFO-Forschung: China gründete eine eigene Forschungs-Organisation. Ein Resultat des intensiven Austausches von Informationen mit DUIST. Durch zahlreiche Artikel in den UN bis Ende 1988 dokumentiert.

Der 13. Interkontinentale DUIST-Kongreß fand statt 1983 unter dem Ehrenvorsitz von Prof. Dr. h.c. Hermann Oberth. Gast-Redner waren u.a. Elizabeth Klarer/Südafrika, Erich von Däniken/Schweiz, Major von Keviczky, ICUFON/New York, Dipl.-Ing. W. Sherwood/USA. Über 300 Mitglieder und Delegierte aus 18 Ländern nahmen teil.

Weitere Meilensteine waren die Publikation von drei außerordentlichen Büchern: "EVAKUIERUNG IN DEN WELTRAUM" von G.S. Leona und K.L. Veit (1983), "ENGEL IN STERNSCHIFFEN" von Giorgio Dibitonto/Italien (1984) und "MEINE WELTRAUM-ODYSSEE IN UFOS von Oscar Magocsi/Kanada (1985).

In einem Memorandum an die Mitglieder des 99. US-Kongresses enthüllten ICUFON-DUIST-IGAP die wahren Hintergründe des SDI "Sternenkrieg"-Projektes von USA und UdSSR. Die 300. Ausgabe der UFO-NACHRICHTEN wurde im Oktober 1986 publiziert. Breiteste und auch höchste Kreise der Wissenschaft, Technik, des Militärs, Piloten, Politiker, religiöse Führer und atheistische Machthaber wurden seit Erscheinen der ersten Ausgabe 1956 angesprochen und mit der UFOlogie konfrontiert.

Vom 26.-28. Juni 1987 fand der 14. Internationale UFO-Welt-Kongreß der DUIST statt. Über 300 Mitglieder und Gäste aus 4 Kontinenten und 12 Ländern verfolgten drei Tage lang aufmerksam die Vorträge. Die beiden Kontaktler Oscar Magocsi/Kanada und Shoishi Harukawa/Japan (Verlesung) berichteten erstmals vor einem deutschen Publikum ihre außergewöhnlichen Erlebnisse mit Außerirdischen. Starke Beachtung fanden gleichfalls die Referate von Irene Granchi/Brasilien (150 Dias), NASA-Ing. Dr. Rolf Schaffranke/USA und Alf Tidemand-Johannesson/Norwegen-USA. Die musikalischen Interpretationen von Prof. Eric Blum de Silenen/Italien am Flügel wurden zu einem Erlebnis besonderer Art. Der Kongreß hinterließ eine starke Resonanz bei allen Teilnehmern.

## Bücher des VENTLA-Verlages Karl Veit Wiesbaden Nachfolger, Hohenzollernstraße 9, 33330 Gütersloh

Adamski, George:
**Im Innern der Raumschiffe**
ISBN-Nr.: 3-929380-01-3; DM 39,00

Angelucci, Orfeo:
**Geheimnis der Untertassen,**
ISBN-Nr.: 3-929380-02-1;DM 29,70

Ashtar:
**In kommenden Tagen**
ISBN-Nr.: 3-929380-03-X; DM 22,00

Barker, Gray:
**Das Buch über Adamski**
ISBN-Nr.: 3-929380-04-8; DM 15,60

Berlet, Artur:
**Im Raumschiff von Planet zu Planet**
ISBN-Nr.: 3-929380-05-6; DM 24,00

Bühler, Walter K.:
**40 Begegnungen mit Außerirdischen in Brasilien**
ISBN-Nr.: 3-929380-06-4; DM 29,70

Dibitonto, Giogio:
**Engel in Sternschiffen**
ISBN-Nr.: 3-929380-07-2; DM 33,00

Fry, Daniel:
**Mein UFO-Erlebnis von White Sands**
ISBN-Nr.: 3-929380-08-0; DM 21,60

Geigenthaler, Adolf:
**UFO's außerirdische Weltraumschiffe existieren wirklich**
ISBN-Nr.: 3-929380-22-6; DM 36,00

Klarer, Elizabeth:
**Erlebnisse jenseits der Lichtmauer**
ISBN-Nr.: 3-929380-09-0; DM 39,00

Leona, G. S./Karl und Anny Veit:
**Evakuierung in den Weltraum**
ISBN-Nr.: 3-929380-10-2; DM 36,00

Magocsi, Oscar:
**Meine Freunde aus dem Weltraum**
ISBN-Nr.: 3-929380-11-0; DM 27,30

Magocsi, Oscar:
**Meine Weltraum-Odyssee in UFOs**
ISBN-Nr.: 3-929380-12-9; DM 30,90

Miller, Dick
**Dick Millers Kontakte mit Sternenmenschen**
ISBN-Nr.: 3-929380-13-7; DM 19,80

Nelson, Buck:
**Meine Reise zum Mars, zum Mond und zur Venus**
ISBN-Nr.: 3-929380-14-5; DM 12,00

Renaud, Bob:
**Meine Kontakte mit Außerirdischen (III)**
ISBN-Nr: 3-929380-15-3; DM 18,00

Sumner, Dr. F.W.:
**Das kommende Goldene Zeitalter**
ISBN-Nr. 3-929380-23-4; DM 7,80

Tuella:
**In Erden-Mission**
ISBN-Nr.: 3-929380-16-1; DM 39,00

Veit, Karl:
**Außerirdische Weltraumschiffe sind gelandet**
ISBN-Nr.: 3-929380-17-X; DM 5,00

Veit, Karl:
**Dokumentarbericht 1967**
ISBN-Nr.: 3-929380-18-8; DM 15,00

Veit, Karl:
**Dokumentarbericht 1972**
ISBN-Nr. 3-929380-19-6; DM 15,00

Veit, Karl:
**Dokumentarbericht 1975**
ISBN-Nr.: 3-929380-20-X; DM 15,00

Veit,Karl:
**Interplanetarische Flugobjekte (24 Postkarten)**
ISBN-Nr.: 3-929380-21-8; DM 15,00